元法制局キャリアが教える

民法を読む技術・学ぶ技術

吉田利宏

ダイヤモンド社

はじめに

大学の講義は難しすぎました

大学での民法の最初の講義が忘れられません。その日の話は「民法の法源」でした。一生懸命、先生の話を聞いていたつもりですが、そもそも「法源」という言葉さえ理解できませんでした。あまりにも不安になって、講義のあと、教卓の先生に質問に行きました。「先生、法源ってなんですか？」と。すると先生は少し悲しそうな顔をして、ある民法のテキストの名を黒板に書きました。先生は「教科書のほかに、このテキストを読んできなさい。それでもわからなければ、質問に来なさい」と言いました。最前列で授業を聞く取り巻きの女学生たちが侮蔑の目を投げかけます。この日、法源の意味はわからずじまいでした。さらにいえば、先生がすすめてくれたテキストにも法源という言葉自体の説明はありませんでした。私の民法総則の学習はその日で終わりました。

ちなみに、法源というのは、「裁判において裁判官の基準となるもの」という意味です。「民法の法源」というのは、「一般の人どうしの関係において裁判上のルールとなりうるもの」というくらいの意味でしょうか。

法律という学問というのはそういうものなのかもしれません。しかし、当時の大学の講義は少し敷居が高すぎました。先生たちの書く法律書は理解するのに骨が折れました。一方、資格試験用のテキストはまだわかりやすいのですが、「まずは理屈抜きで覚えてください」的な雰囲気が漂っています。「どうして？」と疑問を挟むことさえできない学習には少し抵抗を感じました。

今度は『民法を読む技術・学ぶ技術』をお届けします

司法試験を目指すこともなく、大学の講義を半分ぐらい出席し、試験の勉強だけをして公務員になりました。就職したのは衆議院法制局という役所でした。職員として数年間、役に立ちませんでしたが、ここで、初めて、「法律」というものを学ばせてもらった気がします（楽しさも含めて……)。

法律を学ぶということは、世の中の正義のストライクゾーンの感覚を身に付けるということだとわかったのです。このときに、自分なりに理解したこと、理解するための方法として取り入れたことを『法律を読む技術・学ぶ技術』、『法律を読むセンスの磨き方・伸ばし方』（いずれもダイヤモンド社）として著しました。自分と同じように法律学習に苦労しているたくさんの読者のみなさんに両書を届けることができ、とても嬉しい気持ちでいます。

今度は、『民法を読む技術・学ぶ技術』をお届けします。

2つの価値の微妙な調整こそが民法のだいご味です

民法は、ビジネスシーンにおいても、そして様々な資格試験においても、中心となる法律です。「ものにしたい」と思いつつも、思うように学習が進まないみなさんも多いのではないでしょうか。ここだけの話ですが、私も民法が大の苦手でした。親族や相続はいいのですが、それ以外の部分がなかなか理解できませんでした。

民法は人と人との経済活動を支える法律です。民法が大事にしている大きな価値は「その人の意思を大事にすること」と「取引などがスムーズに行われる」ことです。ところが、項目それぞれでこの２つの価値の調整割合が微妙に変化するのです。それが学習面でやっかいに思えます。ところが、そうした微妙な調整こそが民法のだいご味であり、学習の楽しさでもあります。

民法の感覚がわかれば経済活動がスムーズに

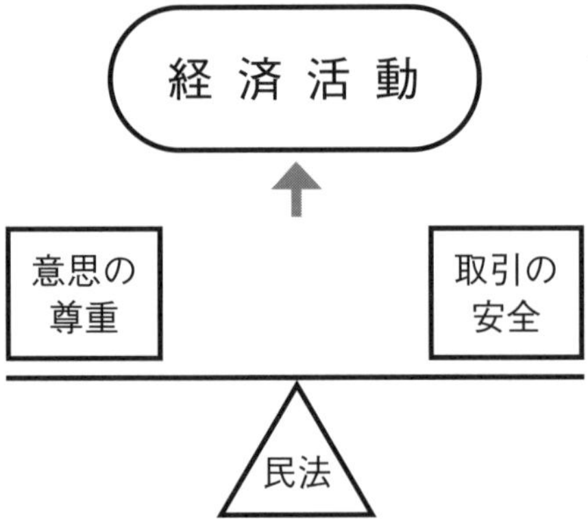

星々をつなぐと夜空に星座が現れるように、たくさんのパズルのピースをつなぎ合わせると名画が現れるように、民法の場合にはひとつひとつの条文での調整の積み重ねが正義や公平のストライクゾーンの全体像を現してくれます。そのときこそが「民法がわかった」とされる瞬間なのでしょう。

この本では、まず、学習の壁として立ちはだかる「民法の用語」をていねいに説明することを心がけました。また、２つの価値をどう調整したかということを中心にそれぞれの条文の趣旨を説明したつもりです。さらに、最小限にとどめましたが、確認しておきたい条文も引用しました。いずれ、条文そのものを読めるようにするためです。

読者のみなさんの民法とのかかわり方は様々だと思います。しかし、どんな形で接するにせよ、必要な知識やスキルの種を撒いたつもりでいます。

どんな形で学んでもOKです

『法律を読む技術・学ぶ技術』と同様、ひとつの項目の説明は小分けに(ページ数を短く)しました。また、すぐに知識が定着するよう「練習問題」もつけました。

形から入るのは大嫌いです。机の上で学ぶというよりも、通勤・通学の電車のなかででも気軽に読み進めていただければと思います。通読にこだわらず、気になるところだけ２、３度読んでみるのも全然ありです。最初は難しいと思ったらその部分は飛ばしてもらってもOKです。

どんな形で楽しんでもらっても、読んだ後にはこれまでの書籍にない感覚が待っていることだろうと思います。

安心してください。大改正にも対応しています

民法は平成29年に債権編を中心に大きな改正がありました。平成30年には相続に関して、令和元年にも特別養子に関する規定が改正されています。この本はこうした改正が揃う令和２年４月１日の時点での新しい民法の内容を基にしています。「昔、民法を勉強した」という読者もあることでしょう。どこがどう変わったかも必要に応じて記述しています。その点もどうぞご安心ください。

この本がみなさんの力に少しでもなれるとしたら、著者にとっては最高の幸せです。

ダイヤモンド社の木山政行さん、鈴木豪さんには終始、お励ましとご助力をいただきました。草田みかんさんには、今回もシュールでかわいいイラストをたくさん描いていただきました。校正や印刷など、たくさんのみなさんのお力添えを受けて本書はようやく完成しました。お世話になったみなさんに、この場を借りて篤く御礼申し上げます。

令和３年５月

吉田　利宏

元法制局キャリアが教える 民法を読む技術・学ぶ技術

目次

序章 民法に近づこう

第1章 民法総則

第2章 物権編

第3章　債権総論編

第4章 債権各論編

第5章 親族・相続編

序章

民法に近づこう

1　総則への近道

(1)翻訳して近づこう

民法総則は民法全体にかかわる共通事項を定めています。親族・相続の部分を除く経済活動のルールの部分（物権・債権）の共通事項が定められています。

ここでは条文や教科書に書かれた説明の「翻訳」にチャレンジしてみましょう。翻訳というのは英語を日本語に変えるように別な言語に変換することです。法律の条文やテキストは初学者にとってはまさに外国語。そこでわかりやすく表現することを「翻訳」と表現してみました。さぁ、翻訳にチャレンジです。

原文	意思能力を有しない者が行った法律行為は無効である
翻訳文	

翻訳例

どんな結果が発生するかわからない状態の人が「何々したい」なんて言っても、その人が行った契約などは最初から効力が発生しません。

具体例

あるオークション会場で「はい、５万円でこの壺買う人いませんか？」とオークショニア（競売人）が尋ね、母親の膝の上に座っていた小さな子どもが「はい！」と手を挙げました。オークショニアは何事もなかったようにオークションを続けました。

解説

□「〜をください」の意味

意思能力というのは自分の行為の結果を判断する能力です。八百屋さんの店先ではいろんな野菜が売られています。そこで「シイタケをください！」と言えば、シイタケを買いたいということですよね。「ください」ということを店先で言えば「買う」ということであり、買った以上、代金を払う義務が生じます。意思に基づいて、法律効果を発生させようとする行為のことを**法律行為**といいますが、ここまでわかった上で「シイタケください！」というものなのです。口頭での契約ですが、これも立派な売買契約のひとつです。

□ 所有権が認められるからこそ経済が成り立つ

民法は**３つの原則**により支えられています。３つとは**権利能力平等の原則**、**所有権絶対の原則**、**私的自治の原則**です。

個人の所有権を認めるという「所有権絶対の原則」があるので、シイタケは八百屋さんが所有しています。「シイタケは王様のお気に入りだから個人所有など認めない」なんて言い始めたら、シイタケの市場での流通はなくなります。所有権絶対なのだから、所有権を持っているシイタケを誰かに自由に売ることだってできるわけです。つまり、取引とか流通といったものが守られます。

ロ 自分で決めたからこそ責任も引き受ける

また八百屋さんは誰にどんな形でシイタケを売ろうと構わないのです。「自分たちの権利や義務は自分たちが決める」これが「私的自治の原則」です。その内容の一部として**契約自由の原則**があります。ですから、八百屋の奥さんがイケメンにしかシイタケを売らないと決めても構わないのです（あくまでも法律上の話ですが……）。ただ、そうして自分で決めたことだから、契約の結果、生じる義務から逃れることはできません。

ロ 人は同じように権利義務の主体となる

契約上では、「甲は」とか「乙は」とか書かれていますが、誰が甲になろうが、乙になろうがいいのです。誰もが同じように権利を得て、義務を負う存在となります。「偉い政治家はシイタケを買っても代金を払う義務がない」なんてことはありません。人は誰もが同じように権利義務の主体となります。これが**権利能力平等の原則**です。ところがこれを徹底してしまうと問題も生じます。契約自由の原則は、意思能力があってこそ成り立つわけです。どんなことが生じるかわからないまました行為の結果を負わされるのは酷というものです。ですから、３条の２では意思能力を有しないときの行為は無効としています。

続きは第１章２でお話ししますが、民法は意思能力が不十分と思われる人たちをグルーピングして保護することにしています。

ちなみに**無効**というのは、始めから効力を生じない状態をいいます。

出てきた言葉、再確認しておきますね。

意思能力	自分の行為の結果を判断する能力
法律行為	契約のように、意思に基づいて法律効果を発生させようとする行為
無効	始めから効力を生じないこと

(2)ちょこっと条文翻訳マスター

ちょこっとだけ、条文の翻訳の練習をしてみましょう。民法の条文は同じ表現パターンの繰り返しです。コツをつかむと条文の理解が進みます。

ただし、日用品の購入その他日常生活に関する行為については、この限りでない(9条)	
翻訳	そうはいっても、日用品の購入や日常生活に関する行為については別です。
POINT	「ただし、～はこの限りでない」は「そうはいっても～は別です」として翻訳できます。

その行為を追認したものとみなす(20条1項)	
翻訳	誰が何と言っても、その行為をさかのぼって認めたものとしての法的効果を発生させます。
POINT	「みなす」は異なるものであっても、そういうものとして扱い、法的な効果を発生させることです。反証を挙げてもひっくり返りません。そこで「誰が何と言っても」と表現してみました。「追認」というのは、取り消すことができることをあとからさかのぼって認めることです。後ほど詳しく説明します。

同時に死亡したものと推定する(32条の2)	
翻訳	一応、同時に死亡したものとして扱い法的効果を発生させます。

POINT	「推定する」というのは一応、そういうものとして扱い法的効果を発生させることです。推定した結果と異なるという反証が挙げられたら、推定はひっくり返ります。「一応」というところがポイントです。

善意でかつ過失がない第三者に対抗することができない（95条4項）	
翻訳	事情を知らず、事情を知らないことに落ち度がない第三者（当事者以外の者）に主張し通すことができません。
POINT	「善意」といえば「事情を知らない」、「悪意」といえば「事情を知っている」と反射的に翻訳できるようにしておきたいです。

(3) 総則に出てくる読みにくい漢字・書きにくい漢字

左に漢字があるものは「読める」ように、左にカナがあるものは「書ける」ようにしておきましょう。ここでは漢字が読み書きさえできれば大丈夫です。

自然人	しぜんじん	さぎ	詐欺
失踪	しっそう	きょうはく	強迫
いし	意思	顕名	けんめい
ひこうけんにん	被後見人	ふくだいりにん	復代理人
心裡留保	しんりりゅうほ	げんじょうかいふく	原状回復
さくご	錯誤	時効の完成猶予	じこうのかんせいゆうよ
通謀虚偽表示	つうぼうきょぎひょうじ	追認	ついにん

2 物権への近道

(1) 翻訳して近づこう

物権は物への支配権です。直接、独り占めすることができる権利です。「直接排他的な支配権」なんて表現されます。教科書には177条の内容として次のように書かれています。これを「翻訳」してみましょう。

原文	不動産に関する物権の変動は登記をしなければ第三者に対抗することができない
翻訳文	

翻訳例

たとえば、土地や建物の売り買いをしても登記をしておかないと、「私の物です」と売買の当事者以外の人には主張できないのです。

具体例

ある人から家を買って喜んでいたら、「私もその人から家を買った」という人が現れました。「私が先に買ったから私の物だ！」と主張したのですが、逆に「すでに私の物として登記をしたのですが……」と言われてしまいました。

解説

ロ 物権のイメージ

不動産というのは、土地と建物などのことです。**物権の変動**というのは、物権の発生、変更、消滅のことをいいます。そうそう、物権のことをまだ説明していませんでした。物権というのは物に対する支配権のことです。物をどう扱っても構わないという全部の支配権（これが**所有権**）もあれば、一部の面で物を支配するという権利もあります。たとえば、他人の土地に建物などを建てさせてもらうという意味でその土地を支配する**地上権**という物権もあります。

ロ「第三者に対抗する」の意味

さて、話をもとに戻します。家を売ったということは、買い手と売り手の意思が合致したということです。ある人が同じ家をAさんにも、Bさんにも売ったとしても、それぞれの売買で意思の合致があったのです。民法は意思を大切にすることを価値としています。その一方、取引がスムーズになることも大切にしています。この調整が難しいところです。

Xさんが同じ家をAさんに売って、その次にBさんに売ったとしても、BさんはXさんに売買契約を守るよう主張できます。契約の当事者であるXさんとBさんとの間では家を売る意思の合致があったのですから……。

ただ、現実に家は1つしかありません。そこで「登記をしなければ第三者に対抗することができない」としたのです。**第三者**というのは当事者以外の者をいいます。AさんとBさんは契約の当事者どうしではありません。AさんにとってBさんは第三者ですし、BさんにとってAさんは第三者です。「**対抗する**」というのは相手に対し主張を通すことです。そこで先に登記を備えた方が相手に「自分の物だ！」と言えるようにしたのです。

「自分の物にはちゃんと名前を書きなさい」。小学校では先生はよくそう言いました。高学年になって、消しゴムに名前を書いていたら、クラスメイトに「まじめだなぁ」と少しバカにされたものです。しかし、民法はこの勤勉な態度を評価しています。ちゃんと登記をした者がその物権を他の者に主張できるとしたのです。出てきた言葉、再確認しておきますね。

不動産	土地と定着物（建物、樹木など）のこと。土地とその上に立つ建物はそれぞれ別々の不動産です
物権	物を直接、独り占めする権利
物権の変動	物権の発生、変更、消滅のこと
登記（不動産登記）	「土地や建物の所在・面積のほか、所有者の住所・氏名などを公の帳簿（登記簿）に記載し、これを一般公開することにより、権利関係などの状況が誰にでもわかるようにし、取引の安全と円滑をはかる役割をはたしています」（法務省ウエブサイトより）
第三者	当事者以外の者のことです。「関係ない人」という意味ではありません
対抗する	主張を通すこと

（2）物権に出てくる読みにくい漢字・書きにくい漢字

権原	けんげん	要役地	ようえきち
たんぽぶっけん	担保物権	承役地	しょうえきち
用益物権	ようえきぶっけん	入会権	いりあいけん
他主占有	たしゅせんゆう	先取特権	さきどりとっけん
指図による占有移転	さしずによるせんゆういてん	物上保証人	ぶつじょうほしょうにん
相隣関係	そうりんかんけい	かし	瑕疵
永小作権	えいこさくけん	物上代位	ぶつじょうだいい
ちえきけん	地役権	根抵当	ねていとう

3 債権総論への近道

(1) 翻訳して近づこう

民法の債権編の第1章部分が債権総論です。債権というのは、他人への請求権です。債権を手にしているということは、他人に何かをしてもらう権利を持っていることを意味します。**債権総論**では、債権というものの内容や、債権を移転したり、債権が消滅したりする場合について規定しています。債権を生み出すいろいろな事柄については、ここ（債権総論）ではなく、次の債権各論で扱います。

400条の内容をテキストではこんな表現で説明しています。

原文	債務の目的が特定物の引渡しであるときには、債務者は引き渡すまで善良な管理者の注意義務をもって保存しなければならない
翻訳文	

翻訳例

債務として実現しなければならないことがらが一点ものの引渡しであるときは、債務者は引渡しまで、その社会的、経済的な地位に応じて求められる注意義務をしっかり果たして保管しなければなりません。

具体例

「掘り出しものがある」となじみの古美術店から連絡がありました。探していた葛飾広重（仮名）の肉筆画（版画ではなく実際に書いた絵）とのこと、すぐにメールで画像を送ってもらい購入を決めました。次の週に絵を取りにいくと、なんだか変な臭いがします。取り分けて保存している間に猫のミーちゃんがおしっこを掛けてしまったようなのです。ミーちゃんはこの店のマスコット猫、なんだか文句も言いにくい感じです。

解説

ロ 債務をちゃんと果たすということ

「どうせやるならちゃんとやりなさい」。子どもの頃、母からそう言われました。家事の手伝いをしている際にそう言われたのです。こちらは「やらされている」という思いがあるので、「一応やっている」という感じになりがちです。しかし、手伝いをする以上、「手抜きをせずにやりなさい」というのが母の思いなのでしょう。この「ちゃんとする」ということが債務を果たす（債務を履行する）場面でも求められます。

債務者が本来の責務を果たさないことや果たせないことを**債務不履行**といいます。それが債務者のせいなら、一般に債権者に対して損害賠償責任などの責任を負うことになります（第３章２・３で詳しく説明します）。

債務者が責任を負わなければならない場合には、「わざとした」ときだけでなく「うっかりした」ときも含まれます。ネットショッピングでゆでガニを買って冷凍宅配便で送るようお願いしていたところが、間違って、普通の宅配便でカニが送られてきたらどうでしょう。受け取ったときには、おいしさは失われているかもしれません。この場合、業者のうっかりミス（**過失**）なのですから、事情を話せば代わりのカニを送ってくれるでしょう。今度は冷凍宅配便を使って……。

ロ プロとしての注意義務

本当はカニだってひとつひとつ違うわけですが、この場合、その個性に着目しているわけではありません。「ボイル・ズワイガニ姿　1尾　〇〇円」として売っていたのですから代わりはいくらでもあります。

これに対して、葛飾広重の肉筆画は一点ものです。代わりがありません。こうした代わりのない物を**特定物**といい、特定物の引渡しを目的とする債権を**特定物債権**といいます。こうした代わりのない物を引き渡す債務を負う者は、プロとしての注意義務を払って管理しなければならないのです。これが**善良な管理者の注意義務**です。そして、そのレベルの注意義務を払っていないなら債務者の過失として評価されるとしたのです。

古美術店で猫を飼ってはいけないわけではありません。また、ときには、猫が粗相をすることもあるでしょう。しかし、自分の持ち物ならともかく、お客様の絵がそうした被害に巻き込まれないように大事に管理することが必要なのです。なお、プロとしての注意義務ではなく、自分の持ち物に対するものと同じレベルの注意義務を**自己の財産に対するのと同一の注意義務**といいます。

ロ 注意義務についての公平性

では、特定物を期日を過ぎても取りに来ない場合はどうでしょう。「引き渡せない」のが債権者のせいなのに、債務者が高いレベルの注意義務を維持しなければならないのは不公平です。そこで、その場合には、「自己の財産に対するのと同一の注意」でいいとされています（413条1項）。こんな風に注意義務のレベルひとつとっても、民法は、その場面、その場面で公平さを探っているといえます。債権は人に対する請求権です。だからこそ、債務者と債権者との間の公平を探りながらそのルールが作られているのです。

債務不履行	債務者が本来の債務を果たさないことや果たせないこと
特定物	代わりのない一点もののこと。特定物の引渡しを目的とする債権が特定物債権
善良な管理者の注意義務	その社会的、経済的な地位に応じて求められる注意義務のこと。善管《ぜんかん》注《ちゅう》意《い》義《ぎ》務《む》と略される

(2) 債権総論に出てくる読みにくい漢字・書きにくい漢字

ぜんかんちゅういぎむ	善管注意義務	随伴性	ずいはんせい
さいむのりこう	債務の履行	検索の抗弁権	けんさくのこうべんけん
塡補賠償	てんぽばいしょう	根保証契約	ねほしょうけいやく
受領遅滞	じゅりょうちたい	そうさい	相殺
さがいこうい	詐害行為		

4 債権各論への近道

(1)翻訳して近づこう

債権各論では、債権を生み出すいろいろな発生源について規定しています。まず、契約です。売買契約など13の契約について定めています。こうした契約を結べば債権・債務関係が生まれます。そのほかにも、債権を生み出すものとして事務管理、不当利得、不法行為が規定されています。たとえば、違法なことをして誰かに損害を与えてしまったら、それを賠償しなければなりません。被害者側からすれば、損害賠償を求めることができます。これも債権です。ですから不法行為は債権を発生させる原因といえます。事務管理、不当利得も含め、第４章でまたゆっくりお話しします。ここでは負担付贈与を定めた553条の条文そのものを翻訳してみましょう。

原文	負担付贈与については、この節に定めるもののほか、その性質に反しない限り、双務契約に関する規定を準用する
翻訳文	

翻訳例

贈与といっても負担付贈与については、贈与について定めたこの節（第２章契約第２節贈与）の規定のほか、問題がない限り、似ている双務契約に関する規定を当てはめます。

具体例

「『車をあげるけれど、毎月第４水曜日は私を病院に送り迎えしてね』と言われて乗用車をいただいたの。型式は古いけれど、外車だし、整備も行き届いていたように思えたわ。でも、こんなに故障が多いとやんなっちゃう。送り迎えにかかる負担の分ぐらいは修理費を出してもらおうかしら」

解説

□「準用する」の意味

「俺との付き合いが長いんだから少しは察してくれよ」。部下にそんなことを言う上司もいるかもしれません。しかし、長く一緒に暮らしている妻の気持ちさえ察することができないのに、何年か一緒に仕事をしたぐらいでその人の気持ちがわかるはずもありません。民法の条文でも、この「察してくれよ」的な表現がなされている場合があり、理解の障害になります。

「**準用する**」という表現もそのひとつです。本来の対象ではない似た対象について、その規定を当てはめることをいいます。

「双務契約に関する規定を準用する」というのは「負担付贈与は双務契約ではないけれど、似ている双務契約に関する規定を当てはめます」ということになります。

□負担付贈与の特徴

双務契約というのは、お互いに対価的な意味を持つ債務を負う契約をいいます。これに対して、**片務契約**は一方だけが債務を負う契約です。**贈与**は「あげる」「もらうね」という意思の合致が必要な契約であり、片務契約です。これは負担付贈与であっても同じです。

一般に**負担付贈与**では、贈与の内容に比べて負担は「軽い」ものです。

２つの内容が釣り合っていません。売買契約の場合だと、品物の価値と代金は釣り合っていますが、負担付贈与では、負担と贈与の内容が釣り合っていないのです。かといって、普通の贈与のように、あげる方が一方的に負担を負うものでもありません。この点がポイントとなります。

たとえば、普通の贈与では、タダでもらうわけですから、もらったものが不十分であっても、それを修理させたり、損害賠償をさせたりすることはできません。ところが、負担付贈与の場合には、贈与をした者も負担の範囲でこうした責任を負わなければなりません。具体例の場合だと、車に不具合があったとしたら、月一度、病院に送り迎えしてもらうコストに見合う程度の修理費は出さなければならないということになります。負担付贈与についてだけこうした規定（551条２項）が置かれています。負担付贈与も贈与のひとつであり、片務契約であることに変わりありません。しかし、こうした規定にも双務契約の考え方が取り入れられています。

贈与	民法で規定されている13の契約のひとつ。片務契約
負担付贈与	受ける側に一定の給付を義務づける贈与のこと
双務契約	お互いに対価的な意味を持つ債務を負う契約のこと
準用	本来の対象ではないが似たような対象に規定を当てはめること

(2) 債権各論に出てくる読みにくい漢字・書きにくい漢字

諾成契約	だくせいけいやく	うけおい	請負
定形約款	ていけいやっかん	報償責任	ほうしょうせきにん
ちんたいしゃく	賃貸借	工作物責任	こうさくぶつせきにん
てんたい	転貸		

5 民法を読むための道具

(1)民法が大事にしている価値を知ろう

何度でもいいます。民法が大事にしていることは、「それぞれの人の意思を大切にすること」と「取引などがスムーズに行われるようにすること」です。

そして、そもそも民法の規定の背後にある考え方として**3つの原則があります**。3つとは**権利能力平等の原則、所有権絶対の原則、私的自治の原則**です。

(2)価値の調整の方法を知ろう

「正義や公平に基づいて2つの価値をどう調整するか」についてはそれぞれの規定に「くふう」があります。ある要素に基づいて判断する規定を置いているのです。

条文上、**悪意**であるとか**善意**であるとか（事情を知っているか、知らないか）、**過失**があるかないか、法制度を進んで利用しているか（**登記などを備えているどうか**）などの要素です。慣れといえば慣れなのですが、こうした細かい要素に着目して、公平や正義の微調整をするのが民法なのです。

また、具体的な場面では、「相手の信頼を裏切るような行為をしてはならない（**信義誠実の原則**）」とか「権利の濫用は許されない（**権利の濫用**

の禁止)」といった、ちょっとあいまいですが、あいまいだからこそ、トラブル解決にも使える基本原則（1条）が働くこともあります。

これは「信頼を裏切る行為として認められない」と裁判所が主張を認めなかったり、形の上では権利の行使に見えても、認められる範囲を超えていたり、必要のない権利を振り回していたりする場合には、これを認めないとするものです。大きな視点からの正義や公平を導く原則といえるかもしれません。

しかし、考えてみれば、当たり前です。いくら理屈を言っても心に響かないことってありますよね。「人のことを非難しているけど、少し前まで自分も同じことをしていた」とか「他人のことを一切考えずに、自分のことばかり主張している」。そんな場合には、その主張の正当性に「？」がつきます。民法の「信義誠実の原則」も「権利の濫用の禁止」もこうしたことを認めていないのです。

(3) 解釈のスキルを知ろう

ロ 反対解釈

条文を理解する際にいくつかの解釈の技を使うことは民法でも同じです。最初は反対解釈という技です。これは条文に書かれていることの裏(反対）を読むという方法です。日常生活でもこの技は意外に使い慣れているかもしれません。たとえば、公園の禁止事項に「リードにつながれていない犬を公園内に入れてはいけません」とあったとします。誰もが「リードにつながれた犬なら入れてもいいんだ」と思うでしょう。もっといえば「猫なら自由に入れていいのね」ということになります。96条の読み方（第3章7）のところでまた説明します。

ロ 縮小解釈

条文に書かれたことを狭く解釈する方法が縮小解釈です。条文の趣旨と合わせて考えると狭く解釈することが適当な場合に使われます。たとえば、会社の運動会でお弁当が出ることになったとします。「アレルギーがある方は申し出てください」と配膳する人が言ったとします。それに対して「はい、はい、猫の毛アレルギーがあります」と申告したら、苦笑されるはずです。「お弁当を配付するに当たって」の呼びかけなのです。当然、「食べ物にアレルギーがある方は」と理解する必要があります。

177条では、買った家や土地について「登記をしなければ、第三者に対抗することができない」と規定しています。文字どおり解釈すると、その家や土地を不法占拠している人にも登記を備えていないと「自分の物だ！」と主張できないことになります。そこで、合理的に考えて、第２章２でお話しするように「第三者」の範囲を縮小解釈しています。

ロ 類推適用

「あるはずの規定がない」という場合に、似たような事例についての規定を借りてきて解釈するのが類推適用です。似たような事例に当てはめる方法として「準用」がありますが、「準用する」と書かれていないのに、「勝手に準用する」のが類推適用なのです。

民法は古い法律です。なかなか本格的な改正機会がありませんでした。そこで規定が不十分なところは類推適用で乗り切ってきた歴史があります。判例の考え方をベースに類推適用をしてきたのです。しかし、そもそも規定がないのですから、類推適用はかなり高度な技です。むやみに使わない方がいいし、規定が欠けていること自体が問題です。こうしたこともあり、平成29年改正ではこれまで類推適用でしのいでいた部分の条文をかなり補いました。たとえば、93条２項が追加されたのもそうした改正です。これまでは94条２項を借りていた（類推適用していた）のです。

（心裡留保）
第93条　略
2　前項ただし書の規定による意思表示の無効は、善意の第三者に対抗することができない。

民法を読むための道具をいくつか紹介しました。書籍を読み終わったあと、もう一度、ここに戻ってきてください。みなさんの理解がさらに深まっていることが実感できると思いますよ。みなさんも道具を手にした証拠です。さあ、学習をはじめましょう。

第1章

民法総則

1 民法総則の主な規定事項

総則に規定されている3つのことがら

(1) 3つのことがらのイメージ

「これからの人生の主役は君たちだ」と高校の卒業式で校長先生が励ましてくれました。「これからは自分が主人公なんだ！」などと柄にもなく心が熱くなりました。

民法の中で主人公といえば**権利の主体**です。権利の主体は「権利を手にしたり、義務を負うことができる者」です。

人はもちろん権利の主体ですが、猫はどうでしょうか。誰の指図にも従わないで自由に生きるのが猫の猫たるところですが、飼い猫なら、自分の意思にかかわらず次のような目にあうかもしれません。

猫の飼い主の友達「かわいい～、こんな子猫飼ってみたかったんだ。」
猫の飼い主「じゃあ、あげるよ。でも大事にしてね。」
猫の飼い主の友達「ありがとう！嬉しい～」

こんな簡単な会話で猫の運命が変わります。大事にしなければならない命には変わりありませんが、法律上は「売ったり」、「あげたりする」ことができる対象だからです。猫は権利義務の主人公ではなく、主人公が権利の対象とするものに過ぎません。こうした権利の対象となるもののことを**権利の客体**といいます。

民法総則では、「権利の主体」や「権利の客体」について規定していますが、これらに加えて、「権利の変動原因について知っておくべきこと」も定められています。

たとえば、「売りたい人」と「買いたい人」がいて、売買が成立します。売買（契約）が成立すれば、その物の所有権が移ります。売買（契約）がその原因になっているわけですが、どんな場合に「売りたい」、「買いたい」という意思があるといえるのか、ハッキリさせなければなりません。

また、「売った」、「買った」のやりとりがなくても、自分の物になる制度があります。たとえば、他人の土地を赤い毛糸（別に赤い毛糸でなくてもいいです）で囲んで「ここは私の土地です♡」と自分の名前を書いた立札をしておきます。20年間、誰からもそれに対してクレームがなかったら、その土地はその人のものとなります。これを時効取得といいます。これも「権利の変動原因について知っておくべきこと」のひとつです。

民法総則にはこうしたことが定められています。

図表　総則の規定事項

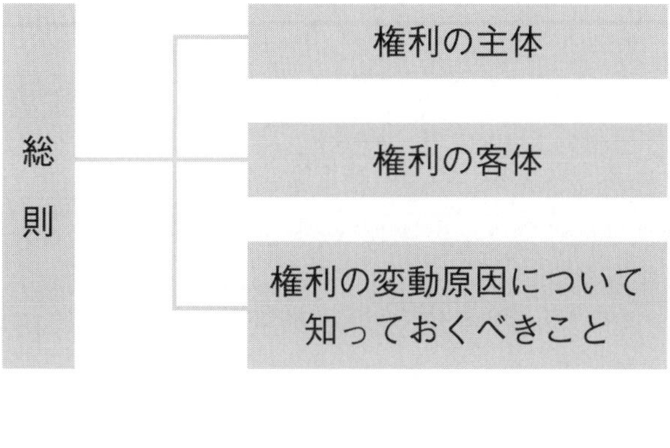

(2)権利の主体のこと

ロ 人の種類

「権利の主体」は人であるといいましたが、この「人」には生身の人間のほかに、**法人**があります。会社や自治体などが、その名前で、財産を保有したり、借金をしたり、裁判をしたりできるのは、権利の主体であるからです。ちなみに、生身の人間のことを**自然人**といいます。「しぜんじん」と読みます。

ロ 権利能力の始期

「権利を手にしたり、義務を負うことができる資格」のことを**権利能力**といいますが、自然人はいつ権利能力を手にして、いつ権利能力を失うでしょうか。

「生まれたら権利能力を手にして、死んだら権利能力を失うに決まっているだろう」という声が聞こえてきそうです。3条には次のような規定があります。

> 第3条　私権の享有は、出生に始まる。
> 2　外国人は、法令又は条約の規定により禁止される場合を除き、私権を享有する。

ただ、筋金入りの理屈家なのが法律です。次に「『人として生まれた』というのはどのような状態をいうのだろう？」と考えなくてはなりません。普通、「生まれた」というのはお母さんから完全に生まれ落ちたときをいいますが、民法でもこの考え方をとっています。身も蓋もない名前なのですが、この考え方を**全部露出説**といいます。ところが、刑法ではお母さんから体の一部が出てきた時点で守るべき「人」となります。これを**一**

部露出説といいます。

話を元に戻しましょう。

３条では、権利能力は「出生に始まる」と定めていますが、721条には「胎児は、損害賠償の請求権については、既に生まれたものとみなす」とあります。この条文があるために、たとえば、胎児のお父さんが強盗に殺されてしまうようなことがあれば、胎児も犯人への損害賠償請求権を手にします（ただし、無事、生きて生まれることが必要です）。しかし、考えてみると変な条文です。「生まれていない」から胎児のはず、それを「生まれたものとみなす」というのは……。しかし、これも法令用語を知っていればなんということはありません。「みなす」というのは、そもそも違うものを法律上、そのように扱うことをいいます。だから「みなす」でいいのです。

こんな風に、権利能力の始期は「生まれたとき」ということができますが、一部の場合には胎児も「生まれたもの」とみなされています。

□ 権利能力の終期

次は権利能力の終期の話です。民法の条文に特に書かれているわけではありませんが、権利能力の始まりが「生まれたとき」なら、権利能力の終わりは「死」です。しかし、「死ななくても」権利能力が失われる例外も民法には定められています。それが、**失踪《しっそう》宣告**という制度です。生死が不明なときに、一定期間が経過したことなどを条件に裁判所が「死亡したものとみなす」制度です。

戦争に巻き込まれたとか、船が沈没したなど（危難）の理由で生死が不明なときは、危難が去った後１年間、生死が明らかでない場合に、その危難が去った時に死亡したものとみなされます（30条２項、31条）。これを**特別失踪**といいます。そうした理由がなく７年間生死不明の場合には、７年を満了した時に死亡したものとみなされます（30条１項、31条）。これが**普通失踪**です。

さらに「脳死」との関係が気になったかもしれません。臓器の移植に関する法律６条１項には「医師は、（中略）、移植術に使用されるための臓器を、死体（脳死した者の身体を含む。以下同じ。）から摘出することができる」とあります。

ただ、この条文があるからといって、脳死を民法上の「死」と認めたわけではありません。平成29年改正の審議では法務省民事局長が国会でこんなことを言っています。

> まず、権利能力の終期の明文化の点でございますが、今般の民法改正案の提出に至る過程におきまして、権利能力の終期を明文化することについての議論は、これは行われておりません。（中略）。委員御指摘の臓器の移植に関する法律など、これは脳死などを議論の対象とするわけでございますが、臓器移植に関しまして死体の定義の中に脳死した者の身体が含められているものの、民法上の死亡について定めたものではございません。そのため、民法上の死亡に脳死が含まれるか否かについては、あくまでも社会通念に基づいて判断されるものと言うほかはございませんが、現段階ではこの点に関する判例はまだなく、一般的に脳死が死亡に含まれるとの社会通念が形成されているとまで断定するのは困難ではないかと考えているところでございます。（参議院第193回国会法務委員会会議録第10号（平成29年５月９日））

なお、法人については、自然人のように生まれたり、死んだりしないのですから、法律に定める要件の下で権利能力を持つ（権利の主体になる）

ことになります。

(3)権利の客体のこと

ロ 物とは

権利の客体は「物」です。85条では「『物』とは、有体物をいう」とあります。「有体物ってなに？」という新たな疑問も生まれますが、有体物というのは「空間の一部を占めるもの」とされています。液体、気体、個体ということになりますが、これに加えて、電気やエネルギーなども自分だけのものとして（排他的に）支配可能なのですから、「物」に含めてもいいのではないかと考えられています。ただ、月や海は権利の客体としての「物」ではありません。そもそも人が支配できないのですから、含めてもしょうがありません。

ロ 動産と不動産

物はいくつかの視点で分類することができます。一番、重要なのは、動産と不動産の区別です。不動産というのは、「土地及びその定着物」(86条1項) をいいます。そして、それ以外の物はすべて動産です (同条2項)。ちなみに、土地の定着物というのは、建物や樹木や石垣などのことです。建物は土地とは異なる不動産として扱います。石垣は土地の一部として扱います。樹木も立木法（立木ニ関スル法律）により登記されたものや第2章2で話題とする明認方法がされたものを除き土地の一部として扱われます。

練習問題

問題　次の話を読んで、民法に照らし明らかに間違っている点を指摘してください。

あるところに、おばあさんと三毛猫のミロが暮らしていました。ある日のこと、おばあさんは、見かけない青年が縁側でゴロゴロしているのを見つけました。おばあさんがその青年に話しかけてみるとこう言いました。「私は長らくかわいがっていただいているミロです。おばあさんにご恩返しがしたく人間の姿になりました」。おばあさんは飛び上がって喜び、すぐに家屋敷をミロに相続させました。

解　答

いろいろとツッコミどころがあろうかと思いますが、ミロは人間の姿になっても猫なのですから権利能力を手にすることはできません。家屋敷を相続することはないのです。そもそも、おばあさんは亡くなっていないのですから相続という状況は生まれません。

POINT

- **人は「権利の主体」ですが、人には自然人と法人があります。**
- **自然人は生まれることで権利能力を手にします。**
- **失踪宣告は、生死が不明なときに、一定期間が経過したことなどを条件に裁判所が「死亡したものとみなす」制度です。**
- **権利の客体は「物」です。物には動産と不動産があります。**

2 制限行為能力者①
未成年者のできること

(1) 意思能力とは

■ 意思能力の意味

人であれば誰でも権利能力があります。ただ、契約を結ぶなど、子どもが権利を手にしたり、義務を負ったりするようなことを自分の判断としてできるかといえば、そうではないはずです。

こんな例を考えてみましょう。あるオークション会場で「はい、５万円でこの壺買う人いませんか？」とオークショニア（競売人）が尋ねたときに、母親の膝の上に座っていた小さな子どもが「はい！」と手を挙げました。会場ではクスクスと笑う人がいましたが、オークショニアは何事もなかったようにオークションを続けます。

なぜ、子どもがスルー（無視）されたかです。それは子どもが「はい！」といった意味を理解していないからです。本当なら「はい！」と言ったのですから、他の落札希望者がいない場合には、その子どもが５万円を払わなくてはならなくなります。しかし、子どもは、その行為がどんな結果に結びつくものかはわからないわけです。どんな結果に結びつくかわからない行為は**意思**（意志ではありません）があるといえません。自分の行為の結果を判断する能力を**意思能力**といいます。この場合には子どもに意思能力がないというわけなのです。オークションの場面で手を挙げることにどんな意味があるのか、そして、どんな責任を負うことになるのか、それをわかった上で、行為する能力が意思能力といえます。

ロ 意思能力のない者の行為の効果

意思能力がない者が行った法律行為は無効です。意思を大事にする民法においては当然のことです。平成29年改正では次のような条文を置いて、このことを明らかにしました。

> 第3条の2　法律行為の当事者が意思表示をした時に意思能力を有しなかったときは、その法律行為は、無効とする。

オークショニアがスルーしたのも、子どもの「はい！」が無効だと判断してのことです。この場合、お母さんの膝の上の子どもには、権利能力はあるけれど、オークション参加についての意思能力がないといえます。

この意思能力は、ひとつひとつの行為ごとに判断されます。認知症が進んでしまったおばあさんは日用品を買うことはできても、込み入った金融商品を購入する契約について意思能力はないと考えられるかもしれません。

ただ、意思能力が行為ごとに判断されるというのはやっかいなことです。考えてみてください。意思能力があったか、なかったかを証明するのはなかなか骨が折れます。小さな子どもの場合はともかくとして、精神上の障がいがあって、判断能力が不十分な人がいるとします。ずっと不十分というわけではなく、不十分なときもあれば、通常の状態に戻っているときもあります。ある契約を結ぶに当たって、意思能力があるときもあれば、ないときもあるという状態です。この場合、３条の２によると、意思能力があるときにした契約は有効で、意思能力がないときにした契約は無効ということになります。

これは契約の相手方にとって、とても酷なことです。精神上の障がいの場合には、相手方からはどのような状態なのか目に見えません。契約を結んだところが、あとになって「意思能力がなかったので無効です」などと言われるのはつらいことです。また、契約した本人も、意思能力がないことを証明しないと保護されないというのでは、保護が十分とはいえません。

民法は当事者の意思を大事にしようと考えています。しかし、取引をスムーズにするための法律でもあります。なんとか、両者の間にうまい落としどころを考えなくてはなりません。

(2) 制限行為能力者と守ってくれる人

ロ 制限行為能力者の種類

「意思能力のあるなしは目に見えない」。そこで考えられたのが、**制限行為能力者**の制度です。**意思能力が不十分な人たち、その不十分さの程度に応じて４つのグループに分けて、その人たちや取引の相手方を保護しようとしたのです**。その４つのグループというのは以下の表の４つです。

未成年者	20歳未満の者（2022年４月１日以降は18歳未満の者）（４条）
成年被後見人	精神上の障がいにより事理を弁識する能力を欠く**常況にある**者（７条）
被保佐人	精神上の障がいにより事理を弁識する能力が**著しく不十分である**者（11条）

被補助人	精神上の障がいにより事理を弁識する能力が**不十分である者**（15条１項）

まず、ひとつは**未成年者**です。個人差はあるでしょうが、未成年者は、まだまだ判断能力が未熟ということで、制限行為能力者としました。現在は「20歳未満の者」ですが、令和４年（2022年）４月１日からは「18歳未満の者」になります。

もうひとつは、精神上の障がいにより判断能力が不十分な人たちです。

判断能力の不十分さに応じて、成年被後見人、被保佐人、被補助人となります。本人や配偶者、そして一定の範囲の親族などからの請求を受けて裁判所が判断（**審判**）します。なお、被補助人については、補助開始の審判とは別に、特定の行為について補助人の同意が必要である旨の審判を受けた場合のみ制限行為能力者となります（後で説明します）。

□ 守ってくれる人の種類

成年《せいねん》被《ひ》後見人《こうけんにん》という言葉は変な言葉ですが、成年である「後見される人」という意味です。守ってくれる人が**成年後見人**です。守ってもらう人と守ってくれる人との関係は次のようになります。

守ってもらう人	守ってくれる人
成年被後見人	←成年後見人
被保佐人	←保佐人
被補助人	←補助人

自分ひとりで有効に契約などの法律行為をすることができる能力を**行為能力**といいます。守ってもらっている人たちは、４つのグループごとに自分ひとりでできる範囲は違いますが、完全には行為能力がありません。

娘が通っていた幼稚園では、年齢に応じてできる給食のお手伝いが決まっていました。年少さんは「給食のはじまりの歌を歌うこと」、年中さんは「ご飯やおかずをよそうこと」、年長さんになると「配膳に加えて、野菜を切ったりすること」と、簡単な調理も任せてくれます。なんでも自分でやりたい年頃ですが、園児の安全や衛生との兼ね合いがあり、こうしたところに落ち着いたようです。

「ひとりでできること」と「保護」との兼ね合い、これは制限行為能力制度においても同じです。民法はグルーピングした制限行為能力者ごとに、ひとりでできること、できないことを定めています。ただ、こうした行為能力の制限は経済的な行為についてだけで、結婚や遺言などの身分行為には基本的に及びません。結婚を考えればわかりやすいですが、本人の意思をなにより尊重しなければならないからです。

(3)未成年者のできること

未成年者は未熟です。だから、基本的にはひとりで法律行為ができません。**法律行為**というのは「意思に基づいて、法律効果を発生させようとする行為」のことです。「これください」と買い物をすることだって、代金を払うという義務を発生させるのですから法律行為となります。

「ひとりでできない」未成年者はどうすればいいのか……。ひとつは「親などにやってもらう」方法があります。

少し詳しく説明します。未成年者には、親（両親が揃っていれば両親、両親が離婚していたり、どちらかの親しかない場合などはどちらかの親）や、親がいないときには未成年後見人が法定代理人となります。**法定代理人**とは、法律の規定によってなる代理人のことです。代理人は、本人に代わって法律行為をしてくれる存在です。するのは代理人ですが、効果は本人に生じます。たとえば、未成年者が交通事故にあって被害者と示談交渉する必要があったとします。その場合、親などが子どもに代わって、子どものために弁護士に依頼したりすることでしょう。ただ、未成年者はすべての法律行為について、法定代理人任せなのかといえば、そうでもありません。

５条１項には「未成年者が法律行為をするには、その法定代理人の同意を得なければならない」とあります。逆にいえば、親などの同意さえ得れば、法律行為をすることができるのです。

（未成年者の法律行為）
第５条　未成年者が法律行為をするには、その法定代理人の同意を得なければならない。ただし、単に権利を得、又は義務を免れる法律行為については、この限りでない。
２　前項の規定に反する法律行為は、取り消すことができる。
３　第１項の規定にかかわらず、法定代理人が目的を定めて処分を許した財産は、その目的の範囲内において、未成年者が自由に処分することができる。目的を定めないで処分を許した財産を処分するときも、同様とする。

では、親などの同意がないとどうなるのか……。それが５条２項に書かれています。親などに内緒でしても、あとで親などが取消しをすることができます。

無効というのは最初から効力が生じないことです。親などの同意がない行為を「無効」とはしないで「取り消すことができる」としたのにも理由があります。契約などの内容が未成年にとって悪い話ではない場合には、そのまま認める余地を残したのです。

未成年者が保護されていること	・親などの法定代理人の同意がないと法律行為ができない（５条１項） ⇒同意がない法律行為は「取り消すことができる」（５条２項）

ただ、民法は、親の同意も得ないで、未成年者が「ひとりでできる法律行為」も定めています。ひとりでできることは、次のようなことです。

未成年者がひとりでできる法律行為	・単に権利を得、又は義務を免れる法律行為（5条1項） ・親などの法定代理人が目的を定めて処分を許した財産、目的を定めないで処分を許した財産の処分（5条3項） ・許された営業（6条1項）

未成年者といえども、本人にとって何も不利にならない行為はできてもいいはずです。また、「大学の学費としてもらったお金」や「おこづかいとしてもらったお金」を使うこともできます。さらに、親などの同意をもらって未成年者が商売をするような場合にも、その営業（商売など）に関する行為はすることができます。

練習問題

問題1　左の①～③までの用語の説明としてふさわしいものを右のA～Cから選んでください。

①権利能力	A 自分ひとりで有効に契約などの法律行為をすることができる能力
②意思能力	B 権利の主体として、権利を手にしたり、義務を負うことができる能力
③行為能力	C 自分の行為の結果を判断する能力

解答欄　①（　　　）②（　　　）③（　　　）

問題2　次の①～④の行為のなかで未成年者が親（法定代理人）の同意がなくても問題なくひとりでできるのはどれでしょうか。

①もらったニワトリの卵を焼酎に入れて飲む。

②隣の家から生みたてのニワトリの卵をもらう。

③貸金の返済としてニワトリの卵をもらう。

④おこづかいの範囲でゆで卵を買う。

解　答

問題1　①（　B　）②（　C　）③（　A　）

問題2　②・④

解説

問題2　①未成年者の飲酒は法律で禁止されています。親が同意しても未成年者は飲酒ができません。令和４年４月１日に、18歳を成年とする民法改正が施行されますが、未成年者飲酒禁止法によりその内容は維持されています。②は単に権利を得るだけのものであるので（贈与）、未成年者も単独ですることができます（５条１項）。④のおこづかいも、「目的を定めないで処分を許した財産」ですので、自由に使えます（同条３項）。③は返済を受けること、しかも、卵で返済を受けるのですから、利息も含め卵が貸金の価値にふさわしくない場合には不利益を被るおそれがあります。同意が必要です。

POINT

- **自分の行為の結果を判断する能力を意思能力といいます。**
- **自分ひとりで有効に契約などの法律行為をすることができる能力を行為能力といいます。**
- **行為能力が完全でない人を制限行為能力者といいます。**
- **制限行為能力者には、未成年者のほか、成年被後見人、被保佐人、被補助人があります。**

3 制限行為能力者②

判断能力が不十分な人たちを守る

(1)成年被後見人ができること

制限行為能力者のうち、次は成年被後見人のことを説明しましょう。成年被後見人は家庭裁判所により後見開始の審判を受けた者です。その成年被後見人がひとりでできることは「日用品の購入その他日常生活に関する行為」についてだけです。他の法律行為については、あとで取り消すことができるものとされています。注意が必要なのが、守ってくれる人である成年後見人には**同意権**がないことです。というのは、成年被後見人は重い精神上の障がいがあります。意思を固めたり、それを表現したりすることも常に難しいと考えられています。ですから、同意という形でサポートするのも難しいと考え同意権を与えなかったのです。ですから、たとえ、同意を得た行為であっても、取り消すことができるのです。

成年後見人は法定代理人です。「日用品の購入その他日常生活に関する行為」以外の行為は、成年後見人が代理して行うことになります。

なお、成年被後見人の行為能力を制限するのは経済活動の分野だけで、身分行為には基本的に及びません。たとえば、成年被後見人が意思を回復しているときにした結婚や遺言などは有効なのです。

(2)被保佐人ができること

次は、被保佐人が「ひとりでできること」を考えてみます。成年被後見人のように常に「事理を弁識できない」わけではありませんが「著しく不十分」とあるのですから、やはり守ってあげなくてはなりません。守ってあげる人は保佐人ですが、どんな風に守ってあげるかといえば、「財産上、重要な行為」について保佐人に同意権を与えて、同意が得られていない法律行為を取り消すことができることとしました。

同意が必要な行為を「財産上、重要な行為」と、さらりといいましたが、13条1項では、10の行為を示しています。イメージするために挙げておきます。

保佐人の同意が必要な「財産上、重要な行為」

①元本を領収し、又は利用すること。
②借財又は保証をすること。
③不動産その他重要な財産に関する権利の得喪を目的とする行為をすること。
④訴訟行為をすること。
⑤贈与、和解又は仲裁合意をすること。
⑥相続の承認もしくは放棄又は遺産の分割をすること。
⑦贈与の申込みを拒絶し、遺贈を放棄し、負担付贈与の申込みを承諾し、又は負担付遺贈を承認すること。
⑧新築、改築、増築又は大修繕をすること。
⑨602条に定める期間を超える賃貸借をすること。
⑩①～⑨の行為を制限行為能力者の法定代理人としてすること。

また、これだけでは心配な場合には、家庭裁判所の審判を得て、さらに、保佐人の同意が必要な行為を増やすこともできます（13条2項）。同意が必要な行為のほかは、ひとりでできるのが被保佐人です。

間違えやすいのは、保佐人は必ずしも法定代理人ではないことです。代理権というのは本人に代わって契約などの法律行為を行う権限ですが、保佐人にとって、代理権はいわばオプションです。この点が最初から法定代理人である成年被後見人とは違います。保佐人が代理するためには、保佐人や被保佐人本人などが請求して「特定の法律行為」に代理権が与えられなければなりません（876条の４）。これも家庭裁判所の審判によります。「財産上、重要な行為」ばかりでなく、さらに広げて代理権を請求することも可能です。

(3) 被補助人ができること

最後は被補助人です。被補助人は基本的に「ひとりでできる」人です。ただ、「事理を弁識する能力が不十分」なので、心配な部分だけ補助人が守ってくれています。

「財産上、重要な行為」のうちの一部だけを同意が必要な行為とすることができます。補助開始の審判の際に、補助人の同意を必要とする「財産上、重要な行為」を決めて、この審判も受けなければなりません。審判があった行為のみ、補助人の同意が必要となり、同意を得ないでした行為は取り消されることになります。

被保佐人の場合には、保佐開始の審判を受けたということで、自動的に「財産上、重要な行為」について保佐人の同意が必要となりますが、被補助人の場合は違います。補助開始の審判とは別に、補助人の同意を得なければならない行為についての審判も得なければならないのです。また、補助人についても、補助人や本人などが請求して「特定の法律行為」に代理権が与えられるしくみがあります（876条の９）。これは保佐人の場合と同じです。ただ、単に補助開始の審判を求めても意味がありませんから、補助開始の審判は、同意権付与の審判か代理権付与の審判とともにしなければならないものとされています（15条３項）。

図表　制限行為能力者のイメージ①

成年被後見人がひとりでできること	被保佐人がひとりでできること	被補助人がひとりでできること
日用品の購入その他日常生活に関する行為	①「財産上、重要な行為」＋②「保佐人の同意が必要とされた行為」以外の法律行為	「財産上、重要な行為のうち補助人の同意が必要とされた行為」以外の法律行為
イメージ 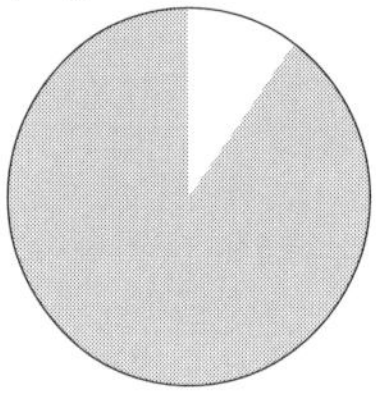	イメージ 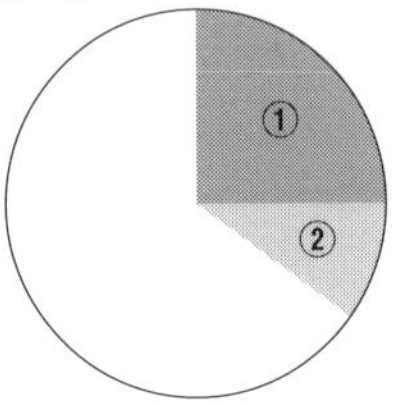	イメージ 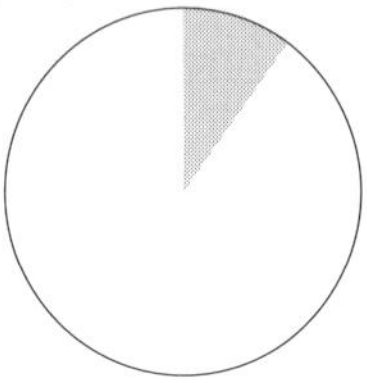

※白の部分は、自分ひとりでできる行為。あくまでもイメージです。

少しマニアックな話です。難しかったら読み飛ばしても構いません。補助開始の審判の際に、補助人の同意を得るという審判をせずに、「特定の法律行為」について補助人に代理権を付与する審判だけを行う場合があります。自分一人では法律行為をすることができない人が制限行為能力者です。この場合には、被補助人はどんな行為であっても補助人の同意なしでできるのですから、制限行為能力者とはなりません。そのため、13条1項10号では「未成年者、成年被後見人、被保佐人及び第17条第1項の審判を受けた被補助人」を**制限行為能力者**としています。補助人の同意を得るという審判を受けた被補助人だけを制限行為能力者としているのです。

図表 制限行為能力者のイメージ②

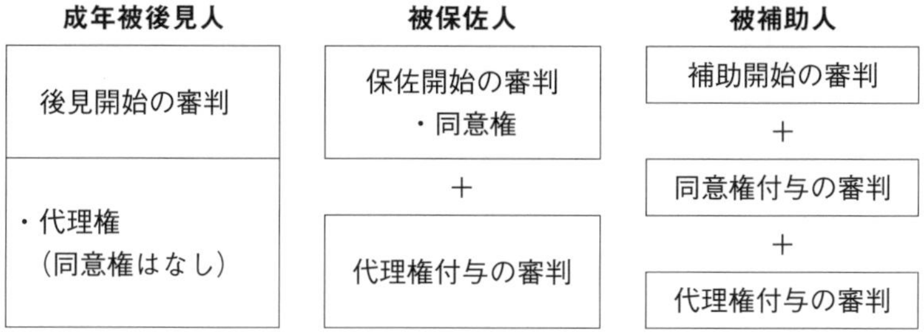

(4)取消権者のこと

「取り消すことができる」といってきましたが、まだ、誰が「取り消すことができる」かについてハッキリとお話ししていませんでした。条文も取消権者について書かれていないので、気になっている読者もいることでしょう。

「取り消すことができる者」のことを**取消権者**というのですが、取消権者が誰かということは、別な条文に規定されています。120条1項には、行為能力の制限を理由として取り消す場合の取消権者が定められています。

（取消権者）
第120条　行為能力の制限によって取り消すことができる行為は、制限行為能力者（略）又はその代理人、承継人若しくは同意をすることができる者に限り、取り消すことができる。
2　略

制限行為能力者本人も意思能力があれば取消し可能です。ほかに、「代理人」、「同意をすることができる者」などが取消権者となります。保佐人や補助人は「同意をすることができる者」として取消権者となることができます。代理権を持つ者のほかに、保佐人や同意権を付与された補助人も取消権者となるのです。

取り消されると、意思表示は「最初から無効であったものと」とみなされます（121条）。いったん有効に成立したものが、成立時に問題があることがわかって、遡って効力を失うのです。この点がそもそも効力が発生しない無効との違いとなります。取消権者については、本章10で再び説明します。

(5) 相手方の催告権と催告の効果

ロ 相手方の催告権

民法は取引をスムーズにするための法律でもあります。制限行為能力者を守ってあげるのはいいとしても、その相手方の不利益もできるだけ小さくしてあげなくてはなりません。制限行為能力者の相手方は、いつ契約などを取り消されるかわからない不安定な状態にあります。そこで、取引の相手方から「取り消すの？　取り消さないの（追認するの）？」と尋ねるしくみを規定しました。尋ねたのに、ハッキリした答えがない場合、一定の効果が発生するようにしたのです。

もう少し詳しく話をしましょう。相手方は「１か月以上の期間を定めて、その期間内にその取り消すことができる行為を追認するかどうか」尋ねることができます。催促するように尋ねるのでこれを**催告**といいます。

催告の相手ですが、制限行為能力者が行為能力者になった場合にはその者に催告することになります。制限行為能力者である間には、本人に催告してもひとりで返答できないわけですから、法定代理人、保佐人、補助人に催告することになります。期間内にこの催告にハッキリ答えてくれれば問題はないのですが、ハッキリした答えがない場合に困ってしまいます。20条は、返答する能力がある人にした場合には「追認したもの」とみなしています。表の①と②の場合がそれです。ただ、催告を受けた者だけでは答えられず、さらに別な者の同意を得なければならないような行為（たとえば、864条のように後見人が後見監督人の同意を得なければならないような場合です。20条３項では「特別の方式を要する行為」と表現しています）については、期限内に確答がなければ取り消したものとみなされます。一方、被保佐人や同意が必要な被補助人に対しては「保佐人や補助人に追認してもらってよ」と催告することもできますが、この場合に、確認を得た旨の返答がないと、取り消したものとみなします。

<table>
<tr><th>催告の相手方</th><th>期限内に確答などがないときの効果</th></tr>
<tr><td>（20条１項）
①制限行為能力者が行為能力者となった後にその者に対してした場合</td><td rowspan="2">追認したものとみなす</td></tr>
<tr><td>（同条２項）
②行為能力者とならない間に、その法定代理人、保佐人又は補助人に対してした場合</td></tr>
<tr><td>（同条４項）
③被保佐人又は補助人の同意が必要な被補助人に対して、その保佐人又は補助人の追認を得るよう催告をした場合</td><td>取り消したものとみなす</td></tr>
</table>

＊「特別の方式を要する行為については」、①、②の場合でも取り消したものとみなされます（20条３項）

練習問題

問題 **吉田君、鈴木君、中村君、田中君の４人のうち、民法の条文に照らして誤ったことを述べている人をすべて挙げてください。**

吉田君 「日用品の購入その他日常生活に関する行為」を除いて成年後見人には行為能力がないんだよね。

鈴木君 保佐人は必ずしも被保佐人を代理する権限があるわけではないんだよな。

中村君 成年後見人が同意を与えてした成年被後見人の法律行為は取り消すことができないよね。

田中君 保佐開始の審判を受けた者が被補助人だよ。

解答

吉田君　中村君　田中君

解説

吉田君：誤りです。成年後見人は後見される人ではなく、後見する方の人です。
鈴木君：正しいです。保佐人が代理権を得るには別に代理権を付与する審判が必要です（876条の４）。
中村君：誤りです。成年後見人には同意権というものがありません。
田中君：誤りです。保佐開始の審判を受けた者は被保佐人です（12条）。

POINT

- 成年被後見人がひとりでできるのは「日用品の購入その他日常生活に関する行為」についてだけです。他の法律行為については、あとで取り消すことができるものとされています
- 被保佐人については、「財産上、重要な行為」について保佐人に同意権を与えて、同意が得られていない行為を取り消すことができることとしています。
- 被補助人の場合には「財産上、重要な行為」のうちの一部だけを補助人の同意が必要な行為とすることができます。

4 法律行為と定型約款
意外と知らない基本用語

(1)法律行為とは

ロ 契約

法律行為というのは「意思に基づいて、法律効果を発生させようとする行為」のことです。「契約などの法律行為」という表現もよく目にしますが、契約は法律行為の代表例です。たとえば、駅前の青果店「フレッシュマート富田」の前では、今日も、こんな会話が交わされています。

「奥さん、このバナナ100円でどう？」

「高いわ、80円ならもらうわ」

「奥さんにはかなわねぇなぁ。80円でいいよ」

80円でのバナナの売買契約の成立の場面です。契約が成立したのですから、買主の奥さんは80円を支払う義務が生じますし、売主はそのバナナを引き渡す義務が生じます。80円に値切られたからといって、奥から黒いブチブチの出た熟れたバナナを持ってきて渡すわけにはいきません。逆にいえば、売主は80円の支払いを受ける権利がありますし、買主にはそのバナナの引渡しを求める権利が生まれます。売買契約は、このように法的な権利や義務を生じさせようとする行為なので、法律行為なのです。

「意思の合致」である契約は、世界のいたるところに存在します。

たとえば、「この洋服、あなたに着てほしいのよ、もらってくれない」。「あら、私なんかでいいの、ありがとう」。こんな会話で贈与契約が成立します。相手が「承諾」の意思を示して、はじめて贈与契約の成立となります。この場合には、２人が「意思に基づいて、法律効果を発生させよう」としているのであり、法律行為といえます。言い換えると、「２つ以上の意思が合わさることにより成立する法律行為が契約」ということもできます。

ロ 単独行為と合同行為

ただ、ひとりの一方的な意思で法律効果を発生させる場合もあります。これも法律行為となります。制限行為能力者のところで扱った「取消し」や相続のところで出てくる「遺《い》言《ごん》」はその例です。これらは、相手の意思とは関係なく、一方的な意思表示によって法律効果を発生させることができるのです。これを**単独行為**といいます。たとえば、「バナナが好きだった長男にはバナナ園を残そう、次男は桃が好きだったから桃園を残そう」と遺言を残していたとしたら、亡くなると同時に、基本的にそうした効果が生じます。

また、法律行為には**合同行為**と呼ばれるものもあります。合同行為はその名前のとおり、何人かの意思が示されて法律上の効果が発生する行為なのですが、その何人かの意思の方向が同じであるところが契約との違いになります。一般社団法人の設立はその例です。複数の人の「法人を作ろう！」という意思が必要となります。

図表　法律行為の種類

法律行為	契約
	単独行為
	合同行為

(2) 定型約款とは?

「約款《やっかん》」というものがあります。気になっている人も多いはずです。たとえば、ホテルに泊まると部屋に少し大きめのアルバムのようなものが置かれていることがあります。その冊子のなかには宿泊約款と書かれた契約書のようなものが挟まっています。約款は、ある意味、ホテル側が一方的に決めたものです。それなのに、約款の内容はお互いが合意したものとして契約の内容になるのでしょうか?

平成29年改正後の民法では定型約款という言葉を作って、約款の内容が契約の内容となる場合を明らかにしています。大雑把にいえば、その約款が定型約款であって、一定の要件を満たしたときに、契約の内容になるのです。

まずは定型約款から説明しないといけません。不特定の者を相手にする取引で、その取引内容が画一的な方がどちらにとっても合理的なものを**定型取引**と民法では定めています。その定型取引の約款が**定型約款**です。国会での議論では、鉄道の運送約款、宅配便の契約約款、パソコンソフトの購入約款、インターネットでの物品売買契約の約款などの例が挙げられています。①定型約款を契約の内容とする旨の合意をしたとき、②定型約款を準備した者があらかじめその定型約款を契約の内容とする旨を相手方に表示していたときに、定型約款のひとつひとつの内容を合意したものとみなすことにしています(548条の2第1項)。

練習問題

問題　**Aの文書とBの文書を読み比べて、異なる個所を3つ見つけてください。なお、Aの文書が正しく、Bの文書が誤っています。**

A	B
法律行為というのは「意思に基づいて、法律効果を発生させようとする行為」のことです。契約が典型的な法律行為ですが、ほかに単独行為、合同行為があります。	法律行為というのは「法律に基づいて、法律効果を発生させようとする行為」のことです。条例が典型的な法律行為ですが、ほかに単独行為、複数行為があります。

解答

B⇒A

「法律に基づいて」⇒「意思に基づいて」、「条例」⇒「契約」、「複数行為」⇒「合同行為」

POINT

- **法律行為には、契約、単独行為、合同行為がありますが、最も一般的なのが契約です。**
- **取引内容が画一的な方が当事者双方にとって合理的なものを定型取引といい、定型取引の約款を定型約款といいます。一定の条件の下で定型約款の内容は当事者で合意したものとみなされます。**

5 法律行為の解釈

お互いの意思と民法の規定の整理を考える

□ 任意規定

こんな場合を考えてみてください。

「お金貸して、どうしても年末までに５万円必要なんだ」

「いいよ、いつ返してくれる」

「来年の６月までに利息をつけて返すから」

「了解」

契約（消費貸借契約）を結んだといえるのですが、慌てていたために、契約の内容に不十分なところがあります。たとえば、「利息をつけて返すから」とありますが、その利息の内容はハッキリしていません。この場合、「不十分なところがあるから、法律効果は発生しない」とすると、取引をスムーズにするための民法の名が泣きます。

そこで民法では、当事者の意思の足らない部分を解釈するための規定を置いています。91条にはこんな規定があります。

> （任意規定と異なる意思表示）
> 第91条　法律行為の当事者が法令中の公の秩序に関しない規定と異なる意思を表示したときは、その意思に従う。

民法の規定のなかには、任意規定と強行規定があります。お互いが決め事をしていない場合に「そういうことにしましょう」とお互いの意思を補うような規定が任意規定。そして、私人といえども守らなければならないルールとして働く規定が強行規定です。91条には「公の秩序に関しない規定」という表現がありますが、これが任意規定を表現しています。民法の規定が任意規定なら、それとは異なる合意を認めたのです。

図表　任意規定と強行規定

任意規定	強行規定
お互いが決め事をしていない場合には「そういうことにしましょう」とお互いの意思を補うような規定	お互いが決め事をしても破れない（守らなければならない）ルール
公の秩序に関しない規定	公の秩序に関する規定

先ほど、5万円のお金の貸し借りの話をしましたが、2人の間で「利息は年5％とする」と決めていたら、404条2項に「年3パーセントとする」とあっても5％でいいのです。それは、404条2項が任意規定だからです。同条1項には「別段の意思表示がないときは」と書かれているのも証拠になります。

（法定利率）
第404条　利息を生ずべき債権について別段の意思表示がないときは、その利率は、その利息が生じた最初の時点における法定利率による。
2　法定利率は、年3パーセントとする。
3　前項の規定にかかわらず、法定利率は、法務省令で定めるところにより、3年を一期とし、一期ごとに、次項の規定により変動するものとする。
4・5　略

ロ 強行規定

これに対して、５条２項は強行規定です。もし、そうでなかったら、未成年者と結ぶ契約書に「絶対に取消しはいたしません」と書いておいたら、親などの同意がなくても取り消せないことになります。それでは「未成年者を守る」という目的を実現することはできなくなります。

（未成年者の法律行為）
第５条　未成年者が法律行為をするには、その法定代理人の同意を得なければならない。ただし、単に権利を得、又は義務を免れる法律行為については、この限りでない。
２　前項の規定に反する法律行為は、取り消すことができる。
３　略

さらにもうひとつ例をあげると、５万円のお金の貸し借りをした２人が「利息は年５割ね」と合意していたときです。このときには、利息は年２割となります。つまり、合意どおりにならないということなのです。

というのは、利息制限法という法律の１条１号に「２割を超えたらその部分は無効だよ」と書かれているからです。私人どうしのルールについて定めているという意味では、この利息制限法も「広い意味での民法」ですが、この利息制限法１条はもちろん強行規定となります。

利息制限法

（利息の制限）
第１条　金銭を目的とする消費貸借における利息の契約は、その利息が次の各号に掲げる場合に応じ当該各号に定める利率により計算した金額を超えるときは、その超過部分について、無効とする。
一　元本の額が10万円未満の場合　年２割
二・三　略

「利息制限法は民法ではないのでは？」と思ったかもしれません。確かに民法ではありませんが、「広い意味での民法」に含まれるともいえます。この場合の「民法」は、私人間（民間の人どうし）のルールを定めた基本的な法令を民法と表現しているのです。たとえば、お金の貸し借りも民法の消費貸借の一種として、その規定が当てはまりますが、お金の貸し借りについては特別の定めが利息制限法に置かれています。また、家の貸し借りについての基本的なルールは民法に定められていますが、さらに詳しくは借地借家法に規定されています。この場合、一般的なことは民法に定められていますが、さらに詳しい規定が利息制限法や借地借家法に定められているといえます。こうした利息制限法や借地借家法を「広い意味での民法」と表現することがあるのです。

ロ 任意規定なの？　強行規定なの？

これまでお話ししたように民法には任意規定と強行規定があります。ところが、任意規定なのか強行規定なのかわかりにくい規定があるのも事実です。404条１項のように「別段の意思表示がないときは」などと書かれている規定なら、任意規定だとハッキリするのですが、条文の趣旨から理解しないといけないものもあります。

練習問題

問題 **民法90条と民法558条のうち、強行規定はどちらでしょうか。**

（公序良俗）
第90条　公の秩序又は善良の風俗に反する事項を目的とする法律行為は、無効とする。
（売買契約に関する費用）
第558条　売買契約に関する費用は、当事者双方が等しい割合で負担する。

解答

90条

解説

558条に反して、売主や買主が売買費用を全部負担するということがあっても問題はありません。しかし、公序良俗違反の行為を認めては90条を置いた意味がありません。

POINT

当事者の意思の足らない部分を解釈するための規定が任意規定です。当事者の意思があっても反することができない規定が強行規定です。

6 意思表示①
契約が有効となる場合、ならない場合

（1）契約が成立するということ

法律行為の効果が発生するための要件を考えてみましょう。法律行為に契約、単独行為、合同行為があることはお話ししましたが、一番、身近な契約で考えてみます。まず、意思が合えば契約が成立します。しかし、もし、その意思が本当の意思でなかったら、意思が合致しているとはいえないでしょう。また、意思があるにはあっても、その意思がなんらかの理由で違法な影響を受けていたとしたら、その意思にはキズがあるといえます。後ほど、お話しするように、こうした契約の効果は無効であったり、取り消すことができるものとなります。やっかいなことは、意思が外から見えないことです。「本当の意思でない場合には顔が緑になる」などという現象が起こればいいのですが、実際には外から本当の意思はわかりません。

さらにいえば、意思表示をした人自身さえ本当の意思がないことに気付かない場合もあります。たとえば、「カニかまぼこ」を「カニ」と信じて育った人がいたとします（私がそうです）。お店で「カニください」といったところが、心に思い浮かべていたのは「カニかまぼこ」だったということがあるかもしれません。

民法の規定の裏にある考え方では、契約の成立を次のようにとらえています。

①意思が合致すれば契約は一応成立していると考える

②その上で、契約が有効かどうか判断する

形の上で、意思が合致していた場合には、一応、契約が成立しているものとして扱い、その上で、その契約が有効なのかどうか考えることにしているのです。

(2) 公序良俗違反の場合

契約が有効とならない場合を考えてみます。契約の有効要件については、まず、90条にこんな規定があります。

> （公序良俗）
> 第90条　公の秩序又は善良の風俗に反する法律行為は、無効とする。

いくら当事者が同意しようが、社会的に許されないようなものは法律行為として効力を認めるわけにいきません。当事者の意思が合致していようが（法律行為として成立していようが）、効力を認めないことを宣言しているのです。

「公の秩序又は善良な風俗」を略して公《こう》序《じょ》良《りょう》俗《ぞく》といいます。90条は「公序良俗違反の行為の無効」を定めているのです。「殺人の請負い」などは契約そのものが無効なのです。

(3)意思が欠けている場合①　心裡留保

公序良俗違反は、その契約自体が問題なものとして効力が生じない場合です。次に紹介したいのは、「意思が欠けている」ため、契約が有効とならない場合です。

民法は、心《しん》裡《り》留《りゅう》保《ほ》、虚偽表示、錯誤《さくご》の３つの場合を定めています。まず、**心裡留保**は、売るつもりがないのに「売ります」と言った、又は買うつもりがないのに「買います」と言った場合です。基本的にその意思表示は有効です。「心裡」というのは「こころのうち」という意味です。心裡留保というのは「こころのうちにとどめておく」という意味になります。何をとどめておくかというと「本当の意思」です。民法は、当事者の意思を大事にしていますから、意思を欠いた意思表示は無効としたいところです。「意思があってこその表示行為である」という考え方を**意思主義**といいますが、意思主義からは無効ということに傾きます。ところが、契約の相手まで巻き込むのは迷惑な話です。そこで、本当の意思でない意思表示も有効としています。表示行為を重要視して取引の安全を図ろうとする考え方を**表示主義**といいます。

ただ、相手が事情（本当の意思ではないこと）を知っていたり、事情を知ることができた場合には（過失がある場合）、相手を保護する必要はありません。この場合には無効としました。

（心裡《り》留保）
第93条　意思表示は、表意者がその真意ではないことを知ってしたときであっても、そのためにその効力を妨げられない。ただし、相手方がその意思表示が表意者の真意ではないことを知り、又は知ることができたときは、その意思表示は、無効とする。
２　前項ただし書の規定による意思表示の無効は、善意の第三者に対抗することができない。

問題は、事情を知らない第三者が現れたときです。こんなことを考えてみましょう。Ａが「売ってやるよ」と冗談でＢに貴重な絵を渡したとします。渡されたＢもＡが本気ではないことを知っていたのですが、手元に絵があることをいいことにして、それを誰かに売ってしまったとします。売り渡された第三者が事情を知らない場合には、Ａは第三者に「無効だから返して」とは言えないこととしているのです。条文の上では「善意の第三者に対抗することができない」(93条２項）と表現しています。なお、無過失までは求められていないので注意してください。

(4)意思が欠けている場合②　虚偽表示

虚偽表示《きょぎひょうじ》は、売るつもりがないのに「売ります」、買うつもりがないのに「買います」と示し合わせて嘘の意思表示を互いにすることです。基本的にその意思表示は無効です。「示し合わす」行為なので**通謀《つうぼう》虚偽表示**と表現することもあります。虚偽表示は財産隠しのための「ずるい方法」として使われることもありますが、お互いに意思がないのですから無効に決まっています。ただ、事情を知らない（善意の）第三者との関係ではそうはいきません。心裡留保の場合と同じように「意思表示の無効は、善意の第三者に対抗することができない」(94条２項）とされています。

（虚偽表示）
第94条　相手方と通じてした虚偽の意思表示は、無効とする。
２　前項の規定による意思表示の無効は、善意の第三者に対抗することができない。

過去にこんな事例が問題になったことがあります。善意の第三者が悪意の者に売った場合と、悪意の第三者の手を経て善意の者に売られた場合です。判例はどちらも**転得者《てんとくしゃ》**（第三者からさらに手に入れた者）に無効を対抗できない（取返しを主張できない）としています。一度でも、善意の者を挟むと対抗できなくなるということなのです。

(5) 意思が欠けている場合③　錯誤

ロ「表示行為の錯誤」と「動機の錯誤」

次が**錯誤《さくご》**ですが、これが少しややこしいです。条文（95条1項）は2つの場合の錯誤について規定しています。条文の言葉を借りると次の表の2つです。それぞれ、**表示行為の錯誤、動機の錯誤**と呼ばれます。

図表　**2つの錯誤**

	条文の表現と例
表示行為の錯誤	意思表示に対応する意思を欠く錯誤 単なる言い間違いや書き間違いの「表示上の錯誤」と、1米ドルと1香港ドルが同じ価値だと思い、1米ドルの意味で1香港ドルと言ったような「内容の錯誤」の場合がある。
動機の錯誤	表意者が法律行為の基礎とした事情についてのその認識が真実に反する錯誤 「汚いネズミの人形」を、レアな初期のミッキーマウスと勘違いして高い値段で買うといった。

錯誤があった場合には、その意思表示は取り消すことができます。平成29年改正前は「無効とする」とされていたのですが改正されました。

ロ「取り消すことができる」とされた理由

錯誤は一種の思い違いです。ですから、表示されたとおりの意思が欠けていることは確かです。「ビーフジャーキー」を注文するつもりで、「ビールジョッキーください」と言ってしまった場合ならそうでしょう。ただ、「生絞り酎ハイ（生ハイ）」を注文するつもりで「とりあえず生」と言って、生ビールが届いた場合はどうでしょう。生ビールを前にして「まぁ、いいか、のども渇いているし」などと、受け入れてしまう自分がいるかもしれません。

何が言いたいのかというと、意思が全くない場合だけでなく、少しは意思がある場合（この場合には冷えたアルコールが飲みたい！）もあり、それを認めるかどうかも、意思を示した本人（**表意者**）に任せておいてもいいのではないかと考えたのです。

考えてみると、平成29年改正前の錯誤の規定では「無効とする」としながらも、「その無効は原則として表意者だけしか主張できない」とする判例がありました。無効というのは本来、誰からも主張できるものです。その意味では、少し不思議な「無効」だったのですが、そこには表意者を保護する考え方があったといえます。こうしたことから、受け入れるかどうかは表意者に任せ「取り消すことができる」としました。

ロ 取消しを主張できない場合

ただ、表示行為の錯誤や動機の錯誤があった場合にはいつでも取り消せるというわけではありません。条文には「その錯誤が法律行為の目的及び取引上の社会通念に照らして重要なものであるときは」という要件が付けられています（95条１項）。これまでは「法律行為の要素に錯誤があったときは」と書かれていました。「普通、そうした錯誤がなかったら、意思表示をしなかっただろう」と考えられるものが「要素の錯誤」とされていました。平成29年改正後の規定はこれとどう違うのか、また、どんな場合に認められるのか、今後の判例に注目しなければなりません。

なお、動機の錯誤の場合には、さらに「その事情が法律行為の基礎とされていることが表示されていたときに限り」取り消すことができるとされています（同条２項）。「こんなレアなミッキーマウスに出会えて、幸せ！」などと言いながら、汚いネズミの人形を高い値段で買っているなら、これに当たるかもしれません。

ただ、錯誤による意思表示の取消しは、その錯誤が表意者の重大な過失によるものであるときには、主張できません（同条3項）。たとえば、レアなミッキーマウスと思った人形に、「1985・屋根裏堂かわいいマウス人形」なんて刻印があったとしたら、レアなミッキーマウスと思ったことに重大な過失があるといえるでしょう。こうしたときには、取消しは主張できないのです。

そうはいっても、次の場合には取消しを主張できます。

・相手方が表意者に錯誤があることを知り、又は重大な過失によって知らなかったとき
・相手方が表意者と同一の錯誤に陥っていたとき

買主が人形をレアのミッキーマウスだと勘違いして買おうとしていることを売主が知っていたり、売主もレアなミッキーの人形だと思い込んで売っていたときには、表意者（買主）に重大な過失があるときでも、取消しを主張することができます（同項）。

ロ 第三者との関係

錯誤を理由とする意思表示の取消しは、その物を取得した善意無過失の第三者には主張する（対抗する）ことができません（同条4項）。錯誤の場合には自分で思い違いをして気が付いていなかったのです。その点、自分が認識して行っている心裡留保や虚偽表示との違いになります。そこで、取消しを主張できない第三者を限定しました。事情を知らない（善意）ことに加え、そのことに過失がない者だけとしたのです。逆にいえば、善意無過失の第三者以外の者には「取り消したので返してよ！」と主張することができるのです。

練習問題

問題 **①から③のひらがなを漢字で表現してください。その上で、その意味するところを選択肢A～Cのなかから選んでください。さらに、①から③の場合、表示したことと、意思との間にくいちがいがあることを表意者が認識しているかどうかを答えてください。認識している場合には○を、認識していない場合には×を入れてください。**

解答欄

①きょぎひょうじ　（　　　　）意味（　）認識（　）

②しんりりゅうほ　（　　　　）意味（　）認識（　）

③さくご　（　　　　）意味（　）認識（　）

選択肢

A 思い違いによって行った意思表示

B 自分も売るつもりはないし、相手も買うつもりはないのに、示し合わせて「売ってあげるよ」、「買うよ」との意思表示する

C 本当は売るつもりはないのに「売ってあげるよ」と意思表示する

解答

①（　虚偽表示　）意味（B）認識（○）

②（　心裡留保　）意味（C）認識（○）

③（　錯誤　）意味（A）認識（×）

解説

錯誤は自らがした表示と自らの意思のくいちがいに気が付いていないのが特徴です。

POINT

<table>
<tr><th>名前</th><th>具体的にどんな場合</th><th>有効性</th></tr>
<tr><td>心裡留保
（しんりりゅうほ）</td><td>本当は売るつもりはないのに「売ってあげるよ」と意思表示する</td><td>有効（相手方が知っていたなどの場合には無効）</td></tr>
<tr><td>虚偽表示</td><td>自分も売るつもりはないし、相手も買うつもりはないのに、示し合わせて「売ってあげるよ」「買うよ」のやりとりをする</td><td>無効</td></tr>
<tr><td rowspan="2">錯誤（さくご）</td><td>表示行為の錯誤
ビーフジャーキーを注文するつもりで、「ビールジョッキーください」と言ってしまった</td><td>重要なものであるときには取り消すことができる</td></tr>
<tr><td>動機の錯誤
汚いネズミの人形を、レアな初期のミッキーマウスと勘違いして高い値段で買いますと言った</td><td>重要なものであり、表示されていた場合には取り消すことができる</td></tr>
</table>

7 意思表示②

意思にキズがついていたら

(1)意思にキズがついている場合

意思がないわけではないのですが、意思にキズがついている場合についてお話しします。意思にキズがついている場合は次の２つです。

	具体的にどんな場合	有効性
詐欺による意思表示	相手にだまされて「売る」と言った	取り消すことができる（善意無過失の第三者には取消しを対抗できない）
強迫による意思表示	相手におどされて「売る」と言った	取り消すことができる

(2)詐欺による意思表示

96条１項には「詐欺又は強迫による意思表示は、取り消すことができる」と書かれています。**詐欺による意思表示**というのは、たとえば、「今度、カピバラはワシントン条約で飼育ができない動物になるから買い取ってあげましょう」と自称ペットショップの社長に言われて、飼っていたカピバラを売ったような場合です。

たしかに、「売ろう」という意思はあったのですが、この売ろうという意思は「だまされた」ことにより生じたものなのでキズがついた意思といえます。

詐欺による意思表示も、後で触れる強迫による意思表示も、「売りたい」という意思はあるのです。ただ、その意思にキズがあります。そこで、いずれの場合にも、意思表示を無効なものとはせず、取り消すことができるものとしたのです。

カピバラがワシントン条約を理由として飼えなくなるというのは嘘だったとしても、「そろそろ寒くなってきたので、カピバラ小屋の暖房をどうするか気になっていたんだ。手放すのにいい頃合いだったかも」といった事情があるかもしれません。こうしたときには、売買契約を取り消すまでもありません。

なお、相手方ではなく第三者が詐欺を行う場合も考えられます。カピバラがワシントン条約を理由として飼えなくなると第三者に吹き込まれ、やむなくペットショップに売ったような場合です。この場合には、相手方（ペットショップ）がその事実（事情）を知っていたり、知ることができたときに限り、取り消すことができるとしています（96条２項）。

(3)強迫による意思表示

強迫による意思表示というのは、おどされて意思が生じた場合です。たとえば、「生態を十分知らないくせにカピバラを飼うなんてもってのほかだ！　お前なんてカピバラを飼う資格はない！」とえらい剣幕で自称ペットショップの社長が怒鳴り込んできて、やむなくカピバラを売り渡したような場合がそうでしょう。

なお、「強迫」であって「脅迫」ではありません。文字を間違えないようにしてください。「脅迫」は、同じ読み方でも、刑法上の言葉で、相手を怖がらせる目的で害を加えることを伝えることです。一方、「強迫」は民法上の言葉で、相手を怖がらせて自由な意思決定を妨害する行為です。

(4)第三者との関係

詐欺や強迫による意思表示の取消しでは、第三者との関係が問題となります。こんな場合を考えてみましょう。ワシントン条約の話が嘘だとわかって、売り渡した自称ペットショップ社長のもとを訪ねたら、すでにカピバラはＣさんに売り渡されていたという場合です。この場合、Ｃさんが善意無過失ならもとの飼い主は売買契約の取消しをＣさんに主張する（対抗する）ことができません。

一方、おどされてカピバラを売った場合には、自称ペットショップの社長がさらに売り渡したＣさんへも取消しを主張して、カピバラを取り戻すことができるのです。どうしてでしょうか。それは96条３項の条文に秘密があります。「詐欺による意思表示の取消しは、善意でかつ過失がない第三者に対抗することができない」とあるだけで、強迫の場合については触れていないからです。反対解釈という言葉を聞いたことがあるでしょう。条文には書かれていない裏を読む解釈方法のひとつですが、96条３項の読み方にその「反対解釈」が使われています。96条１項では「詐欺又は強迫による意思表示は、取り消すことができる」とあるのに、３項では「詐欺による意思表示」についてしか規定されていません。ということは、「強迫による意思表示」の取消しは誰に対しても対抗することができると読めるのです。

（詐欺又は強迫）

第96条　詐欺又は強迫による意思表示は、取り消すことができる。

2　略

3　前２項の規定による詐欺による意思表示の取消しは、善意でかつ過失がない第三者に対抗することができない。

詐欺を受けた人も保護しなければならないのはもちろんです。しかし、第三者が登場したときには、この取引を保護すること（民法では「**取引の安全**」なんて言葉を使います）も考えなくてはなりません。よくよく考えてみると、詐欺による意思表示も、強迫による意思表示も意思にキズがついていることは同じです。しかし、キズの「シリアス度合い」でいえば、強迫による意思表示の方が上です。ですから、強迫による場合には「取引の安全」より、本人の意思を優先したのです。どんな第三者の手に渡っても、取消しを主張することができます。ところが、詐欺の場合には違います。事情を知らないだけでなく、知らないことに落ち度がない第三者に対しては、取消しを主張できないこととしています。とてもシンプルに図にすると次のようになります。

詐欺の場合	意思　＜　取引の安全
強迫の場合	意思　＞　取引の安全

□ 取消しを対抗できる第三者

さらに民法の規定の「芸の細かさ」に注目してほしいのです。取引の安全を優先するという意味では、心裡留保の場合も、虚偽表示の場合も同じなのですが、保護される第三者の対象が少し違うのです。心裡留保や虚偽表示の場合の無効は、事情を知らない第三者（善意の第三者）には、主張する（対抗する）ことができないとしています。しかし、詐欺による意思表示の取消しについては違います。主張できない第三者は、事情を知らないだけでなく、事情を知らないことについて落ち度がない第三者（善意無過失の第三者）だけなのです。この場合、事情を知らなくとも、そのことに落ち度がある第三者には取消しを主張できることになります。

考えてみればこの調整は「なるほど」です。心裡留保や虚偽表示は意思表示をした人が悪いのです。ですから、善意の第三者にはその無効を対抗できません。しかし、詐欺による意思表示は、表意者が悪いわけではありません。しかも、取引の安全を考えて、一部の者にはその取消しを主張できないとされているのです。ですから、最小限の「善意でかつ過失がない第三者」に対してだけ、取消しを対抗できないとしたのです。ちなみに、錯誤の場合も本人は表示に応じた意思がなく、しかも、そのことに自分で気がついていません。ですから、同じように取消しを主張できない第三者を限定しています。これは本章6でお話ししたとおりです。

図表　対抗することができない第三者

	対抗することができない第三者の範囲
心裡留保又は虚偽表示の場合の無効	善意
・錯誤の場合の取消し ・詐欺による意思表示の取消し	善意かつ無過失 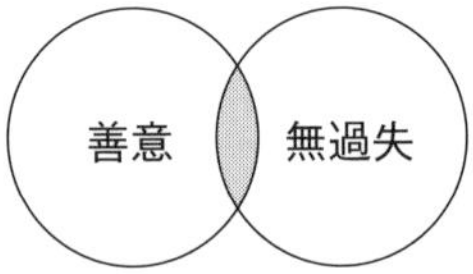

練習問題

問題　**詐欺による意思表示の取消しは「善意無過失の第三者」には主張（対抗）することができません。一方、心裡留保や虚偽表示の場合の意思表示の無効は「善意の第三者」に主張することができません。このことから、詐欺による意思表示の取消しは、善意であっても過失がある者にも主張することができ、心裡留保や虚偽表示の場合より広い範囲の者に主張することができるわけですが、その理由はどうしてでしょうか？　考えられることを手短に述べてください。**

解　答

心裡留保や虚偽表示はわざわざ本人が真意とは異なる意思表示をしたものです。これに対して、詐欺による意思表示は、他人の違法な行為により意思にキズがつけられたものです。本人が悪いわけではないので、より多くの人に取消しを主張することができるよう調整されています。

POINT

詐欺や強迫による意思表示は取り消すことができます。強迫による意思表示の取消しは第三者にも対抗することができます。

8 代理

代理のしくみと効果

(1)代理とは

ロ 代理の方法

代理とは、他人が本人のためにすることを示して、意思表示をし、その効果を本人に生じさせるしくみのことをいいます（99条1項)。

たとえば、自動車を買おうと考えたときです。普通は買おうとする本人が自動車ディーラーに出向き契約を結びます。ただ、友達に、大の車好きがいて「ライバル車種などの名前を出して交渉すれば、車種によっては、かなりの値引きが期待できるよ」なんて話を聞かされたらどうでしょう。「悪いけれど、予算200万円で、安く俺のために車を買ってきてもらえないかなぁ」なんてことになりそうです。

こんなときに使えるのが代理です。他人が本人のためにすることを示して、意思表示をした効果が本人に生じるばかりでなく、第三者が代理人に対してした意思表示も本人に効果が生じます（同条2項)。

鈴木さんが吉田さんのために代理行為をするとすれば、まず、鈴木さんが自動車ディーラーに出向いて「吉田の代理の鈴木ですが……」と本人のためにすることを示します。この行為を**顕名**《けんめい》といいます。名を顕《あらわ》す行為なので顕名です。「顕す」というのは「世間に知らせる」という意味があります。

鈴木さんは代理人として、車種を選び、自ら値引き交渉をし、「愛車セット（車の手入れ道具）ぐらいは購入してください」とか、「せめて、カーナビは純正品を取り付けさせてください」という悲鳴にも似たディーラーの声をバッサリ切り捨てて、任された範囲で車の購入契約を結びます。ただ、契約の効果は吉田さんに生じます。もちろん、車は吉田さんのものになりますし、代金を支払う義務も吉田さんに生じます。

もし、顕名をすることなしに車の売買契約を結んだとしたら、鈴木さん自らの契約になります（100条）。こうした意味で顕名は相手方を保護するためにも必要な行為といえます。顕名をしなくても、相手方が本人のためにすることを知っているなどの場合には代理が成立します。

図表　代理の成立

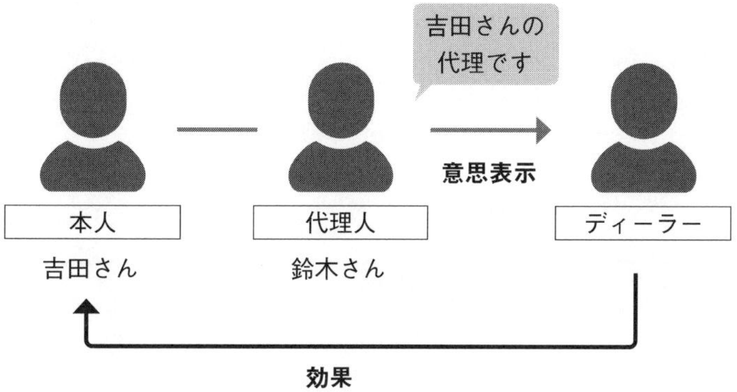

ロ「使者」との違い

代理に似たものに「使者」があります。しかし、代理とは意思決定者が違います。代理の場合には、代理人が意思決定しますが、使者の場合には本人が意思決定を握っています。使者はそれを伝える存在です。「カーナビぐらいは純正品を付けてもらえませんか？」と使者が自動車ディーラーに言われたら、「ちょっと待ってください。吉田さんに電話で聞いてみますね」、「今、電話で話しました。純正品はいらないということです」的なやりとりがなされることになるでしょう。

(2) 代理行為の瑕疵（キズ）は誰について判断するのか？

代理人が詐欺にあって意思表示をしたという場合を考えてみましょう。この場合に、本人は詐欺を理由に取り消すことができるでしょうか。答えはYESです。101条１項の条文を見てみると、意思の不存在、錯誤、詐欺、強迫などの事情は、代理人について判断すると規定されています。

代理行為が代理人の行為であることを考えると「なるほど」な結論です。なお、101条１項と２項はどう違うのだろうと条文を眺めてみたかもしれません。101条１項は「代理人が相手方にした意思表示」についての話ですが、101条２項は「相手方が代理人に対してした意思表示」についての話となっています。

図表　代理行為の瑕疵の判断

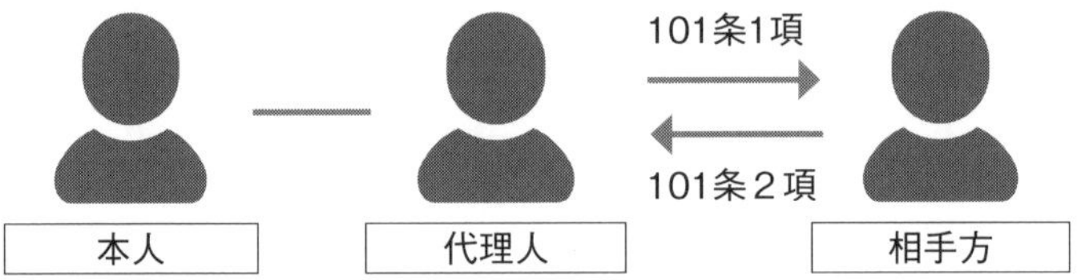

101条２項が問題となる例をひとつ挙げてみます。相手方が売るつもりもないのに代理人に「売ってあげる」と言いました。いわゆる心裡留保です。この場合、93条１項では、意思表示された者が真意でないことを知っていたり、又は知ることができたときには、その意思表示は無効とされています。問題は、「真意でないことを知っている」ことなどを、誰について判断するのかということです。101条２項は、やはり、「その事実の有無は、代理人について決するものとする」としています。

（代理行為の瑕疵《かし》）

第101条　代理人が相手方に対してした意思表示の効力が意思の不存在、錯誤、詐欺、強迫又はある事情を知っていたこと若しくは知らなかったことにつき過失があったことによって影響を受けるべき場合には、その事実の有無は、代理人について決するものとする。

2　相手方が代理人に対してした意思表示の効力が意思表示を受けた者がある事情を知っていたこと又は知らなかったことにつき過失があったことによって影響を受けるべき場合には、その事実の有無は、代理人について決するものとする。

3　特定の法律行為をすることを委託された代理人がその行為をしたときは、本人は、自ら知っていた事情について代理人が知らなかったことを主張することができない。本人が過失によって知らなかった事情についても、同様とする。

さらに、101条3項ではこれらの例外というべきことが書かれています。代理人に「特定の法律行為をすることを委託」する場合の例外です。このときには、本人が事情を知っていれば、「代理人が知らなかったので」と言い訳はできないとされているのです。

(3) 代理人が制限行為能力者だったら?

代理人が制限行為能力者のときに、その行為は取り消すことができるかという疑問があります。そもそも「取り消すことができる」としたのは、制限行為能力者を守るためです。代理の場合には、少し事情が違います。代理の効果は、代理の行為をした制限行為能力者に生じるのではなく、本人に生じます。そこで、102条では「制限行為能力者が代理人としてした行為は、行為能力の制限によっては取り消すことができない」としています。

ただ、例外もあります。「制限行為能力者が他の制限行為能力者の法定代理人としてした行為については」、取り消すことができるとしているのです。この場合には本人の制限行為能力者を守ってあげなければなりません。法定代理人と任意代理人の違いについて説明しておきましょう。法律の規定に基づいて代理人になる者を**法定代理人**といいます。たとえば、未成年者に親（親権者）がいれば、親が代理人になります（824条）。一方、本人が自らの意思で代理権を与えた代理人を**任意代理人**といいます。任意代理人の場合には、本人が「人を選んで」代理人に選任します。制限行為能力者であっても構わないと判断して代理人にするわけです。ところが、法定代理人の場合には、あえて制限行為能力者を代理人にしたのではなく、法律の規定に基づき代理人となった人が制限行為能力者だったのですから、本人をそのデメリットから保護してあげなくてはならないのです。

(4) 復代理（代理権の分身の術）

□ 復代理人とは

次は**復代理人**《ふくだいりん》です。代理人だって、何かの理由でその役割を十分に果たせず、「代理人として働く人がほかにも欲しい！」と思うかもしれません。そんなときに使えるのが復代理人です。

忍術に分身の術というのがありますが、代理権の分身の術が復代理です。代理権の範囲で、代理人が選んだ人が代理人となるのです。

１つ注意が必要です。**復代理人は代理人により選ばれた存在であっても、「代理人の代理人」ではなく「本人の代理人」ということです。復代理人のしたことの効果は本人に生じます。**

> （復代理人の権限等）
> 第106条　復代理人は、その権限内の行為について、本人を代表する。
> ２　復代理人は、本人及び第三者に対して、その権限の範囲内にお

いて、代理人と同一の権利を有し、義務を負う。

ロ 復代理人の選任

　復代理人はどんなときに選任できるか、104条と105条がそれを定めています。任意代理人の場合には、本人との信頼関係があるわけですから、「本人の許諾を得たとき、又はやむを得ない事由があるとき」しか選任できません（104条）。一方、法定代理人は、自己の責任で選任ができます（105条）。法定代理人は、法律の規定に従い否応なしに代理人になるものです。復代理人を認めてあげておかないと困ることもあるでしょう。

復代理人を選任できる場合	
任意代理人	・本人の許諾を得たとき ・やむを得ない事由があるとき
法定代理人	・自由にできる（ただし、「自己の責任」で）

ロ 復代理人の責任

　さて、次は復代理人がした行為について代理人がどんな形で責任を負うかということです。法定代理人の場合、105条に「自己の責任で復代理人を選任することができる」とあるのですから、復代理人が起こしたことの責任は代理人がすべて負うことになります。ただ、「やむを得ない事由があるときは、本人に対してその選任及び監督についての責任のみを負う」とされています。たとえば、病気がちで代理人としての仕事ができず、やむなく復代理人を選任したとします。この場合であっても、いい加減そうな人なのに復代理人に選んでしまったとか、十分に監督しようとしなかったために損害が生じた場合には、賠償責任を負うことになります。

任意代理人の場合には、復代理人がした行為についても、債務不履行(契約上の義務を果たしていない場合)の一般原則のなかで処理されます。少し詳しく説明します。普通、本人と代理人との間には委任契約が結ばれていることでしょう。委任を引き受けた者はプロとして注意深くその仕事を成し遂げなければなりません。それを表す言葉として、644条には「善良な管理者の注意をもって、委任事務を処理する義務を負う」と表現されています。任意代理が復代理人を選任できるのは「本人の許諾を得たとき、又はやむを得ない事由があるとき」に限られるのですが、本人がいいよと言っても、ふさわしくないと思われる人を復代理人に選ぶなどしてトラブルが生じたとしたら、それは代理人として求められた責任を十分に果たしていない(債務不履行)とも評価されます。復代理人が直接の原因であっても、委任を受けた代理人として義務を果たしていたかどうかという点において責任を負う場合があるのです。債務不履行があったときどのような責任を負うかについては、第3章2・3で詳しくお話ししましょう。

復代理人の選任についての代理人の責任	
法定代理人	⇒代理人がすべての責任を負う ※やむを得ない事由があるときは、選任及び監督についての責任のみを負う
任意代理人	⇒債務不履行の一般原則のなかで処理

練習問題

問題 **（①）から（⑤）のなかに、「代理人」か「本人」かの文字を入れて99条と106条１項の条文を完成させてください。**

（代理行為の要件及び効果）

第99条　（①）がその権限内において（②）のためにすることを示してした意思表示は、（③）に対して直接にその効力を生ずる。

2　前項の規定は、第三者が（④）に対してした意思表示について準用する。

（復代理人の権限等）

第106条　復代理人は、その権限内の行為について、（⑤）を代表する。

2　略

解答

①代理人　②本人　③本人　④代理人　⑤本人

POINT

- **代理とは、他人が本人のためにすることを示して意思表示をし、その効果を本人に生じさせるしくみのことです。**
- **復代理人も本人を代理します。**
- **復代理人の行為についての代理人の責任の取り方は、任意代理人の場合と法定代理人の場合で少し異なります。**

9 無権代理、表見代理その他

こんな場合、代理になるの？　ならないの？

(1) 無権代理とは

□ 追認

代理権がない者が行った行為は代理の効果は発生しません。これを**無権代理**といいます。当たり前といえば当たり前のことです。ただ、本人が追《つい》認《にん》すれば、代理の効果を生じます（113条1項）。**追認**というのは、「まぁ、いいでしょう」とあとから認めることです。

無権代理をされた相手方は気が気ではないはずです。そこで無権代理された本人に対して、「相当の期間を定めて、その期間内に追認をするかどうかを確答すべき旨の催告をする」ことができます（114条）。そもそも無権代理ですから、「本人がその期間内に確答をしないときは、追認を拒絶したものとみなす」（同条）とされています。めでたく追認された場合には、契約時に遡って効力を生じます。ただし、第三者の権利を害することはできません（116条）。なお、本人が追認しない間は、相手方には取り消すという選択肢もあります（115条）。

□ 無権代理人の責任

自分が代理人であることを証明できず、しかも、追認されなかった場合には、無権代理人が責任を追及されることになります。これも当然のことです。相手方の選択に従って、相手方に対して「履行」か「損害賠償の責任」を負うのです（117条1項）。ただし、次の場合には無権代理人の責任を求めることはできません（同条2項）。

無権代理人の責任が追及されないとき
・相手方が無権代理人と知っていたとき
・相手方が過失によって無権代理人であると知らなかったとき（このときであっても、無権代理人が自分で代理権がないと知った上で無権代理をしたときには責任を追及できます）
・無権代理人が制限行為能力者だったとき

図表　無権代理人の相手方のできること

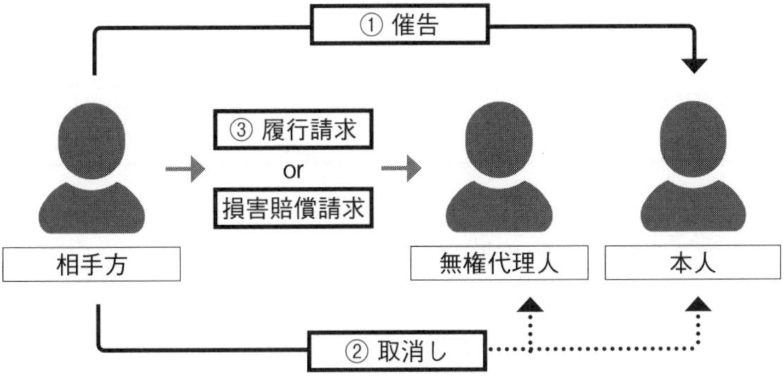

(2) 表見代理とは

ロ 表見代理三姉妹

無権代理の場合でも、相手から見れば代理権があるように思ってしまう原因を本人が作っているときがあります。そうした場合には、本人は責任を負うことがあります（代理が成立したかのようになります)。これを**表《ひょう》見《けん》代《だい》理《り》**といいます。

たとえば、Ａさんが、車に詳しい友人Ｂさんと一緒に自動車のディーラーに出かけて「俺は車のことはわからないので、Ｂさんに任せているんだ」などと言ったとします。次に、Ｂさんが１人でやって来てＡさんの車の商談を進めるということがあるかもしれません。「任せている」というのは、どの車がいいかアドバイスを受けているというつもりだったかもしれませんが、ディーラーとしては代理人だと思って話を進めるかもしれません。こうして行われた行為を表見代理としてＡさん（本人）が責任を負う場合もあるとしたのです。

さらに、これまで代理権を与えていた者が、代理権消滅後に第三者と行った行為についても表見代理が成立する場合があります（112条)。

これらの規定は、「代理権がある」と信じる第三者を保護しようとするものですから、第三者が代理権のないことを知っていたり、過失によって知らなかった場合には、表見代理は成立しません。

さらに３つ目の場合として、110条では、代理人が権限外の行為をした場合の表見代理も定めています。何らかの代理権は与えられていても、その行為については権限外の行為なのですから代理権がありません。しかし、第三者が代理人の権限内であると信じた正当な理由がある場合には、表見代理を認めたのです。

ここまで表見代理が成立する３つの場合をお話ししてきましたが、表見代理三姉妹として確認しておきましょう。

表見代理三姉妹	
①代理権授与の表示による表見代理 ②代理権消滅後の表見代理	第三者が代理権のないことを知っていたり、過失によって知らなかった場合には、表見代理は**成立しない！**

③権限外の行為の表見代理	第三者が代理人の権限内であると信じた正当な理由がある場合のみ**成立する！**

□ さらに表見代理二兄弟

ここから少し細かい話になります。「代理権授与の表示による表見代理」が成立するときです。本人が代理権を与えたかのような表示をした場合ですが、代理人と勘違いされた人が、権限があると思われていたその権限を超える行為を第三者との間でした場合はどうでしょう。

たとえば、ディーラーでＡさんの車購入の代理人と思われたＢさんが、事故に備えた任意保険まで代理人として契約したような場合です。「表見代理の先の表見代理」のような行為ですが、109条２項は、第三者が代理人の権限内であると信じた正当な理由がある場合のみ表見代理が成立するとしています。なお、「代理権消滅後の表見代理」が成立する場合に、代理人と勘違いされた人が消滅した権限を超える行為を第三者との間でした場合も同様です（112条２項)。表見代理三姉妹には、二人の弟がいるのです。

(3) 代理権の濫用、自己契約と双方代理

□ 代理権の濫用

代理人は本人の利益のために役割を果たすべきです。しかし、代理人が、与えられた代理権の範囲の行為をするにしても代理人本人や第三者の利益を図るための行為をするかもしれません。こうしたことを**代理権の濫用《らんよう》**といいます。ただ、相手方は、代理人の心のなかまでは見ることはできません。形の上では代理権の行使のように見えるわけですからやっかいです。107条では、相手方が代理人本人や第三者の利益を図る目的を知っていた

り、知ることができたときは、代理権を有しない者がした行為とみなすとしています。つまり、無権代理となるのです。

ロ 自己契約と双方代理

こんな場合はどうでしょうか。「よいシイタケがあったら買い付けてくれ」と頼まれた代理人が、自分の育てているシイタケを本人のために買い付けた場合です。このように当事者の一方が相手方の代理人になることを**自己契約**といいます。

さらに、こんな場合はどうでしょう。「よいシイタケを仕入れてくれないか」と頼まれた代理人が、「このシイタケを売ってくれないか」と言われた人の代理人にもなるような場合です。このように1人が双方の代理人になることを**双方代理**といいます。

自己契約も双方代理も一方の利益を図れば、もう一方の利益が図れません。自己契約の場合には自分の利益だけを図る可能性があります。つまり、代理人としての役割を果たせない場面が出てくることが考えられるのです。

そこで、108条1項では自己契約も双方代理も、代理権を有しない者がした行為（無権代理）とみなしています。なお、債務を履行する場合（この場合には「すべきこと」が決まっています）や本人があらかじめ許諾した場合には許されるという例外もあります。

また、普通の代理であっても、本人があらかじめ許諾した行為を除き「代理人と本人との利益が相反する行為については、代理権を有しない者がした行為とみなす」としています（108条2項）。

自己契約や双方代理に当たるかどうかは、誰の代理人なのかがわかれば、明らかになります。ただ、「代理人と本人との利益が相反する行為」かどうかは、よくよく事情を調べてみないとわかりません。しかし、こうした行為も、一方の利益を図れば、一方の利益が図れない行為なのですから、無権代理としたのです。これまで判例で補われていた部分を平成29年改正で明文化しました。

練習問題

問題 **以下のような名刺を持ったシイタケの王子様と名乗る男が青果卸売会社に現れました。名刺の裏には、「『吉田のシイタケ』のことは任せてください」とあり、「販売代理人」として本名なども記されています。「吉田のシイタケ」といえば、今をときめく吉田ファームのブランドシイタケです。青果卸売会社との間で吉田のシイタケの販売契約が結ばれましたが、本当は販売代理人である事実は一切ありませんでした。**

名刺表	名刺裏
シイタケの王子様	『吉田のシイタケ』のことは任せてください！ 販売代理人　　○○×× 住所：連絡先　…………………

上のことを踏まえて、①と②を読んでください。正しい記述はいくつありますか。

①販売代理人の名刺を持っている以上、表見代理が成立する可能性が高い。

②シイタケの王子様の行為は、代理人がその権限外の行為をした場合として、表見代理が成立する。

解答

0

解説

①販売代理人の名刺は本人（吉田ファーム）が与えたものでも、使用を認めたものでもないなら、表見代理は成立しません（もし、名刺使用を黙認しているような事情があるなら別ですが……)。②そもそも、基本的な代理権がありませんので、「権限外の行為の表見代理」(110条）は成立しません。

POINT

- 無権代理行為も本人が追認した場合には、遡って効力を生じます。
- 代理の権限のない者がした行為は無権代理ですが、相手方から見た場合の信頼を保護して、代理の成立を認める場合があります。
- 「代理権の濫用」、「自己契約」、「双方代理」は、代理権を有しない者がした行為（無権代理）とみなされます。

10 無効と取消し
取消しできる者は誰?

(1) 無効と取消しの違い

無効と取消しの原則的な意味の違いは次のようなものです。

無効	始めから効力が生じないこと
取消し	いったんは成立するが取り消されることにより最初から効力がない（無効）状態となること

取消しができる行為を、取り消さずその効力を確定的に認めることもできます。これを**追認《ついにん》**といいます。これに対して、無効の場合には始めから効力が生じていないのですから追認しても効力が生じるわけではありません（119条）。ただ、無効と知って追認するなら、新たな行為をしたとみなされます。もちろん、反社会的な行為は対象とはなりません。

(2) 取り消しできる者

ロ 行為能力の制限による取消し

問題は、誰が取消しできるかということです。取消しをすることができる者のことを**取消権者**といいますが、120条はその取消権者について定めています。

行為能力の制限による取消しについては、まず、表意者（その意思を示した制限行為能力者）が取消権者になります。制限行為能力者であっても、意思能力があるなら、自分ひとりで（保護してくれる人の同意なしに）取消しを行うことができるのです。また、制限行為能力者の代理人や承継人も取消権者になります。成年後見人は代理権がありますので「代理人」に含まれます。本人を相続した者は「承継人」です。

それから同意権者も取消権者です。同意を与える権利があるわけですから、同意を得ていない行為を取り消せるのは当然です。保佐人や特定の法律行為について同意権を与えられた補助人はこの同意権者です。

行為能力の制限による取消しの場合の取消権者
・制限行為能力者（※次ページで説明します） ・その代理人、承継人 ・同意権者

ロ 錯誤、詐欺又は強迫による取消し

錯誤、詐欺又は強迫による取消しの場合にはシンプルです。瑕疵《かし》ある意思表示をした者と、その代理人、承継人ということになります（120条2項）。

錯誤、詐欺又は強迫による取消しの場合の取消権者
・瑕疵ある意思表示をした者 ・その代理人、承継人

ロ 気になるカッコ書き

さて、前のページの表の中の（※）の説明です。平成29年改正では、120条1項で取消訴権者として挙げられている制限行為能力者にカッコ書きが加えられました。

（取消権者）
第120条　行為能力の制限によって取り消すことができる行為は、制限行為能力者（他の制限行為能力者の法定代理人としてした行為にあっては、当該他の制限行為能力者を含む。）又はその代理人、承継人若しくは同意をすることができる者に限り、取り消すことができる。
2　略

制限行為能力者でも代理人になれます。制限行為能力者Aさんの法定代理人に制限行為能力者Bさんがなっていたとします。このBさんの行為をAさんが取り消すことができることを明らかにしたのです。行為をしたBさんが取消しできるのは条文から読めますが、Aさんが取消しできるかハッキリしません。そこで、カッコ書きを加えたというわけです。

ロ 取消しの時間的な制限

取消しができるにしても、いつまでもその状態にあることは、相手方にとって不安定です。そこで取消権の行使には時間的な制限を設けています。

追認することができる時から5年間行使しないときには、時効により消滅します。また、行為の時から20年を経過したときにも、取消権は消滅します（126条）。

(3) 追認できる者

追認できる者（**追認権者**）が誰かというのが次の問題ですが、取消権者が追認権者となります（122条）。

追認は相手方に対する意思表示によって行います（123条）。しかし、相手方に意思表示をしなくとも、追認をしたとみなされる場合があります。たとえば、取り消すことができる売買契約なのに、代金の一部を払うような場合です。こうした「追認したとみなされる場合」を**法定追認**といいます。法定追認となる場合は125条に規定されています。

（法定追認）
第125条　追認をすることができる時以後に、取り消すことができる行為について次に掲げる事実があったときは、追認をしたものとみなす。ただし、異議をとどめたときは、この限りでない。
一　全部又は一部の履行
二　履行の請求
三　更改
四　担保の供与
五　取り消すことができる行為によって取得した権利の全部又は一部の譲渡
六　強制執行

(4) 原状回復の考え方

もし、干しシイタケを1万円で買うという売買が無効だったら、売主は代金1万円を返し、買主は干しシイタケを売主に返さなければなりません。このように、法律行為がなかった状態に戻す義務を**原状回復義務**といいます。

法律行為が無効な場合には、原状回復義務を負います（121条の2第1

項)。売買契約が取り消されたときにも、はじめから無効であったとみなされるわけですから同じです。

ただ、「もとに戻す」とされる原状回復の範囲には少し例外があります。無償行為の場合です。給付時に無効や取り消すことができるものとは知らなかった場合には、完全に原状回復しなくても「現に利益を受けている限度において」返還すればいいとされているのです(121条の2第2項)。**無償行為**というのは、無償で給付が行われるような行為です。たとえば、贈与契約がそうです。贈与契約もお互いの意思が合わさって成立するわけですが、一方はタダで物をもらえます。

「現に利益を受けている限度において」返還する場合でも「手を付けていないならもちろん、給付されたものが形を変えて利益として残っているなら返す」ことになります。無駄遣いした場合には返さなくてもいいのですが、日常生活を送るなかで使った場合にはその分を返さなければならないのです。日常生活のなかで使った場合には、どちらにしてもその分は使わなければならなかったわけで、その利益は形を変えて残っていると考えるからです。これは法律独特の感覚かもしれません。

たとえば、ある人から干しシイタケをもらったのだけれども、その贈与契約が無効だったとします。干しシイタケは普段から煮物に使っていて、もらった干しシイタケをそれに充てていたとします。この場合には同種の干しシイタケを手に入れるなどして返さなければならなくなります。しかし、干しシイタケをたくさんもらって気持ちが大きくなって道行く人に配ったというのなら返す必要はないのです。

さらに、行為時に意思能力がなかった者も、行為時に制限行為能力者であった者についても、完全な原状回復ではなく、「現に利益を受けている限度において」返還することでいいとされています。この場合には、無効や取り消すことができるものと知っていても「現に利益を受けている限度において」原状回復すればいいのです。制限行為能力者の保護を優先した結果です。

<table>
<tr><th colspan="2">原状回復の範囲</th></tr>
<tr><td rowspan="2">現に利益を受けている限度での原状回復</td><td>無償行為について、給付を受けたとき無効であることや取り消すことができることを知らなかったとき</td></tr>
<tr><td>・行為時に意思能力がなかったとき
・行為時に制限行為能力者であったとき</td></tr>
<tr><td>完全な原状回復</td><td>上記以外の場合</td></tr>
</table>

練習問題

問題　**次の文章のうち誤っているのはどれでしょうか。**

①同意権者は取消権者でもある。

②取消権者は追認権者でもある。

③無効を主張できる者は取消権者のみである。

解答

③

解説

無効は初めから効力を有していないのですから誰からも主張することができます。

POINT

- 取消しができる行為について、その取消権者は決められています。
- 取消しができる行為であっても取り消さずその効力を確定的に認めること（追認）も可能です。
- 取消しをした場合には原状回復義務が問題となります。

11 条件と期限、期間の計算

地味だけど重要なお約束

(1)条件と期限とは

ロ 条件と期限

法律行為の効果の発生や消滅が将来の「不確実な事実」にかかっている場合、その事実のことを**条件**といいます。「試験に合格したらこのバイクをあげよう」と約束してもらった場合の「試験に合格したら」が条件です。どんなに優秀でも、試験は水もの、合格するとは限りません。

法律行為の効果の発生や消滅が将来の「確実な事実」にかかっている場合、その事実のことを**期限**といいます。「4月になったらこのバイクをあげよう」という場合の「4月になったら」というのが期限です。

「私が死んだら、この家を差し上げるわ」

「縁起でもないことを言わないでよ。でも、そのときは喜んでいただくわ」

こんな会話が交わされていたら、この「私が死んだら」は条件ではなく、期限です。人は必ず死ぬものだからです。

いつ4月になるのかは明らかです。そこでこうした期限を**確定期限**といいます。これに対して、人はいつか死ぬものですが、その日がいつかはわかりません。こうした期限を**不確定期限**といいます。

□ 停止条件と解除条件

条件のうちでも、法律効果の「発生」が不確実な事実にかかっている場合を**停止条件**といいます。停止条件という言葉はしっくりこないかもしれません。「試験に合格したらこのバイクをあげる」という場合、契約自体は成立しているのだけれど、その効果発生が合格まで停止されているとイメージするといいでしょう。

その一方で、法律効果の「消滅」が不確実な事実にかかっている場合を**解除条件**といいます。「このバイクはあげてもいいけれど、試験に落ちたら返してもらうからね」という場合が解除条件です。

□ 既成条件

変な話ですが、もう試験に合格しているのに「試験に合格したらこのバイクをあげる」と言われたらどうでしょう。この場合には、その法律行為(贈与契約)は無条件に成立したものとなります。

本来的には条件といえませんが、すでに確定している事実について条件にする場合を**既成条件**といいます。もう試験に合格しているのに「このバイクはあげてもいいけれど、今年の試験に合格したら返してもらうからね」と条件を付す場合には、その贈与は無効となります。「バイクをあげること」は実現しないからです。

このように、条件がすでに成就している場合に、その条件が停止条件であるときには、この法律行為は無条件となり、その条件が解除条件のときには無効となるのです(131条1項)。

一方、すでに今年の試験での不合格が決まっている場合(条件が成就しないことが確定している場合)はどうでしょう。この場合には逆で「今年の試験に合格したらこのバイクあげるね」と言われても、バイクをもらえないことに決まっているのですから無効です。「今年の試験に合格したら返してもらうね」と解除条件が付けられていても、もう不合格が決まっているのですから無条件ということになります(同条2項)。シンプルにまとめると以下の表のようになります。

条件の成就が確定	停止条件	⇒無条件
	解除条件	⇒無効
条件の不成就が確定	停止条件	⇒無効
	解除条件	⇒無条件

ロ その他の条件

その他の条件の話もしておきましょう。不法な条件を付した法律行為は無効です。不法な行為をしないことを条件とする場合も同様です（132条)。不能な停止条件を付した法律行為は無効であり、不能な解除条件を付した法律行為は無条件となります（133条)。「俳優の丹波哲郎さんに会えたら」という条件が付されていても、丹波哲郎さんは亡くなっていますのでこの世で会うことは不能です。停止条件の場合にはその条件を付けた法律行為は無効といえますし、解除条件の場合には無条件となります。

また、その条件が単に債務者の意思のみにかかっている停止条件が付された法律行為は無効とされています（134条)。「あなたにあげたくなったときにあげる」という条件を付しての贈与契約は無効なのです。

(2) 期間の計算

ロ 位置付け

民法は第1編第6章（138条〜143条）に期間の計算のルールが定められています。法令や裁判上の命令に別なルールが定められているときや、特に別段の定めをしたときならともかく、民法に定める期間の計算のルールが及びます。いわば、期間計算のジャパンスタンダードというわけです。

ロ 期間計算の方法　その1

時間で期間を定めるとき、たとえば「５時から３時間」といった場合には、当然、その期間は５時からスタートします。ところが、日、週、月又は年によって期間を定めたときは、少し違います。140条にあるように、初日は参入せずに翌日から起算するのです。

第140条　日、週、月又は年によって期間を定めたときは、期間の初日は、算入しない。ただし、その期間が午前零時から始まるときは、この限りでない。

これを**初日不算入の原則**といいます。たとえば、５月１日に自転車の貸出契約（使用貸借契約）を結んで、「今日（契約日）から５日間お貸しします」という場合には、５日間のカウントは、５月２日から始めることになります。141条には「期間は、その末日の終了をもって満了する」とあるのですから、５月６日の午後12時に満了することになります。

図で示すとこのような感じです。

契約日	起算日				
1日	2日	3日	4日	5日	6日
					満了日

もし、初日から起算させたい場合には「から起算して」という表現を使います。「今日（契約日）から起算して５日間」といえばその期間は次のようになります。

契約日 起算日					
1日	2日	3日	4日	5日	6日
				満了日	

さて、さらに問題です。「明日から５日間」という場合には、満了日はいつでしょうか。まず、起算日が問題になります。初日不算入の原則からは「明日の翌日」、つまり明後日から起算するように思うかもしれませんが、もう一度、140条の条文を読んでみてください。

「ただし、その期間が午前零時から始まるときは、この限りでない」とあります。明日はまだ来ていない日ですから午前零時から始まる日です。この場合、起算日は明日になるのです。

民法が定める初日不算入の原則は債務を負う者が不利にならないように１日に満たない日数をカットして考えようとするものです。ですから、丸々１日があるならあえて初日不算入にしなくてもいいということになります。

少し「期限」の話をします。136条１項には「期限は、債務者の利益のために定めたものと推定する」とあります。たとえば「４月１日になったら返還する」としてバイクを借りた場合には、債務者（借りた方）は４月１日までは返さなくてもいいわけです。このように期限は債務者のためにあるとされ、その上で期限の利益を放棄できるよう定めています（同条２項）。民法が、債務者びいきの規定を設けているという意味では、初日不算入のルールも同じです。これも民法が持っている公平の感覚の表れなのです。

ロ 期間計算の方法　その2

少し複雑なのが週、月、年の途中から期間を起算するときです。この場合には「起算日に応当する日の前日に満了する」とされています（143条２項）。たとえば、「５月１日に契約して、今日から２週間お貸しします」ということであれば、満了日はいつになるでしょう。まず起算日は５月２日です。その２週間後の応当日は５月16日になるでしょう。その前日に満了するというのは、５月15日の午後12時に満了することを意味します。

（暦による期間の計算）
第143条　週、月又は年によって期間を定めたときは、その期間は、暦に従って計算する。
2　週、月又は年の初めから期間を起算しないときは、その期間は、最後の週、月又は年においてその起算日に応当する日の前日に満了する。ただし、月又は年によって期間を定めた場合において、最後の月に応当する日がないときは、その月の末日に満了する。

（ある年の5月のカレンダー）

日	月	火	水	木	金	土
		① 契約日	2 起算日	3	4	5
6	7	8	9	10	11	12
13	14	15	16 応当日	17	18	19
20	21	22	23	24	25	26
27	28	29	30	31		

もし、満了日にお店が休みだったらどうでしょうか？　その場合についても民法は規定しています。満了日とされる日が休日にぶつかり、その日が取引をしない日なら、翌日が満了日となります。

第142条　期間の末日が日曜日、国民の祝日に関する法律（略）に規定する休日その他の休日に当たるときは、その日に取引をしない慣習がある場合に限り、期間は、その翌日に満了する。

(3)年齢の数え方

期間計算は初日不算入が原則だといったばかりなのですが、年齢に関しては以下の法律があり、初日参入を義務づけています。

明治35年法律第50号（年齢計算ニ関スル法律）

① 年齢ハ出生ノ日ヨリ之ヲ起算ス

②・③ 略

この古い法律が「いたずら」を働くことがあります。たとえば、４月１日生まれの人がひとつ年齢を重ねるのはいつかといえば、３月31日の午後12時ということになります。厳密にいえば、ひとつ年齢を重ねる日は３月31日なのです。学年で一番早い誕生日の子が４月２日生まれだったのも、この法律のいたずらと聞けば納得がいくはずです。

POINT

- 「試験に合格したらこのバイクをあげよう」は停止条件の例です。
- 「このバイクはあげてもいいけれど、試験に落ちたら返してもらうからね」は解除条件の例です。
- 「４月になったらバイクをあげよう」の「４月になったら」は条件ではなく期限です。

練習問題

問題1　次の文章のうち、誤っているものはどちらでしょうか。

①「太陽が西から昇ったら、あの車をあげよう」という贈与契約は無効である。

②「私が欲しいと思った時に、その車をいただくわ」という贈与契約は無効である。

問題2　以下の文章を読んで（　）に適切な数字を入れてください。

> ４月１日に友人に車を借りました。「今日から３日間貸す（借りる）」という約束でした。貸出期間の満了は、４月（　）日の午後12時です。

解答

問題１　②

問題２　４月（４）日

解説

問題１

①太陽は東から昇ります。「西から昇ったら」というのは不能条件なので契約は無効です。不能な停止条件を付した法律行為は無効なのです。

②単に債務者の意思のみにかかる停止条件付きの法律行為は無効とされています（134条）。ただ、債権者の意思のみにかかる場合については何も規定がありません。無効なら規定しているはずですから有効だと考えられます。

問題２

「から」とあるのですから初日は入れません。起算日は２日ということになります。２、３、４日の３日間ですから、満了日は４日となります。

12 時効のしくみ①
消滅時効と取得時効

(1)時効制度の趣旨

一定の状況が続いていたときに、それを保護しようとするのが時効制度の生まれた理由です。たとえ法的な権利関係とは違っていても「事実」を優先しようとする制度なのです。たとえば、お金を貸してもらったけれども長い間、催促されないでいると、「もう返さなくてもいいかもしれない……」などと借りた方が思うかもしれません。貸した方は返済を求めるつもりでも、長い時間が経つと、貸した額や利子のことなどわからなくなってしまうかもしれません。こうしたことから時効の制度が生まれました。

時効には一定の期間が経過すると権利が失われる**消滅時効**と権利が取得できる**取得時効**があります。

「時効の効力は、その起算日にさかのぼる」(144条)とあります。その意味は、時効が完成するとその効力は時効期間がカウントされ始める最初に遡って発生するということです。お金を貸した件でいえば、返済期日(債務の履行期)に貸金債権は消滅しますし、取得時効であれば、占有開始日に所有権を手にします。それは「一定の状況が続いていたときに、それを保護しようとする」趣旨にも合います。

(2)消滅時効のこと

ロ 債権の消滅時効

一定の期間が経過すると権利が失われる場合の時効を**消滅時効**といいます。民法は166条で債権の消滅時効を定めています。

（債権等の消滅時効）
第166条　債権は、次に掲げる場合には、時効によって消滅する。
一　債権者が権利を行使することができることを知った時から５年間行使しないとき。
二　権利を行使することができる時から10年間行使しないとき。
2　債権又は所有権以外の財産権は、権利を行使することができる時から20年間行使しないときは、時効によって消滅する。
3　略

債権は「知った時から５年間」又は「行使することができる時から10年間」行使しないときに時効により消滅します。

「自分の娘が客観的にかわいいかどうかは別にして主観的にはとてもかわいい」などと弁護士の友人はお嬢さんにメロメロです。法律家がよく使う「主観的に」という言葉の意味は「自分的に」とでもいったらいいでしょうか。「権利を行使することができることを知った時から５年」というのは、もちろん自分が知った時からですから、これを「主観的起算点から５年」などと解説書では表現しています。一方、「権利を行使することができる時から10年」というのは、自分が知っているかどうか関係なく客観的に権利行使できる時から時効のカウントを始めるものなので、客観的起算点といいます。「権利を行使することができる時から10年」というのは、「客観的起算点から10年」ということになります。

ロ 所有権は時効にかからない

166条２項には、債権、又は、所有権以外の財産権は権利を行使することができる時から20年で時効消滅するとあるのですが、民法のどこを探しても所有権についての消滅時効は規定されていません。そうなのです。所有権は時効によって消滅することがありません。ただ、取得時効によって所有している物が他人のものになることはあります。

ロ 生命・身体の侵害による損害賠償請求権の消滅時効

一般的な債権については、166条で主観的起算点から５年、客観的起算点から10年で消滅時効にかかるわけですが、167条では「人の生命又は身体の侵害による損害賠償請求権」については特に「客観的起算点から20年」消えないものとしています（167条)。それだけことがらが重大だからです。主観的起算点の方は読み替えをしていませんから、原則どおり５年となります。

（人の生命又は身体の侵害による損害賠償請求権の消滅時効）
第167条　人の生命又は身体の侵害による損害賠償請求権の消滅時効についての前条第１項第２号の規定の適用については、同号中「10年間」とあるのは、「20年間」とする。

ロ 不法行為による損害賠償請求権の消滅時効

債権は債権でも、不法行為による損害賠償請求については、民法の別なところに特別な消滅時効の規定が置かれています。

不法行為というのは故意や過失によって他人の権利を害することです。「契約どおりに責任を果たさないで損害が生じた」というような場合と違って、時間が経つと損害を証明しにくいということが不法行為にはあります。そこで、不法行為による損害賠償請求権は、主観的起算点からの消滅時効が「３年」と少し短くなっています（客観的起算点からの消滅時効は20年と長くなっています）。とはいえ、不法行為による損害賠償請求権が「人の生命又は身体の侵害による損害賠償請求権」である場合には、短くしていません。主観的起算点から５年という原則のままです（724条の２）。

（不法行為による損害賠償請求権の消滅時効）
第724条　不法行為による損害賠償の請求権は、次に掲げる場合には、時効によって消滅する。
一　被害者又はその法定代理人が損害及び加害者を知った時から３年間行使しないとき。
二　不法行為の時から20年間行使しないとき。

話が複雑で難しいので、表にしてまとめておきますね。

	債権一般（166条１項・167条）	不法行為の場合（724条・724条の２）
一般債権の消滅時効	主　5年	主　3年
	客　10年	客　20年
人の生命又は身体の侵害による損害賠償請求権の消滅時効	主　5年	
	客　20年	

※山野目章夫『新しい債権法を読みとく』（商事法務）65頁の図を基に作成しました。
※主＝「主観的起算点から」　客＝「客観的起算点から」

また、債権についての消滅時効の特例という意味では、年金債権などの定期金債権も長めの消滅時効が定められています（168条）。

(3) 取得時効のこと

(所有権の取得時効)
第162条　20年間、所有の意思をもって、平穏に、かつ、公然と他人の物を占有した者は、その所有権を取得する。
2　10年間、所有の意思をもって、平穏に、かつ、公然と他人の物を占有した者は、その占有の開始の時に、善意であり、かつ、過失がなかったときは、その所有権を取得する。

□「所有の意思をもって」の意味

162条は、所有権についての取得時効を規定しています。「所有の意思をもって」とされていますが、ここが取得時効のポイントなのです。自分の物として占有しないといけないのです。これを**自主占有**といいます。いくら一定の期間、占有していたとしても「借りている」と思って占有している場合（他主占有）には取得時効は問題になりません。

□ 1項と2項との違い

他人の物であっても、1項の場合には「20年間」、2項の場合には「10年間」で時効取得できます。では、1項と2項の違いはどこにあるのでしょう。簡単にいえば、他人の物と知って占有しているかどうかの違いです。1項の場合には他人の物と知った上で占有しているのです。この場合が20年。2項では「占有の開始の時に、善意であり、かつ、過失がなかったときは」とあります。過失なく、自分の物だと思って占有しているときには10年で時効取得できるということになります。

「他人の物と知って占有していても取得できるの？」とびっくりするかもしれません。しかし、一定の状況が続いていたときに、それを保護しようとするのが時効制度なのです。その代わり「おおっぴら」に占有し続けなければなりません。暴行や強迫による占有であってもいけません。1項でも2項でも共通する「平穏に、かつ、公然と」というのはそういうことです。なお、所有権以外の財産権も同様に扱うことが163条に書かれています。

(4) 時効の助けを借りるには

ロ 時効の援用とは

一定の状況が続いていたとき、それを保護しようとするのが時効制度だといいました。しかし、本当は、一定の期間が経過したからといって、裁判所は、権利が消滅したり、権利を取得することを認めてくれるわけではありません。時効が効力を生じるためには「時効というカードを使います！」という意思を示さなければならないのです。これが**時効の援用**というものです。人の考え方は様々です。時効期間が経過し、もはや支払わなくても済む借金でも律儀に払おうとする人もいることでしょう。こうした意思もまた大事にしているのが民法といえそうです。

ロ 時効の援用をすることができる者

時効の援用をすることができる当事者を**援用権者**といいます。これまでは、条文上、援用権者は誰なのか、その広がりがハッキリしないところがありました。そこで、平成29年、それを明らかにする145条の改正が行われました。「当事者（消滅時効にあっては、保証人、物上保証人、第三取得者その他権利の消滅について正当な利益を有する者を含む。）」と「当事者」のあとに加えられたカッコ書きがそれです。

物上保証人というのは聞き慣れないかもしれません。他人の債務のために自分の財産を担保として提供することがありますが、その場合に財産を提供した者が物上保証人です。第三取得者というのは、抵当権が付いた不動産などを抵当権が付いたまま手に入れた者のことです。

（時効の援用）
第145条　時効は、当事者（消滅時効にあっては、保証人、物上保証人、第三取得者その他権利の消滅について正当な利益を有する者を含む。）が援用しなければ、裁判所がこれによって裁判をすることができない。

時効によって直接利益を受けるこれらの者が時効の援用をすることができるのです。

ロ 時効利益の放棄

「時効の利益を受けます」という意思を示すことが時効の援用ですが、反対に「時効利益を放棄します」という意思表示をするのが**時効利益の放棄**です。時効の利益はあらかじめ放棄することができません（146条）。強い立場にある債権者があらかじめ「時効の利益は放棄しません」などと契約条項に入れると、債務者の利益を守ることができなくなるからです。時効の利益の放棄は、時効完成後にしか行えないのです。

練習問題

問題　**同期入社のサラリーマンAとBが話をしています。民法に照らして2人の話の誤っているところを探してください。**

A　俺、実はお前の消しゴム、入社の日から借りっぱなしなんだよ。
B　え、20年以上もかよ。
A　そうさ、俺の名前を書いたシールを貼って机の上にずっと置いているのさ。
B　あれかよ。ささっと返せよ。
A　取得時効ってやつですでに俺の物さ。

解答

「借りっぱなし」といっているのですから、自主占有とはいえません。つまり、取得時効の問題は生じないのです。

POINT

- **時効には一定の期間が経過すると権利が失われる消滅時効と権利が取得できる取得時効があります。**
- **時効の効果を裁判において認めてもらうためには時効の援用が必要となります。**
- **時効の利益はあらかじめ放棄することができません。**

13 時効のしくみ②
時効の完成猶予・更新

(1)時効の完成猶予、時効の更新とは

民法は**時効の完成猶予と時効の更新**を規定しています。時効の完成猶予というのは、その期間は時効が完成しないということです。時効のカウントが0に戻るわけではありません。カウントが途中で足踏みし、完成猶予の事由がある間はカウントがなされないだけなのです。一方、時効の更新は、更新事由があればカウントは0に戻ります。

時効の完成猶予	時効の更新
時効のカウントが途中で 一時的に足踏みする	時効のカウントが0に戻る

147条以下では、時効の完成猶予事由と時効の更新事由がいろいろと規定されています。順番に見てゆくことにします。

(2)裁判上の請求など

147条1項では時効の完成猶予になる事由が書かれています。裁判所に訴えを起こすなどすると(裁判上の請求などがあると)、時効は完成猶予されます。「権利を行使するよ!」という意思が明らかといえるからです。

そして、訴えについて確定判決などが出て権利が確定すると、時効は更

新されます。つまり、その権利について新たな時効へのカウントダウンが始まるのです。なお、訴えの取下げなどして確定判決が出ることなく裁判が中途で終了することもあるでしょう。そのときでも147条1項のカッコ書きが働き、終了の時から6か月が経過するまで時効は完成しません（完成猶予がされます）。

（裁判上の請求等による時効の完成猶予及び更新）
第147条　次に掲げる事由がある場合には、その事由が終了する（確定判決又は確定判決と同一の効力を有するものによって権利が確定することなくその事由が終了した場合にあっては、その終了の時から6箇月を経過する）までの間は、時効は、完成しない。
一　裁判上の請求
二　支払督促
三　民事訴訟法第275条第1項の和解又は民事調停法（略）若しくは家事事件手続法（略）による調停
四　破産手続参加、再生手続参加又は更生手続参加
2　前項の場合において、確定判決又は確定判決と同一の効力を有するものによって権利が確定したときは、時効は、同項各号に掲げる事由が終了した時から新たにその進行を始める。

(3) その他の事由の扱い

□ 強制執行など

裁判上の請求などのほかにも債権を確保しようとする行為はあります。そうした事由についても民法は時効の完成猶予や更新の効果を与えています。

148条では強制執行などについて、手続がとられたら時効の完成猶予に

なるとしています。また、強制執行が終了すれば時効が更新されます。強制執行などがされてもすべての債権が満足されるわけではありませんが、残った債権について時効のカウントが0に戻るわけです。

ロ 仮差押えと仮処分

強制執行に備えて、とりあえず債務者の財産などを保全する方法としてあるのが仮差押えなどです。とりあえずということもあり終了した時から6か月が経過するまで時効が完成しないとする時効の完成猶予を認めています(149条)。

ロ 催告

裁判外での請求を**催告**といいます。150条では催告についても、6か月が経過するまでの時効の完成猶予を認めています、ただ、「完成猶予の期間があと1か月しかなくなったので、また催告しておこう……」と再度の催告で完成猶予の期間を延ばすことはできません（150条2項)。完成猶予が認められている間に、裁判上の請求をしなければならないのです。

ロ 協議を行う旨の合意

平成29年改正では、当事者が協議を行う旨の合意を書面（電磁的記録でも可）でしたときの時効の完成猶予を定めました（151条)。これまでも、当事者が権利をめぐって協議をすることはしばしばあったはずですが、その協議が時間切れになると、結局は時効を阻止する行動を別に起こさないといけませんでした。そこで、協議をしていること自体を時効の完成猶予事由としたのです。

ただ、協議しているかどうかはハッキリわからない場合もあるので、協議を行う旨の合意が書面でされている場合だけとしています。この場合の時効の完成猶予期間は151条1項に定められていますが、少し細かいのでここでは記しません。協議を行う旨の合意が書面でされている場合には時効の完成猶予が認められていることだけ、まず覚えておきましょう。

ロ 承認

「確かに○○円お借りしています」というような承認には、もちろん、時効の更新が認められます。

（承認による時効の更新）
第152条　時効は、権利の承認があったときは、その時から新たにその進行を始める。
2　前項の承認をするには、相手方の権利についての処分につき行為能力の制限を受けていないこと又は権限があることを要しない。

152条2項では、承認をするのに、行為能力や権限は必要ないとしています。承認という行為が法律行為であると考えられていないからです。知っている事実だけを伝える**観念の通知**とされています。観念の通知というのは、法的な効果を発生させようとするのではなく、事実を伝えるものです。新たに債務を負うという意思を示すのではなく、「確かにお金を借りています」という事実を伝えるものととらえているのです。

図表　時効の完成猶予事由と更新事由

	時効の完成猶予	時効の更新
裁判上の請求など	○	⇒　○
強制執行など	○	⇒　○
仮差押えと仮処分	○	―
催告	○	―
協議を行う旨の合意	○	―
承認	―	○

ロ その他

そのほかにも民法には「未成年者又は成年被後見人と時効の完成猶予」(158条)、「夫婦間の権利の時効の完成猶予」(159条)、「相続財産に関する時効の完成猶予」(160条)、「天災等による時効の完成猶予」(161条)といった完成猶予の規定が置かれています。

(4) 判決で確定した権利の消滅時効

判決によって確定した権利がすぐに時効で消えてしまうのは合理的ではありません。そこで、一般の債権に比べても長い10年間を消滅時効期間としています。

(判決で確定した権利の消滅時効)
第169条　確定判決又は確定判決と同一の効力を有するものによって確定した権利については、10年より短い時効期間の定めがあるものであっても、その時効期間は、10年とする。
2　前項の規定は、確定の時に弁済期の到来していない債権については、適用しない。

練習問題

問題　**次の事由のなかで、時効の更新の事由のみに当たるのはどれでしょうか？　その番号を答えてください。**

①裁判上の請求　②強制執行　③仮差押え　④催告
⑤協議を行う旨の合意　⑥承認

解答

⑥

解説

債務の存在を承認するならこれより確実なものはありません。時効の完成猶予とするのではなく、ストレートに時効の更新事由としていいのです。

POINT

民法は時効の完成猶予と時効の更新を規定しています。時効の完成猶予は、時効期間のカウントを一時的に足踏みさせることです。その期間、時効は完成しません。一方、時効の更新では時効期間のカウントが0に戻ります。

第2章

物権編

1 物権の特徴と種類

物権とはどんなものなの?

(1) 物権の特徴

ロ「直接排他的な」の意味

物権というのは「物に対する直接排他的な支配権」のことです。いきなりの説明ですから、解説しなければならないでしょう。まず、「直接」というのは、「他の力を借りないで」という意味です。たとえば、自転車を持っていたら（物権のひとつである所有権があるということですが)、その自転車を好きに乗り回すことができますし、他の人が勝手に使っていたら、自分で排除することができます。これが「直接」の意味です。債権だとそうはいきません。お金を貸していた、あるいは、何かサービスを受ける権利を持っていたとしても、その義務を負っている人にしてもらうしかありません。

排他的というのは、「自分だけのもの」というイメージです。私がこの自転車の所有権を持っていたとしたら、あなたがこの自転車の所有権を持っていることはないのです。同じ物に同じ物権は成立しないのです。これは**一物一権主義**という言葉で説明されることもあります。たしかに、共有というようなことはありますが、これはそれぞれが持分を持っていて、その持分を自分で処分することができる状態なので、一物一権主義に反するものではないと説明されています。

ロ 物権法定主義

物権というのはこんな風に強い権利ですから法律で定められたものしか認められません（175条）。これを**物権法定主義**といいます。当事者が合意して、新しい物権を創設するなんてことはできないのです。

(2) 物権の種類

先に物権の種類を見ていきましょう。まず、少し変わった物権として占有権があります。**占有権**というのは、あとでまた説明しますが、事実上、ある物を「持っている」状態を権利として認めたものです。「少し変わっている」といったのは、その物を持つ根拠となる権利があるかどうかなど問わないのです。とにかく「持っている」なら、まずは、それを尊重しようというのが占有権なのです。変に感じるかもしれませんが、他人の物を盗んだドロボーであっても、盗んだ物に占有権があるのです。

ただ、占有権は少し変わった物権であって、普通は占有するには、その根拠となる権利（これを「**権原**《けんげん》」といいます）があるものです。その物の所有者であるとか、使ってもいいよと所有者から言われているとかです。こうした権原のことを**本権**といいます。つまり、物権は大きく占有権と本権に分けられるのです。

先日の居酒屋でのできごとです。飲み放題付きということで、「飲む気満々」でいたのですが、飲み放題の対象となるドリンクメニューが限られていて少しガッカリでした。ソフトドリンクや酎ハイはすべてOKなのですが、ビールは瓶ビールだけ、ウイスキーは比較的安い××というウイスキーだけなのです。少し、店員さんに愚痴をいったら、「プレミアム飲み放題」を薦められました。これなら正真正銘、ドリンクメニューすべてを注文できます。また、ビールだけですが、すべてが飲み放題となる「ビールプレミアム飲み放題」やすべてのウイスキーが飲める「ウイスキープレミアム飲み放題」というプランもあるとのこと。

なぜ、こんな話をしたかというと、みなさんに制限物権の話をしたかったからです。物権には、オールマイティな**所有権**と、所有権者が持つような権利のその一部だけを行使できる**制限物権**とがあります。所有権が「プレミアム飲み放題」なら、制限物権は「ビールプレミアム飲み放題」や「ウイスキープレミアム飲み放題」のイメージです。

制限物権の例をひとつ挙げておきましょう。**質権**は比較的イメージしやすいかもしれません。貸したお金の担保として差し出された物を留め置く権利です。貸したお金が返済されなかったなら、その物を売ったお金などから優先的に弁済を受けることができます。

もし、自分の所有物であるなら、留め置こうが、売ってお金に換えようが、そんなことは自由です。まさに「プレミアム飲み放題」の世界です。しかし、制限物権であれば、お金を貸しているということはあっても、質物について、できる権利は限られているのです。

先ほど、質権の説明のところで「貸したお金の担保として」といいました。質権のような債権の担保のための物権を**担保物権**《たんぽぶっけん》といいます。その一方で、他人の土地を利用する権利をまとめて**用益物権**《ようえきぶっけん》といいます。イメージしやすい例を挙げると永小作権《えいこさくけん》がその例です。永小作権は、小作料を払って他人の土地で耕作などをする権利のことです。

さて、ここまでの話をまとめます。民法上の物権は占有権と本権に分類できます。さらに、本権は所有権と制限物権に分けられます。制限物権も、用益物権と担保物権に分類できます。

用益物権や担保物権に分類できる物権の名前を挙げて図にするとこんな感じになります。

図表　物権の種類

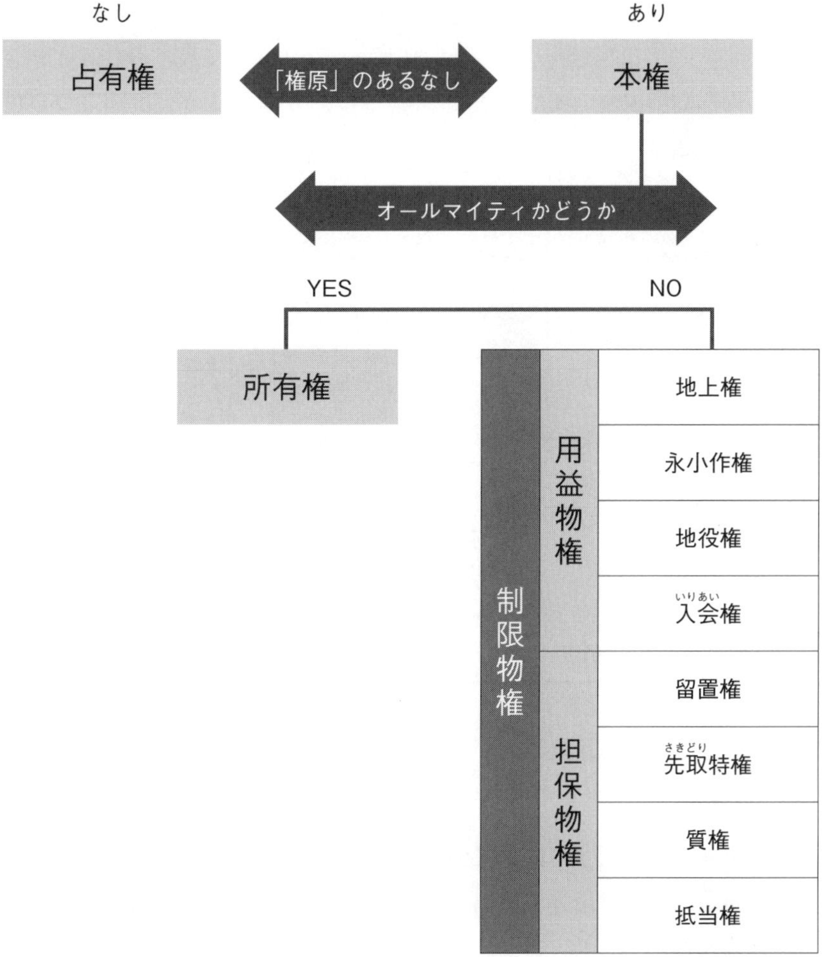

(3) 物権的請求権

物権というのは、直接排他的な支配権と説明しました。「直接排他的」といっているのですから、他の人の支配は排除しなければこの権利は守られません。この自分の物権を守るための権利も認められるべきです。所有権などの物権について、認められたこうした権利を**物権的請求権**といいます。いわば、物権的請求権は、物権を守るための３匹のガード犬のようなものです。先に３匹といってしまいましたが、本章４で扱う占有訴権を除いて、物権的請求権は民法の条文には書かれていませんが、次の３つの種類があるとされています。

物権的返還請求権	物権的妨害排除請求権	物権的妨害予防請求権
庭に置いてあった(占有していた)盆栽が奪われた ⇒「返してくれ」と言う	隣の家の大きな木が倒れてきて庭をふさいでいる ⇒「どけてくれ」と言う	隣の家の大きな木が庭に倒れかけている ⇒「倒れないようにしてくれ」と言う

POINT

- 物権は、物に対する直接排他的な支配権です。
- 物権というのは法律で定められたものしか認められません（物権法定主義）。
- 物権は占有権と本権とに分類されます。さらに、本権は所有権と制限物権に分けられます。制限物権も、用益物権と担保物権に分類できます。

練習問題

問題 次の図の（①）から（③）に、それぞれ漢字2文字を入れて図を完成させてください。

物権の種類

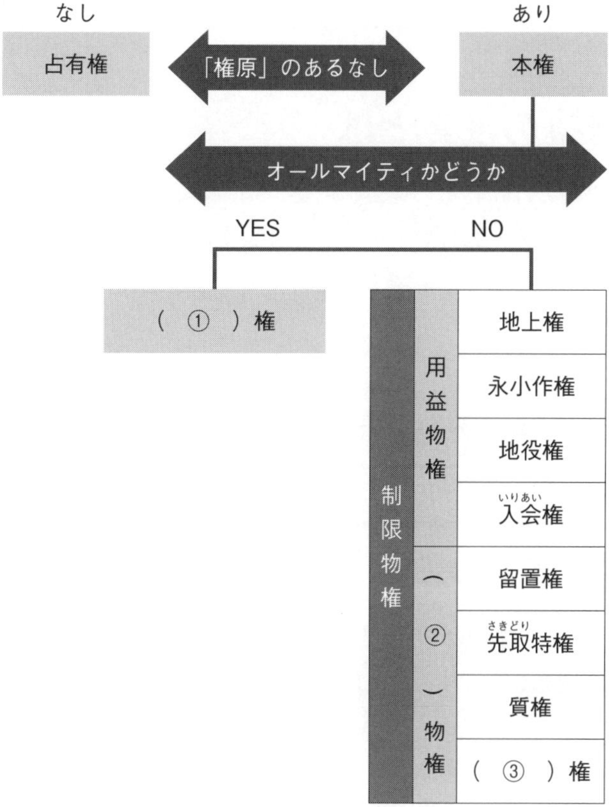

解　答

①所有　②担保　③抵当

2 物権の変動と対抗要件

自分の物だと主張するために必要なこと

(1) 物権の変動とは

物権の変動とは、物権の発生、変更、消滅のことをいいます。物権の変動は意思表示さえあればいいのです。売買契約を結んだら、それは「所有権を移します」ということでもあるのですから、それで所有権が移ります(物権の変動があります)。

(2) 対抗要件(不動産の場合)

ロ 不動産登記の役割

お互いの意思で物権が変動するとしても、どう移ったかなどが外から見えないのはやっかいです。物権は排他的な権利なので、「Aさんの物であって、しかも、Bさんの物」ということはありません。だから、AさんとBさんが同じ物を争う事態が起こるかもしれません。

そこで不動産について物権の変動がわかるように登記簿を整備しました。**AとBが土地について争っているような場合には、登記簿にちゃんと記載されている方が「自分のものだ！」と主張することができるようにしたのです**(177条)。

ロ「公信力がない」ということ

ところが、登記簿に記載があれば、ちゃんと権利があると認められるかというとそうでもないのです。たとえば、Xの土地なのに、どういうわけか何の関係もないAが自分の土地として登記していたとします。この登記を信じてAから土地を買ったBは、その土地の所有権を手にすることはできません。

こんなことをいうと、何か納得できない思いがするはずです。「登記を信じて買ったのに、それでは登記の意味がないじゃないか！」と思ったことでしょう。

「登記簿に記載された権利関係」と「実際の権利関係」が異なるとき、どちらを優先するかは制度としては両方考えられます。登記というものを重要視して、たとえ、実際の権利関係とは違っていても、登記どおりの権利関係を認めるという考え方もあるでしょう。こうした考え方を**公信の原則**といいます。

ただ、日本の登記制度は公信の原則をとっていないのです。「不動産の登記には**公信力**がない」といわれるのはそのためです。では、不動産の登記はどんな意味があるのでしょう。

それは、先ほど話題にしたように、同じ不動産をめぐって権利を主張する者が複数いたときに、登記を備えた者を「勝ち」にするための制度なのです。自らの主張を通すことを「対抗することができる」といいますが、不動産の登記は**対抗要件**として使われます。登記があれば「私が不動産の権利者です」と他の者に権利を主張することができます。登記を備えることで、取引のトラブルも減らすことができます。だから、登記を備えるような勤勉な人に、ご褒美をあげたというわけです。

（不動産に関する物権の変動の対抗要件）
第177条　不動産に関する物権の得喪及び変更は、不動産登記法（略）その他の登記に関する法律の定めるところに従いその登記をしなければ、第三者に対抗することができない。

ロ 177条を考える

不動産に関する登記は第三者に「自分が権利者だ」と主張するために必要なものといいました。このことが書かれている177条について、もう少し詳しくお話しします。

177条をそのまま読むと不都合が生じます。第三者というのは、当事者以外の者のことです。たとえば、家を買ったとします。買った人は、その不動産を売った人には「自分の不動産だ！」と登記がなくても主張できます。売った人は第三者ではないからです。

ところが、その家に不良が住み着いて、何の根拠もないのに「俺の家だ」と主張していたとします。これは第三者です。「出て行け！」と言ったら、反対に「おっさん、ちゃんと登記備えているのかよ！」と言い返されました。

177条を条文どおり解釈すれば「登記をしなければ、～対抗することができない」ということになります。しかし、それはへんてこな感じです。何の権限もない者に「おっさん、ちゃんと登記備えているのかよ！」なんて、言われる筋合はありません。

ロ177条の合理的解釈

そこで、177条の登記がないと対抗できない第三者とは、「登記が欠けていることを主張する正当な利益を有する第三者」だけに限ると判例を通じて解釈されています。ですから、先ほどの不法占拠者には登記などなくても、「俺が所有者だ、出て行け！」と言えるのです。

どんな第三者には登記が求められ、どんな第三者には登記がなくても対抗できるかについては、条文には書かれていませんが法律や判例を通じて明らかにされています。登記がなくても対抗することができる者として、まず挙げることができるのは第三者が**背信的悪意者**の場合です。

「悪意者」というのは事情を知っている者のことです。「へへ、不動産を買ったのに登記を済ませていないな。俺が登記を先に済ませてしまおう」。そんなことを考えて、登記を済ませてしまった者がいたら「悪意の第三者」になります。

背信的悪意者というのはもっとひどい奴です。たとえば、詐欺や強迫によって登記の申請を妨害した者とか、登記の代理申請を頼まれた人が「へへ、ちょうどいい、俺の不動産にしてしまえ！」などと登記をしたなら、それは背信的悪意者となります。こうしたひどい人たちは、不動産登記法にも、「登記がないことを主張することができない第三者」として挙げられています。それ以外にも、不動産の買い手に恨みを抱いて、嫌がらせ目的で登記を備えた者や買主に不当に高く売りつけようと考え、いったん自分の名義で登記した者なども背信的悪意者となるでしょう。こうした者は、そもそも取引関係に立つ者ではなく、登記が欠けていることを主張するのは、信義則上、認められないと考えられるからです

不動産登記法

（登記がないことを主張することができない第三者）

第５条　詐欺又は強迫によって登記の申請を妨げた第三者は、その登記がないことを主張することができない。

２　他人のために登記を申請する義務を負う第三者は、その登記が

ないことを主張することができない。ただし、その登記の登記原因（登記の原因となる事実又は法律行為をいう。以下同じ。）が自己の登記の登記原因の後に生じたときは、この限りでない。

また、「不法行為者や不法占拠者」へも登記がなくても対抗することができます。買った家にキズをつけている者や不法占拠者に主張するのに登記など必要ないのは当たり前のことでしょう。

こんな人に主張するには 登記はいらない！	・背信的悪意者 ・不法行為者や不法占拠者

ロ 背信的悪意者から譲り受けた者

注意が必要なのが、背信的悪意者から譲り受けた者への扱いです。背信的悪意者へは登記がなくても自分の不動産であると主張できるわけですが、背信的悪意者からその不動産を譲り受けた者（善意の者）についてはどうでしょう。結論から先にいいます。登記を備えることが必要です。そうした判例があります。

そもそも背信的悪意者は無権利者ではありません。しかし、本来の不動産の買い手との関係では「『私の物だ！』と主張するのは信義則上、どうなの？」的なポジションにあるわけです。背信的悪意者から譲り受けた者は、本来の買い手との関係ではそんなポジションにはありません。善意（事情を知らない）なら、177条の第三者に当たると考えたのです。

(3) 対抗要件（動産の場合）

基本的に動産には不動産のような登記制度はありません。数も種類も多い動産に登記などあったら、たいへんです。では、「これは私の物」と第三者に主張するにはどうすればいいでしょうか。

動産の対抗要件は**引渡し**なのです。178条に規定があります。

駅の売店でガムを買いました。「おばさん、このガムください」「はい、108円ね」。そういって、お金と引き換えにガムを渡してくれたとします。引渡しを受けたのなら、そのガムは自分の物だと第三者に主張することができます。

(4)明認方法の意味

明認方法という言葉の意味だけ覚えておきましょう。

明認方法というのは、立木や枝についたままの果実などについての対抗要件です。民法に条文があるわけではありませんが、慣習法として対抗要件が認められています。具体的には、木の皮を削って所有者の名前を記入したり、所有者の名前を書いた立札を立てるなどの方法があります。

たとえば、Aさんが所有する山をBさんに売ったとします。生えている木ももちろん、Bさんの物になります。ただ、Aさんがその山の立木だけをCさんに売った場合、Cさんが立木について明認方法を施しておけば、たとえ、Aさんが山をBさんに売ったとしても、CさんはBさんに立木の所有権を主張することができます。

なお、立木については「立木ニ関スル法律」という古い法律で登記する制度もあります。

練習問題

問題　**次の文章は、民法177条の解釈についての記述です。(A)、(B)に入る適切な語句を、それぞれの選択肢から選んでください。**

（文章）

民法177条は「不動産に関する物権の得喪及び変更は、～登記をしなければ、第三者に対抗することができない」とあります。しかし、この第三者は、「登記の（A）を主張する（B）を有する者」に限られると解釈されています。

（選択肢）

A　①完成　②欠缺　③手数料

B　①正当な利益　②核心的な利益　③背信的な利益

解答

A②　B①

解説

古い判例（大連判明41・12・15）により「登記の欠缺を主張する正当な理由を有する者」と限定的に解釈されています。「欠缺」は「けんけつ」と読み、「欠けていること」という意味です。「第三者」を限定的に解釈することで背信的悪意者などには登記がなくても対抗できるとしているのです。

POINT

- 不動産の登記には公信力がありません。登記を備えているからといって真の所有者であることを示しているわけではありません。
- 不動産に関する物権の変動は、登記を備えなければ、第三者に対抗することができません。つまり、登記は対抗要件なのです。
- 動産の対抗要件は引渡しです。

3 占有権①

占有権、基本の「キ」

(1)占有権とは

占有権は、事実上、ある物を「持っている」状態を権利として認めたものです。ただ少し変わった物権で、その物を持つ根拠となる権利があるかどうかなどは問わないのです。とにかく「持っている」なら、まずは、それを尊重しようというのが占有権なのです。180条には「占有権は、自己のためにする意思をもって物を所持することによって取得する」とあります。「持っている状態を権利として認めたのはなぜなんだろう？」と思ったに違いありません。もっともな疑問です。

たしかに、「物を持っている」というだけでは、所有権があるなどとはいえませんが、「持っている」ということは、その物の所有者であるとか、所有者から使ってもいいよと言われているとか、何らかの法律上の根拠（これを「権原《けんげん》」といいます）がある場合も多いはずです。しかし、それを証明するのはなかなか難しく、時間もかかります。そこで、まずは占有権を認めたというわけです。

(2) 占有の種類

ロ 自主占有と他主占有

占有の種類として、自主占有と他《た》主《しゅ》占有があります。**自主占有**というのは、所有の意思を持って占有していることです。**他主占有**はそれ以外の占有です。所有者から借りて「持っている」のは他主占有です。ドロボーが盗んだ物を持っているのは自主占有です。自分の物ではありませんが、自分の物として持とうとしているからです。決してドロボーを奨励しているわけではありませんが、占有という状況だけに着目すると、自主占有の方が民法では尊重されます。

自主占有	所有の意思を持って占有していること
他主占有	それ以外の占有

占有権は「自己のためにする意思をもって物を所持すること」が必要だといいました。この「自己のためにする意思」というのは、「自分の利益のために」といった程度の意味にとらえていいものです。所有の意思を持っている自主占有の場合はもちろん、他人から借りている他主占有でも占有権が生じるのです。一方、「誰かの落とし物なので保管しておこう」といった場合には、「自己のためにする意思」はないとされるでしょう。

ロ 占有の性格の変更

自主占有か、他主占有かは、取得時効との関係で問題となります。取得時効の要件には「所有の意思をもって」(162条1項)というものがあります。他主占有の場合には、いつまでたっても時効取得できないのです。当たり前ですが、同じマンションの部屋を20年以上借りていても、時効により自分のマンションとなることはありません。「所有の意思をもって」

占有しているといえないからです。ただ、他主占有で占有を開始したからといって、自主占有に変えられないというわけではありません。

185条は「占有者が、自己に占有をさせた者に対して所有の意思があることを表示」したときや、「新たな権原により更に所有の意思をもって占有を始める」ときには、占有の性格が変わるとしています。

ある日、大家さんに向かって、「これからは自分の物としてこのマンションに暮らします！」と宣言して暮らすとか、暮らしているマンションを購入するという場合がこれに当たるでしょう。

(3) 占有移転の方法

占有の移転は、その物を引き渡すことで行います。「何を当たり前のことを！」と思うかもしれません。しかし、この「引渡し」には、現実に物を移動させる引渡しのほかにも、引渡しの方法があるのです。**簡易の引渡し、占有改定、指図《さしず》による占有移転**がそれです。以下の表のような場合は「AからBに引渡しがあった」と評価できるのです。

簡易の引渡し	占有改定	指図による占有移転
AがBに貸していた扇風機をBがAから買った	AがBに売った扇風機をAが借りて、そのまま使っている	AがCに預けている扇風機について、AがBに売り、AはCにこれからはBのために預かっておくよう指図した

現実には物が動いていないのです。でも、引き渡したことになるのが、なんとも法律的です。頭の体操といえばそうなのですが、これらも「引渡し」とされています。

動産の場合には対抗要件は「引渡し」であるというお話はすでにしましたが、この「引渡し」は外見上、わかりにくい場合があるということを頭のどこかに残しておいてください。

(4) 占有の承継

前の人の占有を引き継ぐということが認められています。やはり、取得時効との関係で問題となります。187条には、自分だけの占有を主張してもいいし、前の占有者の占有と併せて主張してもいい旨が規定されています。前の占有と同じ占有が継続されていると考えられる一方で、自分の新たな占有だけを主張することもできるとしているのです。ただ、「前の占有者の占有を併せて主張する場合には、その瑕疵をも承継する」こととなります。

(占有の承継)

第187条　占有者の承継人は、その選択に従い、自己の占有のみを主張し、又は自己の占有に前の占有者の占有を併せて主張することができる。

2　前の占有者の占有を併せて主張する場合には、その瑕疵をも承継する。

ただ、この条文の解釈、少し注意が必要です。２項では「その瑕疵をも承継する」とありますが、「所有意思がないこと、悪意であることなどを含めて全部承継する」という意味であり、「瑕疵がない」場合にはそれを承継するというのが判例の立場です。具体的な例で示します。

例１
Ａは悪意で15年占有していました。その後Ｂが善意で８年占有しました。

この場合、Ｂは善意の８年の占有だけ主張してもいいし、悪意の23年の占有を主張することもできます（悪意20年の取得時効を主張できます）。

例２
Ａは善意で８年占有していました。その後Ｂが悪意で８年占有しました。

この場合には、Ｂは悪意８年の占有を主張できるのはもちろんですが、善意16年の占有の主張ができます（善意10年の取得時効を主張できます）。取得時効を判断する場合の占有の善意や悪意は占有開始時に決まるとされています（最判昭53・３・６）。意外に思うかもしれませんが、Ｂはそれを引き継ぐことになるので善意10年ので取得時効を主張することができるのです。

POINT

- **占有権は、占有している事実に着目した権利です。**
- **占有の種類として、自主占有と他主占有とがあります。**
- **要件に「所有の意思をもって」とあるため、他主占有の場合には時効取得できません。**
- **占有の移転には、現実の引渡しのほか、簡易の引渡し、占有改定、指図による占有移転という方法があります。**

練習問題

問題　**次の会話は、民法を学び始めた大学生３人の会話です。間違ったことを述べていないのは３人のうち誰でしょうか。**

鈴木：「占有権がおもしろいのは、その物を持つ根拠となる権利があるかどうか問わないところだよね」

吉田：「そうそう、犬が持っていても占有権は認められる」

中村：「とにかく『持っている』なら、まずは、それを尊重しようということだよね」

吉田：「でも、『自己のためにする意思をもって物を所持すること』が必要なんでしょ」

中村：「そうだね。賃貸マンションの入居者は自分の所有物として住んでいるわけではないので、占有権は生じないわけか」

吉田：「『俺のマンション』と張り紙でもしておけば自主占有になるよ」

鈴木：「たしかに、借りているということは他主占有だけど、『自己のためにする意思をもって物を所持すること』に当たるので占有権は発生するんだよ」

吉田：「犬でも？」

中村：「だから、犬は関係ないでしょ」

解答

鈴木さん

解説

犬は権利主体になりません。吉田さんはそれだけで誤りです。また、「自己のためにする意思」というのは、「自分の利益のために」といった程度の意味にとらえていいものです。所有の意思を持っている自主占有の場合はもちろん、他人から借りている他主占有でも占有権が生じます。

4 占有権②
占有権の力

(1)権利の推定

占有権の効力には次のようなものがあります。順番に説明してゆきましょう。

権利の推定	善意の占有者の果実取得権	占有物の毀損などへの責任
費用償還請求権	即時取得	占有訴権

大学生の頃、冒頭と最後にしか授業に顔を出さない友達がいました。出席カードを配るタイミングが最初と最後だったからでしょう。「最初と最後しか出ないのかよ？」と非難めいて言うと、彼はこう言っていました。「途中の出席は推定されるんだよ」と。

今、思えば、186条２項を知っていたのですね彼は……。

（占有の態様等に関する推定）

第186条　占有者は、所有の意思をもって、善意で、平穏に、かつ、公然と占有をするものと推定する。

２　前後の両時点において占有をした証拠があるときは、占有は、その間継続したものと推定する。

186条1項は、取得時効との関係で役立ちます。162条2項は「10年間、所有の意思をもって、平穏に、かつ、公然と他人の物を占有した者は、その占有の開始の時に、善意であり、かつ、過失がなかったときは、その所有権を取得する」とあります。このうち「無過失」以外は、186条1項が推定してくれていますので、無過失さえ立証できれば、取得時効を主張できます。ただ、186条1項も2項もあくまでも「推定」なので、反証を挙げられればひっくり返せます。

また、188条には次のような規定もあります。

> （占有物について行使する権利の適法の推定）
> 第188条　占有者が占有物について行使する権利は、適法に有するものと推定する。

占有している以上、占有者は所有権や賃借権などの本権があると推定されるのです。これまた、「推定」なので、反証が挙げられればひっくり返せます。

(2)善意の占有者の果実取得権

所有権などの本権があると信じて占有している者（善意の占有者）は、占有物からの果実を手にすることができます。果実という言葉が出てきましたが、これも法律用語です。その物が生み出した収益のことを**果実**といいます。物の本来の用法に従って生み出されたのが**天然果実**で、物を使用させた見返り（対価）が**法定果実**と呼ばれます。天然果実には、りんごの木になったりんごなどまさに「果実」のほか、乳牛からの「ミルク」、ニワトリが生んだ「卵」などがあります。少し細かくいうと「本来の用法」に従って生み出されたものでなければなりません。りんごの木を植えているのはりんごをとるためであって、たまたま、りんごの木の盆栽（そんな盆栽があったとしたら）にりんごがなっても、天然果実ではないと考えられます（法律は筋金入りの理屈屋ですね……）。法定果実の例としては、家を貸した場合の「賃料」や貸し付けたお金の「利息」などがあります。少し果実の説明が長くなりましたが、善意の占有者はこうした果実を手にすることができるのです（189条1項）。

一方、占有者が悪意の場合には、消費してしまったものも含め、果実を返還しなければなりませんし、とり忘れの果実の代価なども払わなければなりません（190条1項）。

善意の占有者	⇒占有物から生ずる果実を取得する
悪意の占有者	⇒果実を返還し、かつ、すでに消費し、過失によって損傷し、又は収取を怠った果実の代価を償還する義務を負う

(3) 占有物の毀損などへの責任

占有物が占有者の責任で壊れてしまったときにはどうしましょう。

善意の占有者の場合には「現に利益を受けている限度」で賠償すればいいのです。物であれば、壊してしまってもそのまま返せばいいということになります。ところが、悪意の占有者の場合には、損害全部の賠償が必要です。注意が必要なのは、善意の占有者でも他主占有（所有の意思のない占有）の場合です。この場合には悪意の占有者と同じ扱いになります。全額の賠償が必要なのです（191条）。自分の所有物のつもりで占有していたのなら、注意も十分していなかったことが考えられます。そのときだけ、壊れたままで返すことが許されるのです。

(4)費用償還請求

占有者が占有物について費用を払ったときに、請求できるかというのが費用償還請求の問題です。払った費用を必要費と有益費に分けて考えます。

必要費は保存のために必要な費用などです。支出は仕方ありません。だから、払ってもらえます（196条１項)。一方、**有益費**は、改良のための必要な費用などですから、そのメリット（価格の増加）が残っている場合には、支出額か増価額のどちらかを払ってもらえます(同条２項)。

ただ、必要費であっても、占有者が果実を手にしているときには、払ってもらえません。果実と必要費でチャラ（埋め合わせができる）と考えられるからです。たとえば、占有していた部屋を貸して賃料をとっていたとします。その部屋の雨漏りを修理したとしても賃料を手にしていたなら、そのなかでやりくりできるはずです。なお、占有物の返還請求権者のことを、条文上は「**回復者**」と表現していますので、注意してください。

	どんな費用	払ってもらえるの？
必要費	保存のために必要な費用など 例：雨漏りの修理費とか、必要な税金の支払い	占有物の返還請求権者から払ってもらえる
有益費	改良のために出した費用など 例：クロス（壁紙）の張替え、トイレをウォシュレットに変更	増価額が現存する限り、支出額か増価額を占有物の返還請求権者から払ってもらえる。ただし、どちらにするかは、返還請求権者が決める

(5)即時取得

商売をしている人から何かを買ったとしたら、売主は当然、権利がある人だと思うはずです。疑り深い人なら「あなた本当に持ち主なの？　証拠を見せなさいよ」と確かめたいところでしょう。しかし、いちいち、それを確かめていたら、取引が進みません。動産の対抗要件としては「引渡し」がありますが、見た目では引渡しが行われない占有改定などもあります。やはり、本当に処分権限があるかどうかはわかりません。

そこで、取引行為を通じて動産を手にしたときには、売主に処分権限がなくとも、権利を手にすることができるとしました（192条）。これを**即時取得**といいます。

（即時取得）
第192条　取引行為によって、平穏に、かつ、公然と動産の占有を始めた者は、善意であり、かつ、過失がないときは、即時にその動産について行使する権利を取得する。

ただ、192条には例外規定（193条）と、例外の例外規定（194条）があります。その物が盗品や落とし物である場合には、２年間は元の持ち主などは返還請求ができます。請求があれば元の持ち主などとの関係ではタダで返さなければなりません。これが例外規定です。しかし、盗品が仕入れのルートなどに乗り、店頭に並べられるなどして売られていた場合には、元の持ち主が取り戻すには代価を払わなければなりません。これが例外の例外規定となります。

例外：占有物が盗品又は遺失物であるとき（193条）	⇒被害者又は遺失者は、盗難又は遺失の時から２年間、占有者に対してその物の回復（返還）を請求することができる
例外の例外：盗品又は遺失物を、競売若しくは公の市場において、又はその物と同種の物を販売する商人から、善意で買い受けたとき（194条）	⇒被害者又は遺失者は、占有者が支払った代価を弁償しなければ、その物の回復（返還）を請求することができない

(6) 占有訴権

ロ 3つの占有訴権

占有訴権というのは、占有権が侵害されたり、侵害されそうになったときの防御方法として民法に定められたものです。以前、物権的請求権の話をしましたが、その一種と考えられます。

	占有保持の訴え（198条）	占有保全の訴え（199条）	占有回収の訴え（200条）
どんなとき	占有を妨害されたとき	占有を妨害されるおそれがあるとき	占有を奪われたとき
どんなことを求めるの？	・妨害の停止 and ・損害賠償請求	・妨害の予防 or ・損害賠償の担保の請求（※）	・物の返還請求 and ・損害賠償請求
対応する物権的請求権は？	物権的妨害排除請求権	物権的妨害予防請求権	物権的返還請求権

※損害が生じたときに備えて担保を求めることです。金銭の供託とか、保証人を立てることを求めることなどが考えられます。

ロ 本権の訴えとの関係

たとえば、自分が持っている物が奪われたら「占有を奪われた」と占有回収の訴えを起こすことができますが、もっとストレートに「自分の物を返してよ」と所有権に基づく返還請求の訴えを起こすことはもちろんできます。２つの訴えは異なる面からの別な訴訟だからです。そのことは、202条１項にも表れています。

（本権の訴えとの関係）
第202条　占有の訴えは本権の訴えを妨げず、また、本権の訴えは占有の訴えを妨げない。
2　略

練習問題

問題　**次の図のA、Bに入る適切な語句を、それぞれの選択肢から選んで図を完成させてください。**

	善意の占有者	悪意の占有者
占有者の果実取得	A	B

（選択肢）

①果実を返還しなければならない
②果実を実らせなければならない
③果実を取得できる

解答

A③　B①

POINT

- 善意の占有者は占有物からの果実を取得することができます。
- 占有者は悪意であっても、善意であっても必要費の全額を払ってもらえます。
- 有益費については、価格の増加が現存する限り、支出額か増価額を払ってもらえます。
- 取引行為を通じて動産を手にしたときには、売主に処分権限がなくとも、即時取得によりその権利を手にすることができる場合があります。

5 所有権
「持っている」ということの意味

(1)所有権の性格

所有権は、その物を全面的に支配する権利です。所有権者なのですから、あんなことをしても、こんなことをしても……構わないのです。

オールマイティな物権ですが、そんな所有権も制約される場面があります。民法は1条で、そもそも権利行使は、公共の福祉に適合するように行わなければならないとか、濫用はできないなどと規定しています。その他の法令でも様々な所有権への制約があります。その意味では「自由にできる」というのは「法令に反しない限り自由にできる」といった方がいいかもしれません。

修学旅行先でせっかく「これからは自由に行動していいぞ」と言われたのに「ただし、東大寺の境内から出るなよ」とくぎをさされた気分になります。しかし、権利というものは絶対的なものではなく、他の権利との関係でいろいろな調整がされるのはやむをえないものなのです。特に、所有権という幅広い権利の場合には、その調整も様々な場面でなされることになります。

(2) 相隣関係（隣どうしの関係）

□ 相隣関係とは

所有権は他の権利と調整されることがあるといいましたが、民法には隣り合う土地の所有者どうしの調整規定が置かれています。この隣どうしの関係を**相隣《そうりん》関係**といいます。２つほど、相隣関係の例を挙げておきましょう。

□ 公道に至るための他の土地の通行権

囲まれた土地に暮らす人の通行権です。そもそも他の土地に囲まれて公道に出られない土地（袋地）があります。公道に出られないからといって、家から一歩も出ないというわけにもいきません。こうした土地の所有者は、公道に出るために囲んでいる他の土地を通行することができる権利があります（210条）。図のＢの土地の持ち主のような場合です。川や海を通らないと公道に出られない土地や崖を越えないと公道に出られない土地も同様です。なお、この場合、原則的に償金の支払いが必要となります。償金というのは、土地を通らせてくれたことに伴う損害のつぐない金です。

図表　もともとからある袋地

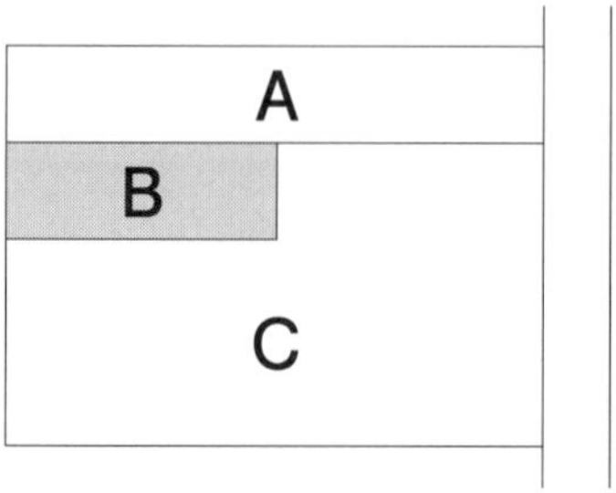

ただ、通行の場所と方法は、土地への損害が最も少ないものを選ばなければなりません（211条１項）。また、通行権がある者は、通路を開設することもできます（同条２項）。なお、通路による損害に対しても償金を支払わなければなりません（212条）。

こうした袋地は土地の分割によっても生じることがあります。たとえば土地がＢ１とＢ２に分割された場合のＢ１の土地のようにです。その場合には、土地の分割が原因なのですから、他の分割者の所有地（B2）しか通れません。また、償金を支払う必要もありません（213条１項）。

図表　分割によって生じた袋地

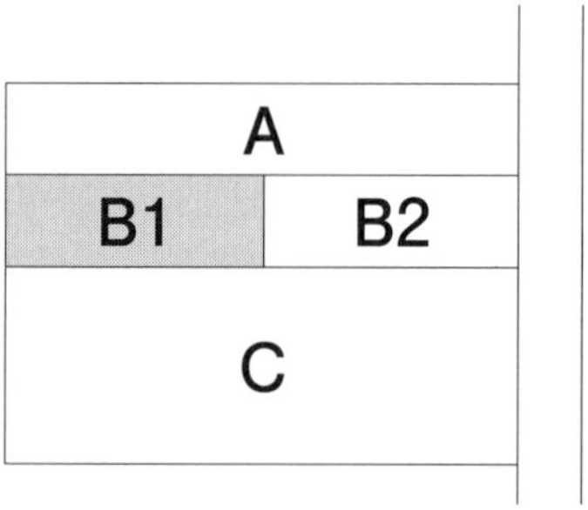

ロ 枝の切除、根の切取り

法律トリビアとしてよくこんな問題が取り上げられます。「塀を越えて隣の木の枝が伸びてきた。さらに隣の木の根が境界線を越えて伸びてきた。さて、勝手に切っていいのはどちらでしょう」

答えは「根」です。233条によると、枝は所有者（隣の人）に切ってもらうことができるだけです。自分で切ってはいけません。根は、こちら側で切っていいのです。これも相隣関係として民法に規定されています。

(3) 共有

ロ 持分のこと

何人かで１つの物を共同して所有することを**共有**といいます。

各共有者には**持分**があります。持分というのは、共有物についての所有の割合のことです。持分は法律の規定や当事者の意思で決まりますが、そうしたことで決まらないときには、均等の持分と推定されます（250条）。

各共有者は共有物の全部について、持分に応じて使用できます。ＡとＢで、温泉付きコテージを共有していたとします。持分はＡが「５分の３」で、Ｂが「５分の２」だとしましょう。この場合、Ａは年間219日（365日×５分の３）、Ｂは146日（365日×５分の２）、そのコテージを利用できるというイメージです。

ロ 共有物の保存行為

最初に共有物の保存行為を説明します。**保存行為**というのは現状維持のための行為です。共有物である家を修理するとか、土地をちゃんと登記しておくなどが保存行為です。保存行為は共有者みんなにとって利益ある行為ですから、各共有者が単独ですることができます（252条）。

ロ 共有物の管理行為（利用行為・改良行為）

次は共有物の**管理行為**です。保存行為より少し「攻め」の行為です。管理行為には、収益を図ろうとする**利用行為**と、価値を上げようとする**改良行為**があります。利用行為の例としては、共有地を賃貸に出すことなどがあります。また、改良行為の例としては「宅地の地ならし」が挙げられます。ただ、共有物が家なら、「少し古くなったので手を入れて使い勝手をよくする」などというのも改良行為となるでしょう。最小限の修繕なら保存行為ですが、まさしく改良するなら改良行為になります。

利用行為であろうと、改良行為であろうと、管理行為の場合には「各共有者の持分の価格に従い、その過半数で決する」とされています（252条）。持分の多数決で決めるのです。

ロ 共有物の変更（変更行為）

共有物について大きな変更を伴うような行為は、**共有物の変更**として、さらに慎重な手続が定められています。

共有物の変更とは、共有物を物理的に変化させたり、法律的に処分することです。山林を伐採してしまうとか、果樹園を畑に変えてしまうなどはその例です。共有物を売却してしまうというのも、もちろんそうです。こうした変更は共有者全員の同意が必要です（251条）。

保存行為	⇒各共有者が可能
管理行為	⇒各共有者の持分の価格に従い、その過半数で可能
変更行為	⇒共有者全員の同意が必要

□ 管理費の負担

管理費をはじめ共有物に関する費用は持分に応じて各共有者が負担します（253条）。利用などは持分に応じてできるのですから、費用も頭割りでなく、持分割となります。

□ 持分の処分

各共有者はそれぞれの持分を自由に処分すること（譲渡したり、担保を設定するなど）ができます。本質的に所有権だからです。

□ 共有物の分割

各共有者は、いつでも共有物の分割を請求できます。契約を結び５年を超えない範囲内で分割をしないとする契約を結ぶこともできます（256条１項）。

POINT

- **隣り合う土地の所有者どうしの調整関係を相隣関係といいます。**
- **他の土地に囲まれて公道に出られない土地（袋地）の所有者は、公道に出るために囲んでいる他の土地を通行することができます。**
- **何人かで１つの物を共同して所有することを共有といいます。各共有者には持分があり、それを自由に処分することができます。**

練習問題

問題　**次の記述のうち、正しいものはいくつあるでしょう。**

1　袋地の土地の所有者は、隣地の土地の所有者と契約を締結して公道に至るための通行権を設定しなければなりません。こうした内容は相隣関係の一部として民法に規定されています。

2　共有している賃貸用の京長屋の内部を現代風にリノベーションすることは、財産の価値を上げるものであるから、各共有者が各自で行うことができます。

3　オフィスで隣に座っているおじさんの鼻毛は鼻腔の外にある分だけ相隣関係として切ることができます。

解答

0

解説

1　相隣関係として民法に定められているのは、袋地の所有者の「公道に至るための他の土地の通行権」です。改めて契約を交わす必要はなく（交わしてもいいですが）、袋地の所有者が有している権利とされています。

2　京長屋のリノベーションは、管理行為のうちの改良行為です。各自で行えるものではなく、持分の多数決で決定され行われます。

3　他人の鼻毛は意外に気になるものです。しかし、当然ながら、それについての規定は民法にはありません。

6 地上権・永小作権・地役権・入会権
脇役の物権たち

(1) 地上権とは

ロ 地上権の意味

他人の土地を利用する権利を**用益物権**《ようえきぶっけん》といいます。地上権、永小作権《えいこさくけん》、地役権、入会権《いりあいけん》はいずれもこの用益物権です。限られた支配権であるので用益物権は制限物権です。

まず、地上権ですが、「他人の土地において工作物又は竹木《ちくぼく》を所有するため、その土地を使用する権利」（265条）をいいます。工作物の例を挙げれば、建物や橋やトンネルなどです。建築物のイメージです。

竹木というのは、植物のうち、イネや麦などの耕作の目的となる植物（こうした植物は永小作権の対象となります）を除くものです。

建物を建てるために他人の土地を使用する場合には、契約により地上権を設定するほか、土地の賃貸借契約を結ぶという方法があります。建物を所有するためにこうした方法をとったときには、借地借家法が適用されます。

借地借家法

（定義）

第２条　この法律において、次の各号に掲げる用語の意義は、当該各号に定めるところによる。
一　借地権　建物の所有を目的とする地上権又は土地の賃借権をいう。
二〜五　略

ロ 区分地上権

地上権は、地下や空中にも設定することができます。地下鉄を走らせるために地下に地上権を設定したり、モノレールを通すために空中に地上権を設定するような場合です。これを**区分地上権**といいます。

「一物一権主義」の原則からは、ひとつの物の地上権もひとつということになります。しかし、土地の空中も、また地下も違う形で「利用したい」という声が出て、いくつも地上権を設定できる区分地上権に関する規定(269条の2)が加えられました。なお、区分地上権の目的は工作物を所有するために限られます。

(2) 永小作権とは

「小作料を支払って他人の土地において耕作又は牧畜をする権利」(270条)を**永小作権**といいます。地上権や地役権は無償が原則なのですが、永小作権は「小作料を支払って」というのが成立要件になっています。

(3)地役権とは

他人の土地を自分の土地のメリットのための利用する権利が**地役権《ちえきけん》**です。民法では280条以下に定めがあります。

たとえば、高圧線を他人の土地の上に通す場合は、電力会社と土地所有者が契約して地役権を設定することがあります。単に高圧線を通すだけなら空中の地上権でもよさそうですが、管理などのために高圧線の下の土地を利用することもあり、地役権として設定するのです。また、自分の土地から他人の土地を通行する権利を地役権として設定する場合もあります。

こうした場合、メリットをもらう土地を**要役地《ようえきち》**といい、利用させてあげる土地を**承役地《しょうえきち》**といいます。地役権の場合には、要役地と承役地が存在します。高圧線の例では、少しわかりにくいですが、遠くにある発電施設が要役地であり、高圧線が通っている土地が承役地となります。

ところで、相隣関係のところで、「公道に至るための他の土地の通行権」は認められると学びました。他人の土地を通行する権利を地役権として設定する場合、それとの違いが気になります。

簡単にいえば、地役権は当事者の合意により定められるものですが、「公道に至るための他の土地（隣地）の通行権」は袋地に「もれなく付いてくる」権利です。もれなく付いてくるもの（当然の権利）だからこそ、通行の場所と方法は、土地への損害が最も少ないものを選ばなければなりません。しかし、地役権の場合はお互いの合意なので、通行の場所などはお互いが決めることができます。

(4) 入会権とは

民法に少しだけ（263条、294条）規定されているのが**入会権**《いりあいけん》です。一定の地域（集落）に住む人たちだけが、山林の薪やキノコを採ることができたり、用水を独占的に使う権利を有していることがあります。これが入会権です。「みんなで有している」という点では共有に似ていますが、その地域の住民には持分があるわけではありません。この点が共有とは異なります。持分のない、こうした権利の持ち方を**総有**といいます。

用益物権とその一例	
地上権	工作物や竹木を所有するために他人の土地を使わせてもらう
永小作権	耕作のために他人の土地を使わせてもらう
地役権	自分の土地から公道に出るまで他人の土地を歩かせて（使わせて）もらう（通行地役権）
入会権	ある集落の人たちだけが、山林の薪やキノコを採ることができる

練習問題

問題　**次の表の①〜④に関係する用益物権の名前を入れて表を完成させてください。それぞれ漢字２文字が入ります。**

（　①　）権	工作物や竹木を所有するために他人の土地を使わせてもらう
永（　②　）権	耕作のために他人の土地を使わせてもらう
（　③　）権	自分の土地から公道に出るまで他人の土地を歩かせて(使わせて)もらう
（　④　）権	ある集落の人たちだけが、山林の薪やキノコを採ることができる

解答

①地上　②小作　③地役　④入会

POINT

- **他人の土地を利用する権利を用益物権といいます。**
- **用益物権には、地上権、永小作権、地役権、入会権があります。**

7 留置権と先取特権

法が認めた担保物権

（1）担保物権の役割

お金を誰かに貸すときには「あの人ならきっと返してくれるだろう」と思って貸すわけですが、実際に返してもらうまでは気が気ではありません。ですから、「ちゃんと、返ってくる」という保証があると安心して貸すことができます。

民法は経済的な取引をスムーズにすることも目的としています。そのため、安心してお金の貸し借りなどができるしくみが定められています。債権の実現を保証（担保）するためのしくみもそのひとつです。

貸したお金を返してもらうための担保としては２つあります。

保証人など「人」を頼りにする方法と、財産などの「物」を頼りにする方法です。物権では、このうち「物」を頼りにして、債権を実現する方法を規定しています。債権者が債務者や第三者の物（財産）の価値を利用して弁済を受ける権利を**担保物権**といいますが、担保物権も２つあります。ある状況になると法律に従い発生するのが**法定担保物権**です。そして、契約で設定されるのが**約定《やくじょう》担保物権**です。ここでは法定担保物権である留置《りゅうち》権《けん》と先取特権《さきどりとっけん》について見ていきます。

図表 担保物権の分類

法定担保物権	留置権
	先取特権
約定担保物権	質権
	抵当権

(2)留置権とは

ロ 留置権のイメージ

時計が壊れて時計屋さんに修理に出したとしましょう。時計屋さんは修理のためにその時計を預かります。時計屋さんは商売で時計を修理したのですから、もちろん修理代を請求します。

例1

時計屋「修理できました。お代は2200円です」

依頼者「はい、2200円（修理代を払う）。お世話様でした」

こんな会話が交わされて、修理された時計が渡されるのが普通でしょう。ところがこんな場合にはどうでしょう。

例2

時計屋「修理できました。お代は2200円です」

依頼者「持ち合わせがないので、修理代はあとでもいいですか？」

こんな場合、常連さんならともかく、時計屋さんはなかなか「いいですよ」とは言いにくいものです。時計を渡してしまったら、修理代をとりっぱぐれてしまうかもしれません。しかし、時計の持ち主からすれば、時計は自分のものです。「修理のため留め置かれているのはともかく、修理が終わったら返すのが筋だ」と主張するかもしれません。そこで「留置権」の登場です。295条には「その物に関して生じた債権を有するときは、その債権の弁済を受けるまで、その物を留置することができる」と規定しています。

この規定に基づいて、時計屋さんは「代金を払っていただくまで、時計はお預かりしておきます」と言えるのです。

（留置権の内容）
第295条　他人の物の占有者は、その物に関して生じた債権を有するときは、その債権の弁済を受けるまで、その物を留置することができる。ただし、その債権が弁済期にないときは、この限りでない。
2　前項の規定は、占有が不法行為によって始まった場合には、適用しない。

ロ 留置権が成立するための要件

留置権が成立するための要件は295条に書かれています。表にしてまとめるとこんな感じです。

①他人の物を占有していること
②占有している物に関して債権を有していること
③債権が弁済期にあること
④占有が不法行為によって始まったものではないこと

少し説明しておきましょう。①の「他人」というのは必ずしも「債務者」でなくてもいいです。たとえば、友人が持っている時計の修理をお願いしたとします。その場合、時計の所有者から「返してよ」と言ってきても民

法上の留置権は成立しています。②は占有物に関係のない債権では留置できないということです。借りている自転車のタイヤが古くなっていてパンクしたので修理した。このように占有している物自体から債権が生じた場合ならともかく、「そういえば、自転車の持ち主には1万円貸していたっけ……」と思い出し、返してくれるまで自転車を返さないというのはナシです（留置権としてはできません）。

③は当たり前です。弁済期が来ていないのに留置権が行使されると債務の履行を早めなくてはならないことになります。④占有が不法行為によって始まった場合には留置権は発生しません。盗んだ自転車のタイヤがパンクしてしまいそれを修理したとしても、修理代の返済を理由とした留置権は認められません。

ロ 留置権の効力

主な留置権の効力を紹介しましょう。留置権というぐらいですから、債務の弁済があるまでその物を留置する（留め置く）権利があります。しかし、相手が債務を弁済してくれないからといって、その物を売って債権を実現することはできません。つまり、「**優先弁済的効力**はない」のです。ただ、果実は他の債権者に優先して自分の債権に充てることができます(297条1項)。果実は最初に利息に充てられ、余りがあれば元本《がんぽん》に充てることができます（同条2項)。

298条1項には「留置権者は、善良な管理者の注意をもって、留置物を占有しなければならない」と規定されています。「善良な管理者の注意義務」は略して「善管注《ぜんかんちゅう》意《い》義《ぎ》務《む》」と呼ばれて、その筋（法律家筋）では有名です。その人の社会的な地位や職業として求められる注意義務という意味です。たとえば、時計屋さんが時計を修理するため時計を預かっていたとします。その場合には、自分の時計以上に大事に管理しなければならないでしょう。「湿気の多いところに置いていたので、時計の皮ベルトにカビが生えちゃった」といったことがあっても、自分の時計なら、「あぁあ〜」（落胆の声）ですむわけですが、他人の時計を留置している場合には**善管注意義務**違反として責任をとらなければなりません。

さらに、留置権の場合には、預かっている物を「善管注意義務」をもって占有しているだけで、それを使用したり、貸したり、担保として提供したりすることはできません。債務者がこれらの行為を許しているときは別ですが……。ただ、保存行為は債務者の承諾がなくてもできます（298条２項）。留置権者が善管注意義務に反することをしたり、勝手に留置物を使用したり、貸したり、担保として提供したときには、債務者は留置権の消滅を請求することができます（同条３項）。

(3) 先取特権とは

ロ 先取特権のイメージ

テーマパークに出かけるとくやしい思いをすることがあります。「一足先にパーク内に入れる」チケット（アーリーインチケット）を持っている人がいることです。パーク提携ホテルに泊まったお客さんだけの特典とのこと。「こっちだってチケットは持っているのに……」と唇を噛みしめつつ、開園ダッシュのための準備体操に余念がない家族なのです。

法定担保物権界のアーリーインチケットともいえるのが先取特権です。

民法などには、**一定の原因から生じた債権を有する者は、他の債権者に先立って弁済を受ける権利を持つことが認められています。これが先取特権というものです。**

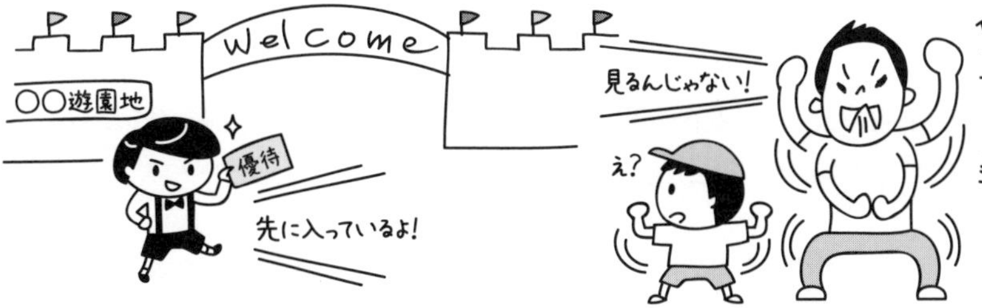

たとえば、YがXに雇われているとします。Xの経営が厳しくなってYに給与が支払われない場合には、Xに対して債権を持っている他の債権者に先立ってYは給与債権の弁済を受けることができます。306条2号に掲げる「雇用関係」から生じた債権に先取特権が認められているからです(308条にも詳しく規定しています)。

(一般の先取特権)
第306条　次に掲げる原因によって生じた債権を有する者は、債務者の総財産について先取特権を有する。
一　共益の費用
二　雇用関係
三　葬式の費用
四　日用品の供給

こうした先取特権は、公平性や社会政策として認められるものもあれば、「当事者の意思を考えるとそうした方がいいはず」として制度化されているものもあります。

ロ 先取特権の種類

306条の条文の見出しを見て気になった人もあるかもしれません。「一般の先取特権」とあります。ということは一般以外の先取特権もあるということです。

先取特権には債務者の総財産から優先弁済を受ける場合の「一般の先取特権」(306条〜310条) のほかに、特定の動産から優先弁済を受ける「動産の先取特権」(311条〜324条)、特定の不動産から優先弁済を受ける「不動産の先取特権」(325条〜328条) があります。

一般の先取特権　動産の先取特権　不動産の先取特権

動産の先取特権の例をひとつ挙げましょう。たとえば、宿泊料を払わないお客さんがいたら、ホテルに運び込んだカバンやゴルフ道具などの手荷物に先取特権を行使することができます (317条)。不動産についても、保存、工事、売買に関する債権などについて先取特権が定められています。

□ 優先順位の整理のこと

先取特権は今お話ししたように大きく3つの種類があります。さらに、その3つのなかにも細かく先取特権を行使できる債権が定められています。こんなにたくさんの先取特権があるのですから、先取特権どうしがぶつかり合う場合が生じます。また、先取特権と他の担保物権がぶつかり合うことも考えられます。その場合にどちらを優先させるかの「交通整理」の規定が必要となります。329条から341条まででそうした規定が定められています。

練習問題

問題 **次の記述の空欄に入る適切な語句をそれぞれの選択肢から選んで文章を完成させてください。**

1 留置権には（ A ）的効力があるものの、（ B ）的効力がないため、留置物を売却してその代金で債権を回収することはできません。

①強制 ②優先登録 ③優先弁済 ④留置 ⑤質

2 留置権者は留置物を（ C ）な管理者の注意をもって、占有しなければなりません。

①慎重 ②善良 ③誠実 ④小心

解答

1 A ④ B ③
2 C ②

POINT

- **留置権には優先弁済的効力はありませんが留置的効力があります。**
- **先取特権には留置的効力はありませんが優先弁済的効力があります。弁済がないときには、その物を売った代金から他の債権者に先んじて弁済を受けることができます。**

8 質権
知っていそうで知らない質のしくみ

(1)質権の要件

ちょっと前まで、繁華街のはずれには質屋さんがあったものです。のれんが掛かって人の出入りが見えないつくりになっていたり、預かった品物を入れておく蔵があったりと独特なたたずまいでした。なかには、質流れ品のカメラなどを売るショーウインドウまであったりして……。近頃は質屋さんが少なくなって、質というものも少しイメージしにくくなっているかもしれません。

質権は質屋さんばかりでなく、一般人の間でも設定されます。

たとえば、鈴木さんが吉田さんに５万円お金を貸したとします。鈴木さんは吉田さんのカメラを預かり、吉田さんが返済できない場合には、そのカメラを競売にかけて、鈴木さんはその代金から優先的に弁済を受けるとすることができます。

質権は、鈴木さんと吉田さんの契約（質権設定契約）によって生まれます。その際に、当たり前ですが、質になるもの（質物）を鈴木さんに引き渡さなければなりません。お互いの意思だけでは契約が成立せず、物の引渡しがあってはじめて成立する契約のことを**要物契約**といいますが、質権設定契約は要物契約なのです。

さらにいえば、この引渡しは占有改定ではいけません。占有改定というのは「ＡがＢに売った物をＡが借りてそのまま使っている」といった場合です。質物の引渡しに当てはめると、吉田さんのカメラを鈴木さんに質に預けたことにして、実際は吉田さんがそのまま使い続けているということになります。これでは、「お金を返さないとカメラは返さないぞ」という心理的なプレッシャーを与えることはできません。ですから、質権成立のための要件としての「物の引渡し」には占有改定は含まれないのです。

ちなみに、自分の財産を他人の債務の担保に提供した人のことを**物上《ぶつじょう》保《ほ》証人《しょうにん》**といいます。たとえば、吉田さんが鈴木さんからお金を借り、田中さんが自分の財産を質物として差し入れてくれた（質権を設定してくれた）としたら、田中さんは物上保証人です。同様の場合で、田中さんが自分の財産に抵当権を設定した場合でも田中さんは物上保証人となります。

（2）質権の及ぶ範囲

質権は、貸した元本はもちろん、利息、違約金、質権実行の費用、質物の保存の費用、債務不履行による損害賠償、質物の隠れた瑕疵《かし》（キズのこと）によって生じた損害の賠償、すべてに及ぶのが原則です（346条）。

（3）質権の特徴

□ 留置的効力と優先弁済的効力

質物は約束どおり返してもらうまで債権者（質権者）が預かります。**質権には留置的効力があります。また、弁済がない場合には、質物を競売した代金から優先的に弁済を受けます**。優先弁済的効力があるといえます。これが質権の特徴です。

□ 質権の目的

さて、どんなものを質物にすることができるかですが、譲り渡すことができるものなら、質権の目的とすることができるとされています（343

条)。動産がイメージしやすいですが、不動産でもいいし、債権や株式などの財産権でも構いません。民法では、先に342条から351条で質権全般に共通することを規定して、その次に、動産質だけの規定、不動産質だけの規定、権利質に関する規定が置かれています。

ロ 権利質のこと

財産権を目的とする質権を**権利質**といいます（362条1項)。質権が成立するには質物になるものの引渡しが必要なわけですが、問題なのが財産権の「引渡し」です。動産や不動産とは違って、権利には形がありません。ですから「引渡し」も動産や不動産のようには行えません。たしかに、「餃子無料券」のように証券があればそれを質入れすればいいのですが、こうした証券がすべての財産権に作られているわけでもありません。そのため、権利質については原則として「引渡し」ということは想定されていません。

ロ 不動産質のこと

不動産質について、「なるほど」な規定をひとつ紹介しておきましょう。一般に質物について、質権者がただ留め置くだけで、無断でそれを使ってはいけないことになっています（350条で準用する298条2項)。ところが、不動産質について、以下のような規定があります。そうなんです。不動産質は質権者がその不動産を使っていいのです。

> （不動産質権者による使用及び収益）
> 第356条　不動産質権者は、質権の目的である不動産の用法に従い、その使用及び収益をすることができる。

空家となった実家を管理している友人がよく言います。「人が住まなくなると家って荒れるんだよな……」と。不動産という社会的な資産を有効に使わないともったいないですし、「それがかえって不動産の管理にもつながるなら……」と不動産の使用収益を認めているのです。民法はけっこう細かいところまで考えているものなのです。

細かいところまで考えているといえば、357条と358条です。不動産の使用収益を認めているので、不動産質権者はその管理費用を負うことになっていますし、債権の利息についても請求できないことになっています。使用収益を認めているので、それでチャラ（差し引きゼロ）というわけです。

（不動産質権者による管理の費用等の負担）
第357条　不動産質権者は、管理の費用を支払い、その他不動産に関する負担を負う。
（不動産質権者による利息の請求の禁止）
第358条　不動産質権者は、その債権の利息を請求することができない。

(4) 転質

転質は「てんしち」とも「てんじち」とも読みます。転質というのは、こんなことです。

例 鈴木さんが吉田さんに５万円お金を貸しました。鈴木さんは吉田さんのカメラを預かり質物としています。鈴木さんは、急にお金が必要となり、田中さんに３万円借り、吉田さんから預かっているカメラを田中さんに質物として提供しました。

転質には２つ種類があります。質権設定者（吉田さん）の承諾を得て行われる転質（**承諾転質**）と、質権設定者（吉田さん）の承諾を得ないで行われる転質（**責任転質**）です。責任転質の場合には、不可抗力による損失についても質権者（鈴木さん）は責任を負わなくてはならないと定められています（348条）。

(5) 流質契約の禁止

流質《りゅうしち》契約というのは、債務の返済がない場合に質物の所有権を取得するなど、法律に定める方法によらないで質物を処分することを約束させることです。349条はこの流質契約を質権設定のときや弁済期の前に結ぶことを禁止しています。

もし、流質契約を認めると、差し迫ってどうしてもお金を工面したい人が価値のある物を質物にしてお金を借り、大きな損をしてしまうことも考えられます（１万円借りて10万円の価値の質物をとられてしまうことをイメージしてください）。弁済期を過ぎた場合には流質契約は禁止されていません。「差し迫った」という事情が考えられないからです。

ただ、流質契約が認められている場合はほかにもあります。商法515条には「商行為によって生じた債権を担保するために設定した質権については」流質禁止規定は適用しないとあります。また、質屋営業法では質屋営業でも流質契約を認めています。質屋さんにカメラなどを売るショーウインドウがあるのも、流質契約が許されているからなのです。

練習問題

問題　**次の条文を読んで下の文章の（　）に適切な言葉を入れてください。漢字2文字が入ります。**

> （契約による質物の処分の禁止）
> 第349条　質権設定者は、設定行為又は債務の弁済期前の契約において、質権者に弁済として質物の所有権を取得させ、その他法律に定める方法によらないで質物を処分させることを約することができない。

民法349条は、いわゆる（　　）契約の禁止を定めた条文である。

解答

流質

POINT

質権は、貸した元本はもちろん、利息、違約金などにも及ぶのですが、不動産質については利息までは及びません。質権者がその不動産を使用・収益することを認めているからです。

9 抵当権
抵当権の及ぶ範囲

(1) 抵当権とは

ロ 質権との違い

同じ約定担保物権である「質権」との違いを噛みしめながら、抵当権の性格に迫っていきましょう。

抵当権は便利な担保物権です。かなりのお金持ちならともかく、普通は、家を買う際には、銀行でローンを組むことが多いはずです。ローンの完済は遠い先でも、我が家の鍵をもらって、初めて家に入ったときの嬉しさといったらありません。しかし、こうしたことができるのも、抵当権というしくみがあるお蔭なのです。もし、約定担保物権が質権しかなかったらどうでしょう。ローンを完済するまで、家は銀行が占有していることになります。「あの家、本当は俺の家なんだけれど」と眺めつつ、これまでどおり社宅で暮らしているかもしれません。

抵当権は、担保に供する物を債務者の手元に残したまま使わせておくものです。使わせておきながらも、いざとなったら（弁済ができなくなったら）、その担保物を競売して、その代金から優先的に弁済を受けることができるしくみになっています。

質権が質物の引渡しが必要な要物契約であったのに対して、抵当権は合意のみで成立します。債務者が抵当権を設定するのが普通ですが、第三者が抵当権を設定する場合もあります。この場合には第三者は**物上《ぶつじょう》保《ほ》証人《しょうにん》**といいます。

ロ 抵当権の目的物

民法で、抵当権の目的物とされているのは、不動産、地上権、永小作権だけです（369条）。実際に引渡しが行われる質権とは違って、抵当権は登記などの公示制度があるものでないと、どの権利を抵当にしたのか特定ができないからです。抵当権は第三者に対抗するためには登記が必要です。

ロ 担保される債権の範囲

さらに、抵当権により担保される債権、つまり、どの範囲の債権まで優先的に弁済されるかということも質権と比べてみるとおもしろいです。質権の場合には、元本はもちろん、利息、違約金、質権実行の費用、質物の保存の費用など広く及びますが、抵当権は元本のほか、利息は「最後の２年分」に限られます（375条１項）。なんだか、ケチくさい感じもしますが、これにも理由があります。質物は債権者の手の中にあるものなので、誰も手出しができません。しかし、抵当権は１番抵当のほか、２番抵当、３番抵当と何重にも付くことがあります。抵当権では目的物を債務者などの手元に置いたままなので、その目的物に利害関係者がたくさん生じる可能性があります。後順位の抵当権者や一般債権者の取り分のことも考えて、「最後の２年分」にとどめているのです。

図表　質権と抵当権の比較

質権		抵当権
○	留置的効力	× （そもそも留置していない）
○	優先弁済的効力	○
× （不動産質は○）	使用・収益を許すか	○
動産、不動産、財産権	目的物	不動産、地上権、 永小作権
元本はもちろん、利息、 違約金、質権実行の費用、質 物の保存の費用など広い	被担保債権	抵当権は元本のほか、利息 は「最後の２年分」

(2) 抵当権の効力の及ぶ範囲

ロ 付加一体物

さて、こんな事例を考えてください。鈴木さんが吉田さんにお金を貸しました。吉田さんは自分の別荘に抵当権を設定しました。吉田さんはお金を返せなかったので、鈴木さんは競売の手続を始めました。

さて、ここで問題です。次の３つのうち、抵当権が及ばないものはどれでしょう。

①抵当権設定時から室内に飾られていた草間彌生さん風のかぼちゃのオブジェ

②抵当権設定後に増設された銀閣寺風の違い棚

③抵当権設定時からある座敷の畳

この問題を考える前に、関連する条文を見てください（ただし書以下はここでは、気にしないでください）。

（抵当権の効力の及ぶ範囲）
第370条　抵当権は、抵当地の上に存する建物を除き、その目的である不動産（以下「抵当不動産」という。）に付加して一体となっている物に及ぶ。ただし、設定行為に別段の定めがある場合及び債務者の行為について第424条第３項に規定する詐害行為取消請求をすることができる場合は、この限りでない。

この条文、まず、「抵当地の上に存する建物を除き、」の部分に注目です。「土地と建物は別な不動産だから、たとえ、土地に抵当権を設定しても、その土地の上の建物にはその抵当権は及ばない」ということを述べています。話の途中で、いかにもサラリと述べていますが、けっこう重要です。土地と建物を別の不動産として扱う明治以来の慣習を文字にしたものだからです。

「不動産に付加して一体となっている物」とあります。略して**付加一体物**といいますが、これが何かという問題が残ります。まず、ストレートに付合物と従物が含まれます。付合物と従物、なんだか聞き慣れない言葉が出てきました。**付合物**というのは242条に規定があり、不動産にくっついた動産のことで、普通、くっついてしまったら分離ができないか、分離することが社会的経済的に難しいものをいいます。たとえば、植えられた庭木とか、置かれた庭石などがこれに当たります。よほどすごい庭木や庭石ならともかく、普通は庭の一部として独立性がありません。

一方、**従物**というのは、それ自体は独立の物で、**主物**（メインの物）の利用のために附属させられ、その効果を高めるものです。金庫と金庫の鍵の場合なら、金庫が主物で、金庫の鍵が従物です。87条２項では「従物は、主物の処分に従う」とあります。鍵だけ別に売ってもらってもしかたがありませんから、普通、「金庫を売る」という売買契約を結ぶときには、当然、それは「鍵付き」となります。不動産についての、従物の例としては、庭に据えられた石どうろうとか、家屋の障子や畳などを挙げることができます。

図表 **付合物と従物**

	意味	具体例
付合物	不動産にくっついた動産で、普通、くっついてしまったら分離ができないか、分離することが社会的経済的に難しいもの	植えられた庭木、置かれた庭石
従物	それ自体は独立の物で、主物の利用のために附属させられ、その効果を高めるもの	庭に据えられた石どうろう、家屋の障子や畳

抵当権が「不動産に付加して一体となっている物に及ぶ」としたのは、一体のものとして、抵当物の価値を維持しようとするためです。

ロ 抵当権設定後の従物の扱い

問題となるのは、抵当権設定後の従物にも抵当権が及ぶかということです。付合物は不動産にくっついて独立性を失うので抵当権が及ぶわけですが、従物は一応、それぞれが独立したものであるので、抵当権設定後の従物にも抵当権が及ぶかどうかが問題となります。古い判例には抵当権設定後の従物には及ばないとするものもありますが、学説は「従物は、主物の処分に従う」とする87条２項の趣旨から、及ぶと考えるのが一般的です。

ずいぶんと回り道しましたが、184ページの冒頭の問題です。答えは①です。

②は取り外しができるものでなければ付合物です。③は従物です。抵当権設定当時からあるものですから当然に抵当権が及びます。①はオブジェですから、独立のものであって、しかも、不動産とは関係ない抵当権設定者の持ち物なのでしょう。抵当権は及びません。

ロ 果実の扱い

抵当権は果実に及ばないのが原則です。そもそも抵当権は持ち主の手元において利用させたまま担保にする制度だからです。しかし、債権について不履行があった後は別です。「その後に生じた抵当不動産の果実に及ぶ」(371条) と規定されています。この場合の果実には天然果実も法定果実も含まれます。

ロ 物上代位

抵当権の目的物の価値の形が変わっても追いかけていけるようにしているのが物上代位という考え方です。例えば、抵当権が設定されていた家を誰かが放火して燃やしてしまったとします。抵当権者は目的物を失ってしまいますが、家の持ち主は放火した者に対して損害賠償請求権を手にします。法的に考えれば、当てにしてた家の価値は、損害賠償請求権に形を変えたということになります。こうしたことから、抵当権は、目的物の売却、賃貸、滅失又は損傷によって所有者が受けるべき金銭その他の物に対しても及ぶのです (372条、304条1項)。これを**物上代《ぶつじょうだい》位《い》**といいます。

家を買う際に銀行などでローンを組むものですが、その際に火災保険に加入することを求められます。これもまた抵当権が設定された家がたとえ火災に遭っても、火災保険金に物上代位できるようにするための「準備」といえるのです。

練習問題

問題　**抵当権のところでよく出てくる用語（法律用語）に関する問題です。次の①から③の記述は、どのような用語について説明したものでしょうか。選択肢１のなかから選んでその記号を答えてください。また、それぞれの用語についての具体例としてどのようなものがあるでしょうか。選択肢２のなかから適当なものを選んでその記号を答えてください。**

	選択肢１	選択肢２
①不動産にくっついた動産で、普通、くっついてしまったら分離ができないか、分離することが社会的経済的に難しいもの		
②その物が生み出した収益のこと		
③それ自体は独立の物で、主物の利用のために附属させられ、その効果を高めるもの		

選択肢１

A 果実　　B 従物　　C 付合物

選択肢２

D 植えられた庭木　　E 文字通りの果実や土地の地代
F 庭に据えられた石どうろう

解答

①	C（付合物）	D（植えられた庭木）
②	A（果実）	E（文字通りの果実や土地の地代）
③	B（従物）	F（庭に据えられた石どうろう）

解説

従物というのは独立の物です。また、果実には、天然果実と法定果実があります。土地を貸すことで得られる地代は法定果実です。

POINT

- 抵当権は、担保物を債務者（所有者）の手元に残したまま使わせておくところに特徴があります。
- 民法での抵当権の目的物は、不動産、地上権、永小作権です。
- 土地と建物は別な不動産であり、土地に抵当権が設定されていても、その土地の上の建物にはその抵当権は及びません。

10 法定地上権・一括競売

抵当権行使をスムーズにする制度

(1)法定地上権

土地と建物は別な不動産だといいました。土地と建物はそれぞれ抵当権の対象となります。ところが、このことが思わぬ結果を生むことになります。

自分の土地に家を建てている吉田さんが、鈴木さんにお金を借りました。その借金について建物（家）に抵当権を設定したところ、吉田さんはお金が返せなくなって、競売《けいばい》に付されることになりました。競売の結果、建物は田中さんのものになりました。

この場合、もともと吉田さんが土地も建物も所有していたのですから、建物には地上権は設定されていません。ですから、普通に考えれば、建物を競売で落札した田中さんは地上権なしの建物を手にすることになります。しかし、建物をそのままにしておくことが認められず、取り壊すことになれば社会的にムダですし、落札者がこんな立場に置かれるなら抵当権の制度がうまく回らなくなります。

そこで、民法は法定地上権の制度を用意しました。

（法定地上権）
第388条　土地及びその上に存する建物が同一の所有者に属する場合において、その土地又は建物につき抵当権が設定され、その実行により所有者を異にするに至ったときは、その建物について、地上権が設定されたものとみなす。この場合において、地代は、当事者の請求により、裁判所が定める。

先ほどの場合では、田中さんの建物に「地上権が設定されたものとみなす」とされているのです。これを**法定地上権**といいます。お互いの意思ではなく、法律により定められた地上権なのでこの名があります。

法定地上権が成立するための要件は388条によると次の４つです。

①抵当権設定当時、土地の上に建物があること
②抵当権設定当時、土地と建物が同じ人に所有されていること
③土地か建物の一方に抵当権が設定されていたこと
④競売の結果、土地と建物の所有者が別になったこと

この要件がズバッと当てはまる事例だといいのですが、実際には要件に当たるのか当たらないのか悩んでしまう事例もあります。そんなとき導いてくれるのが判例です。

たとえば、①については、建物が再築された場合でも、旧建物のために成立する範囲内で法定地上権が成立するという判例がいくつか示されています。

また、②についても次のような判例があります。

土地とその土地上の建物が同一人の所有である場合には、登記簿上は別な人の所有となっていても法定地上権は成立する（最判昭48・9・18）。

なお、③では、「土地か建物の一方に抵当権が設定されていたこと」となっていますが、土地と建物のどちらにも抵当権が設定されていて、競売の結果、それぞれが別な人の所有になったときにも、制度を設けた趣旨から法定地上権は認められています。

(2)一括競売

一括競売という制度があります。本当なら一括する必要がないものまで一括して競売しマイナスなことを消し去ろうとする制度です。

先に抵当権が設定されている土地に家を建てたとします。この場合、もし、抵当権が実行され土地が競売に付されてしまったら、いろんな面でマイナスなことが生じます。まず、抵当権者からすれば、土地の上に建物があると土地の価値がマイナスに評価される可能性があります。建物を壊すよう求めることができるにしても、やっかいに巻き込まれたくないのが人情です。

一方、建物の所有者からすれば、先に抵当権が設定された土地に家を建てたのですから、法定地上権は発生しません。落札者から「建物を壊して出て行け!」と言われる可能があります。もし、そんなことにでもなれば、せっかく建てた建物が無駄になりマイナスです。そこで、**民法では、抵当権者は土地と一緒に建物を競売に付すことができることにしています。**

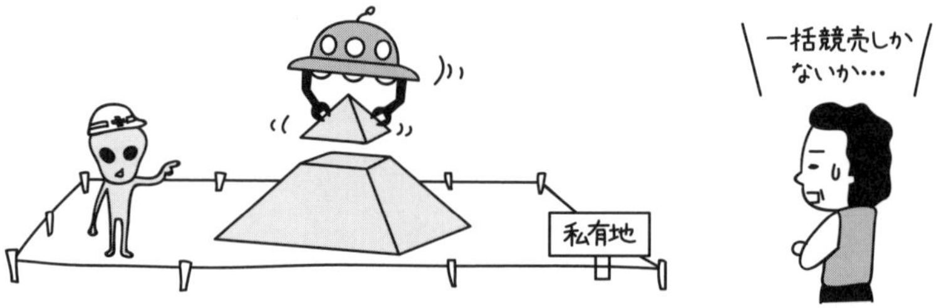

(抵当地の上の建物の競売)

第389条　抵当権の設定後に抵当地に建物が築造されたときは、抵当権者は、土地とともにその建物を競売することができる。ただし、その優先権は、土地の代価についてのみ行使することができる。

2　略

もちろん、抵当権者が優先弁済を受けられるのは土地の代価のみです。なお、土地の所有者が建てた建物だけに限らず一括競売の対象となります。

(3)建物の引渡しの猶予

ロ 物権は債権より強いけれど…

小学校の頃、田んぼに住むタガメという昆虫が気になっていました。タガメは昆虫です。しかし、魚やカエルをとらえてその肉を食べるのです。魚やカエルが昆虫を食べるのはよくあることですが、昆虫の方が魚やカエルより強いとは……。

これに似たことが、物権と債権との間に生じています。

「売買は賃貸借を破る」という法格言があります。売買が行われると所有権という物権が移ります。物権は物に対する支配権ですから、誰に対しても主張できる強い権利です。一方、賃借権は債権のひとつです。契約によって生じますので、当事者にしか主張できないはずです。物権の方が債権より強いのです。ここから「売買は賃貸借を破る」という言葉が生まれます。

たとえば、吉田さんが鈴木さんから自転車を借りる契約を結んでいたとします。鈴木さんにはもちろん「自転車を貸して」と言うことができますが、もし、自転車が鈴木さんから田中さんの手に移ってしまったらどうでしょう。吉田さんは田中さんには「自転車を貸して」と言えなくなります。物権ではないのですから、吉田さんが持っている権利は「自転車を借りる」という権利でなく、「『鈴木さん』から自転車を借りる」権利に過ぎないからです。物権が移ってしまうと、債権である賃借権は負けてしまいます。これが「売買は賃貸借を破る」の意味です。

図表　売買は賃貸借を破る

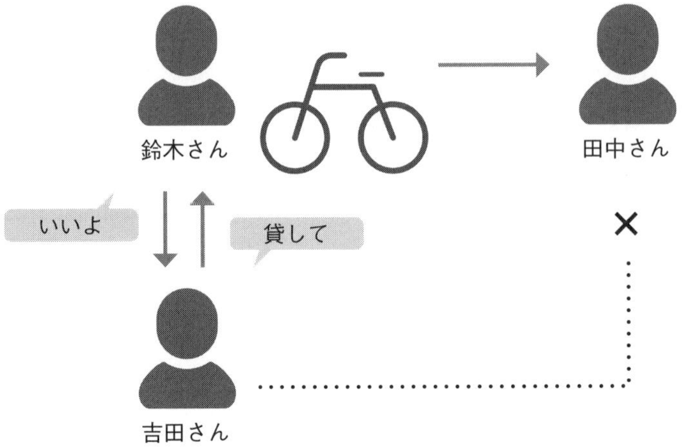

ただ、不動産についても同じように扱うとあまりに「借り手」がかわいそうです。そこで、一定の要件を満たせば、賃借権を新たな不動産の買い手にも対抗できることとしています。605条では、不動産賃借権の登記をしておけば、その後にその不動産を買った人などに対抗できるとしています。「対抗する」というのは、「権利や主張を通すことができること」です。登記をしておけば、新しい所有者にも「私が借りる権利がある！」と主張できるのです。また、借地借家法はもっとシンプルに建物の引渡しを受けていれば、その後の所有者にも対抗できるとしています。この話はさらにのちほど第４章９でお話しします。

民法605条	不動産の賃貸借は、これを登記したときは、その不動産について物権を取得した者その他の第三者に対抗することができる
借地借家法31条	建物の賃貸借は、その登記がなくても、建物の引渡しがあったときは、その後その建物について物権を取得した者に対し、その効力を生ずる

□ 建物の抵当権と賃借権

債権（賃借権）のパワーアップを定めた民法や借地借家法の規定はこんな場面にも使えます。たとえば、抵当権設定登記をする際に、先にその建物を借りて住んでいた（「引渡し」があった）人がいたとします。また、住んでいた人が賃借権の登記を備えていたとします。この場合に、すでに対抗要件を手にしていますから、その後に設定された抵当権が実行され、別な誰かが建物を落札したとしても、借地借家法31条や民法605条のお蔭で賃借人は住み続けることができます。

図表　抵当権と賃借権

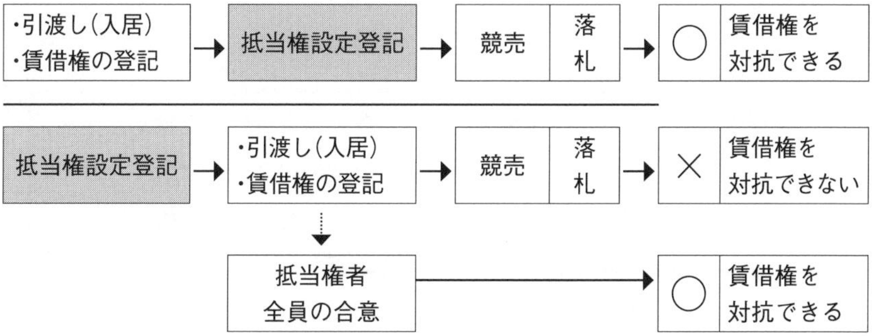

□ 引渡しの猶予など

ただ、それでもなお、保護されない賃借権者は存在します。抵当権設定登記がされたあとに、その建物を借りた人です。この場合には、「売買は賃貸借を破る」の原則どおり、新しい建物の取得者に賃借権を対抗することはできません。

ただ、そうであっても「奥の手」があります。すべての抵当権者が同意をし、同意の登記がある場合には、賃借権の登記が後であっても、賃借権を抵当権者に対抗することができます（387条１項）。つまり、その場合には住み続けることができるのです。

この「奥の手」も実現できない場合にはやむを得ません。新しい取得者に建物を引き渡すしかありません。しかし、民法はこの保護されない賃借人への「気配り」も忘れません。395条1項では、「買受けの時から6箇月を経過するまで」建物を引き渡さなくてもいいとしています。建物の場合には、そこで生活していることが考えられます。ですから最大6か月間の時間的な猶予を与えたのです。

練習問題

問題　建物（家）に法定地上権が発生するのはどちらの場合でしょうか？

①吉田さんは鈴木さんからお金を借り、自分の土地に抵当権を設定しました。抵当権を設定したときには、その土地には建物が建てられていませんでしたが、そののち、吉田さんはその土地に家を建てました。吉田さんはお金を返せなくなって、土地が競売に付されることになりました。競売の結果、土地は田中さんのものになりました。

②自分の土地に家を建てている吉田さんが、鈴木さんにお金を借りました。その借金について建物に抵当権を設定したところ、吉田さんはお金を返せなくなって、競売に付されることになりました。競売の結果、建物は田中さんのものになりました。

解答

②

解説

法定地上権が発生するには「抵当権設定当時、土地の上に建物があること」が必要になります。①の場合は抵当権設定後に家を建てたのですから、これに当たりません。ただ、土地と合わせて建物も競売に付す「一括競売」が利用可能です。

POINT

- **法定地上権の発生には「抵当権設定当時、土地の上に建物があること」が必要です。**
- **抵当権の設定後にその土地に建物が建てられたときには法定地上権は発生しません。しかし、抵当権者は、土地とともにその建物を競売に付すことができます。これが一括競売です。**
- **抵当権者に対抗できない建物の賃借権者であっても、6か月間を経過するまでは建物の引渡しを猶予されています。**

11 抵当権の処分
いろんなケースで考えてみよう

（1）抵当権の処分とは

抵当権の処分の説明には計算問題がつきものです。計算問題はいやだなぁ……そう思っている人も多いと思います。私もそのひとりです。ただ、抵当権の処分は言葉で説明するより事例で説明した方が早いのです。だから、計算問題が出てきます。少しだけ我慢をお願いします。

鈴木さんが吉田さんに100万円貸しました。返さないかもしれないので吉田さんの持っている土地に鈴木さんは抵当権を設定しました。抵当権はこんな感じに使われます。吉田さんへの100万円の債権を鈴木さんが誰かに譲渡したら、抵当権もその人に移ります。債権と一緒に抵当権も移るので、こうした抵当権の性格を**随伴性**《ずいはんせい》といいます。ただ、民法のおもしろいところは、債権とは切り離して、抵当権だけを処分することを認めているところです。こうした抵当権の処分の事例を見てゆきましょう。

（2）転抵当

まず、最初は転抵当です。上の例で、今度は鈴木さんが田中さんに80万円のお金を借りて、鈴木さんの抵当権（吉田さんの土地についての抵当権）をその担保にする場合がその例です。

(3) 抵当権の順位の変更

転抵当以外の抵当権の処分を示すと次のようになります。

抵当権の譲渡
抵当権の放棄
抵当権の順位の譲渡
抵当権の順位の放棄
抵当権の順位の変更

先に「抵当権の順位の変更」を説明します。

これは、抵当権の順位の入れ替えのことです。第1抵当権者のAが、第3抵当権者のCと入れ替わったら、第1抵当権者がCになり、第3抵当権者がAになります。抵当権の順位の変更をするには、抵当権者全員の合意が必要で（374条1項)、しかも、登記をしなければ効力を生じません（同条2項)。

たとえば、300万円について第1抵当権を有しているAが、500万円について第3抵当権を持っているCと順位を変更すると、Bが弁済を受けることができる額が変わってしまうかもしれません。ですから、抵当権者全員の合意が必要なのです。

(4)その他の抵当権の処分

ロ 区別の方法

区別が難しいのは（3）の表のうち網掛けしていない残り4つです。

区別の方法は、こんな風に行いましょう。まず、「抵当権の」譲渡や放棄は、抵当権者が担保を持っていない債権者に行う行為です。一方、「抵当権の順位の」譲渡や放棄は、先順位の抵当権者が後順位の抵当権者に行う行為です。

では、譲渡と放棄はどう違うかということですが……。
「譲渡」は「優先権を与える」イメージで、「放棄」は「同順位で優先権を分け合う」イメージです。

抵当権の譲渡	抵当権者が担保を持っていない債権者に行うもの	優先権を与えるもの
抵当権の放棄		同順位で分け合うもの
抵当権の順位の譲渡	先順位の抵当権者が後順位の抵当権者に行うもの	優先権を与えるもの
抵当権の順位の放棄		同順位で分け合うもの

ロ 実例（計算）問題

イメージができたところで具体的な例で考えてみましょう。そう、計算問題です。

例 Xが所有している土地について、Aが1000万円について1番抵当権を持っています。Bは600万円について2番抵当権を、Cは1000万円について3番抵当権を有しています。DはXに600万円の債権を有していますが、抵当権者ではありません。その土地の評価額は2000万円です。

土地の評価額2000万円	A　1番抵当（被担保債権額1000万円）
	B　2番抵当（被担保債権額600万円）
	C　3番抵当（被担保債権額1000万円）
	D　一般債権者（債権額600万円）

競売での額がこの評価額（2000万円）のとおりだとすると、A～Dは次のような形で弁済を受けられます。

本来、弁済を受けられる額
A　1000万円
B　600万円
C　400万円
D　0円

ケース1　AがDに抵当権を譲渡しました。「抵当権を譲渡」というのは無担保債権者へ優先権を与えることをいいます。すると、Dが600万円について1番抵当権を手にします(Aも400万円について1番抵当権を残しています)。A～Dは以下の額について弁済を受けることになります。

A　400万円
B　600万円
C　400万円
D　600万円

ケース2　AがDに抵当権の放棄をしました。
「抵当権の放棄」というのは無担保債権者と優先権を分け合うことです。

Ａの債権額が1000万円、Ｄの債権額が600万円ですから、ＡとＤの債権額の割合は５：３です。Ａの１番抵当権の枠の1000万円のなかで、Ａが625万円（1000円 × ８分の５）、Ｄが375万円（1000円 × ８分の３）の１番抵当権を分け合うことになります。ＡとＤの残りの債権額は無担保債権となります。Ａ～Ｄは以下の額について弁済を受けることになります。

A　625万円
B　600万円
C　400万円
D　375万円

ケース３　ＡがＣに抵当権の順位の譲渡をしました。

「抵当権の順位の譲渡」というのは、抵当権者から抵当権者に優先権を与えることをいいます。

本来ならＡが1000万円、Ｃが400万円弁済を受けるわけですが、ＡとＣが弁済を受ける枠（1400万円）のなかで、Ｃの債権額1000万円が優先的に弁済を受けることになります。Ａは1400万円－1000万円＝400万円の弁済を受けます。

A　400万円
B　600万円
C　1000万円
D　0円

ケース４　ＡがＣのために抵当権の順位の放棄をしました。

「抵当権の順位の放棄」というのは、抵当権者と抵当権者が同順位で優先権を分け合うことです。本来ならＡが1000万円、Ｃが400万円弁済を受けるわけですが、AとCが弁済を受ける枠のなかで、AとCの債権額の割合で分け合います。AとCの債権額の割合は1：1ですので、AもCも1400万円×２分の１＝700万円の弁済を受けることができます。

A　700万円
B　600万円
C　700万円
D　0円

練習問題

問題　**次の文章の（①）と（②）に入る語句を下のそれぞれの選択肢から選んで、その記号を答えてください。**

「抵当権の」譲渡や放棄は、抵当権者が担保を持っていない債権者に行う行為です。一方、「抵当権の（　①　）の」譲渡や放棄は、先順位の抵当権者が後順位の抵当権者に行う行為です。「譲渡」と「放棄」の意味については、「譲渡」は「優先権を与える」イメージで、「放棄」は「同順位で優先権を（　②　）」イメージといえるでしょう。

①の選択肢　　A 期待　B 登記　C 順位

②の選択肢　　A 分け合う　B 消し合う　C 高め合う

解答

①（ C ）②（ A ）

POINT

- **抵当権の処分のうち、「抵当権の順位の変更」は抵当権者全員の合意が必要で、しかも、登記をしなければ効力を生じません。**
- **「抵当権の」譲渡や放棄は、抵当権者が担保を持っていない債権者に行う行為です。**
- **「抵当権の順位の」譲渡や放棄は、先順位の抵当権者が後順位の抵当権者に行う行為です。**

12 代価弁済と抵当権消滅請求など

2つのしくみの違いをさぐる

(1) 代価弁済と抵当権消滅請求

ロ 2つの制度の違い

吉田さんが、鈴木さんからお金を借りて、吉田さんの土地に抵当権を設定していたところ、吉田さんがその土地を第三者に売ってしまったとします。抵当権の登記がされている土地だって売ることができますし、買った人だって、土地の所有者であることには違いありません。しかし、抵当権が実行されると、その土地を失うおそれがあります。そうした人の保護のため、民法はその抵当権を消滅させるための代価弁済と抵当権消滅請求のしくみを用意しています。

代価弁済と抵当権消滅請求との一番大きな違いは、「言い出す側の違い」です。代価弁済では、抵当権者の方が言い出しっぺ（請求者）ですが、抵当権消滅請求の方は土地の所有者（第三取得者）の方が言い出しっぺ（請求者）となります。それだけ先に説明しておいて、それぞれの制度を説明します。

ロ 代価弁済のしくみ

抵当権者が抵当不動産の第三取得者に「○○万円を払って」と請求して、

それに応えて第三取得者が弁済したときには、その人のために抵当権が消滅します（378条）。これが**代価弁済**です。

この制度が生まれた趣旨を考えてみます。抵当権者からすれば、競売に付してもいくらになるかわからないわけです。しかし、代価弁済なら提案した額を確実に手にすることができます。第三取得者としても、所有権を失わずにすむなら「〇〇万円を払ってもいい」と思うかもしれません。

今、「所有権を失わずにすむなら」といいましたが、代価弁済は所有権ばかりでなく、地上権を買い受けた第三取得者にも適用されます。この点も注意です。代価弁済でも債務の全部が弁済できないときには、残りの債務は抵当権のない債務として残ることになります。

ロ 抵当権消滅請求のしくみ

先にお話ししたように第三取得者側から言い出せるのが**抵当権消滅請求**です。第三取得者は取得した代価又は自分で評価した額を、登記した全抵当権者に示して（383条）、その承諾を得て、その額を払い渡したり、供託をするのです。そうすれば、抵当権は消滅します（386条）。

この抵当権消滅請求の通知を受けた抵当権者が「第三取得者に売り渡すのはイヤ！」というなら抵当権を実行して、競売の申立てをすることができます。２か月以内にそれをしないなら、抵当権消滅請求を承諾したものとみなされます（384条１号）。

第三取得者からすれば「これぐらいで手を打ったらどうか？」と提案する状況といえます。抵当権者は、すんなりと、その請求に乗るのもよし、「いや、もっと価値があるはずだ」というなら、競売に付すというチャレンジをすることになります。

「リスクを冒すか、それとも安全策でいくか……」。人生にはそうしたことがつきものですが、抵当権消滅請求でも同じことがいえそうです。

なお、抵当権消滅請求は、抵当不動産について所有権を手にした第三取得者だけが使うことができる制度です。

代価弁済と抵当権消滅請求との違いを表にまとめておきます。

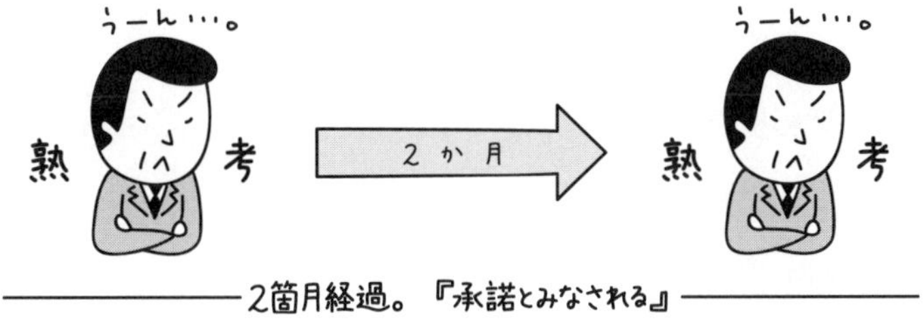

図表 代価弁済と抵当権消滅請求

代価弁済		抵当権消滅請求
抵当権者	言い出す側 （請求権者）は誰？	第三取得者
所有権・地上権	第三取得者の対象と なる権利は何？	所有権

(2) 根抵当

根抵当は「ねていとう」と読みます。1つの根から生えている木の幹や枝などをまるごと担保する抵当権のイメージです。たとえば……、文具ショップのダイヤ堂さんは、ずっと、文具の卸問屋（自分では小売りをしないで小売業者に品物を売る業者）のモンド文具さんから品物を卸して（売って）もらっています。今月卸してもらった文具の代金の担保としてダイヤ堂の経営者が持っている土地に抵当権を設定し、代金を支払ったら抵当権が消滅し、また、次の月、抵当権を設定するというのは面倒です。そこで、ダイヤ堂では、モンド文具との継続的な取引から生じる債務について、300万円の限度で、ダイヤ堂の経営者が持っている土地に抵当権を設定しています。「継続的な取引から生じる債務について」というのが、根抵当の特徴です。

398条の2第1項には「一定の範囲に属する不特定の債権を極度額の限度において担保するため」としています。「300万円の限度で」という場合の300万円のことを**極度額**《きょくどがく》といいます。根抵当権者は、確定した元本、利息、債務不履行によって生じた損害賠償額などの全部について、極度額を限度に根抵当権を行使することができます（398条の３第１項）。

(3) 非典型担保

□ 非典型担保が必要な理由

いままで見てきたように民法は、留置権、先取特権、質権、抵当権といった４種類の担保物権メニューをそろえています。ただ、必ずしも使い勝手がいいものばかりではありません。

たとえば、抵当権は、不動産のほか、地上権や永小作権についてだけしか利用できません。また、競売の手続は面倒です。しかも、債権を満足させるだけの十分なお金が得られない場合もあります。

そんなこともあり、民法では定められていない担保の方法も実際には行われているのです。こうした担保を民法に規定されていない担保という意味で**非典型担保**と呼んでいます。ここでは、非典型担保の例として、譲渡担保、仮登記担保を紹介します。

□ 譲渡担保

事業を続けたいけれど事業資金がなく、担保にするものがないという場合に使えるのが譲渡担保です。たとえば、レンタサイクル業をしていて資金が足りないとします。ところが、商売道具の自転車を質に入れては商売になりませんし、自転車は抵当権の対象にもなりません。そこで、お金を借りるに当たって、担保として自転車の所有権を債権者に移し、返済できたら戻してもらうことにしておきます。こうした形での担保を**譲渡担保**といいます。「いったん譲渡したことにして……」なので、譲渡担保です。譲渡担保は判例により認められています。

ロ 仮登記担保

お金を借りる際に、お金を返せないときには不動産などの所有権を移転することにより弁済することを約束し、それを仮登記することがあります。こうした方法を**仮登記担保《かりとうきたんぼ》**といいます。

質権のところでお話ししましたが、「債務の返済がない場合に質物の所有権を取得する」とあらかじめ約束すること（流質契約）は349条により原則、禁止されています。ただ、仮登記担保は禁止する規定もなく、以前から行われていました。現在では「仮登記担保契約に関する法律」が整備されています。

POINT

・代価弁済は抵当権者側が請求するものですが、抵当権消滅請求は第三取得者側が請求します。

・代価弁済の対象は不動産の所有権と地上権ですが、抵当権消滅請求の対象は不動産の所有権だけです。

・民法に定められていない担保（非典型担保）の例として、譲渡担保と仮登記担保があります。

練習問題

問題　①〜③は、担保物権に関する文章ですが、『　』の中の用語が誤っています。正しい用語をそれぞれの（　）の中に書いてください。

①第三取得者のために抵当権を消滅するための制度には、『代物弁済』と抵当権消滅請求があります。『代物弁済』では、抵当権者が第三取得者に「○○万円を払って」と請求して、それに応えて第三取得者が弁済したときに抵当権が消滅します。

（　　　　　　）

②「一定の範囲に属する不特定の債権を極度額の限度において担保するため」に設定するものとして、『葉抵当』があります。

（　　　　　　）

③民法が定めた留置権、先取特権、質権、抵当権といった担保物権メニュー以外の担保制度を非典型担保といいます。『上等担保』や仮登記担保はその代表例です。

（　　　　　　）

解答

①代価弁済　②根抵当　③譲渡担保

解説

①代価弁済に似た言葉に代物弁済があります。「代物弁済」というのは、吉田さんが鈴木さんに10万円借りている場合に、そのお金を返す代わりに、飼っているカピバラを引き渡すことで鈴木さんに納得してもらうといった場合です。本来の給付に代えて、他の給付をすることにより債務を消滅させることが代物弁済です。債権者と債務者の契約により行われます。

13 担保物権のおさらい
最後にしみる担保物権の性質の話

（1）担保物権の効力

この年齢になって思うのは、「今ならもっとうまくできたのに……」ということです。好きな女性にもっと上手にアプローチできたかもしれませんし、就職活動だってもっと上手に自分をアピールできたのではないかと思うのです。その時々で、人生の先輩はいろいろアドバイスしてくれました。しかし、その時にはアドバイスがうまくしみ込みませんでした。

民法の解説書を読むと、担保物権の最初のページは、担保物権の種類などの解説となっています。種類と同時に、それぞれの担保物権にはどのような効力と性質があるのか解説されているのが普通です。ただ、ひととおり勉強した後ならともかく、最初からでは頭にスッキリ入るものではありません。やっぱり、ひととおり勉強した後でないと……。ということで、ひととおり学習したみなさんに、担保物権の効力や性質についてまとめておきたいと思います。

担保物権には、留置権、先取特権、質権、抵当権があります。これはすでにお話ししました。こうした担保物権の効力として、次の3つが問題となります。

留置的効力	債務が弁済されるまで、担保の目的物を留め置く効力
使用収益的効力	担保の目的物を使用、収益し、債務の弁済に充てることができる効力
優先弁済的効力	債務が弁済されないときに、担保の目的物の価値から、他の債権者より優先して弁済を受けることができる効力

それぞれの担保物権は、こうした効力が同じではありません。だからこそ、その場面にふさわしい担保物権が選ばれるのです。

図表　それぞれの担保物権の効力

	留置権	先取特権	質権	抵当権
留置的効力	○	×	○	×
使用収益的効力	×	×	×（不動産質権は○）	×
優先弁済的効力	×	○	○	○

(2) 担保物権の性質

今なら、この話題も難しくないかもしれません。担保物権には、次のような４つの性質があります。

付従性	債権がなければ担保物権もないという性質。当然、債権が消滅すれば、担保物権も消滅することになる
随伴性	債権が移転したら、担保物権も移転するという性質
不可分性	債権の全額の弁済を受けるまでは、担保の目的物の全部について権利行使できるとする性質
物上代位性	担保の目的物の売却・賃貸・滅失・損傷があった場合に、それにより債務者が受けるべき金銭などにも担保権を行使することができるとする性質

ひとつだけ注意点を。留置権には物上代位性がありません。留置権というのは、債権が実現するまで、関係するものを「返さない」というだけの物権だからです。

図表　それぞれの担保物権の性質

	留置権	先取特権	質権	抵当権
付従性	○	○	○	○
随伴性	○	○	○	○
不可分性	○	○	○	○
物上代位性	×	○	○	○

練習問題

問題 **次の記述の（　）に「ある」か「ない」かを入れてください。**

①抵当権には優先弁済的効力が（　　　　　）

②質権には留置的効力が（　　　　　）

③留置権には物上代位性が（　　　　　）

解答

①ある　②ある　③ない

解説

優先弁済的効力というのは、「他の債権者より優先して弁済を受けることができる効力」のこと。優先弁済的効力がないと抵当権の意味がありません。質権は、返済（弁済）されるまでは質物を預かるのですから、当然に留置的効力があります。留置権というのは、債権が実現するまで、関係するものを「返さない」というだけの物権ですから、物上代位性はありません。

POINT

- **担保物権には、留置権、先取特権、質権、抵当権があります。**
- **担保物権について、「３つの効力」と「４つの性質」の○（ある）、×（なし）を言えれば怖いものなしです。**

第3章

債権総論編

1 債権とは何か

債権についての頭の体操

(1)債権の性質

ロ 物権と債権との違い

鈴木さんから「自転車をあげるね」と言われて、吉田さんが「ありがとう」と答えたとします。そして、同じように、鈴木さんから「自転車をあげるね」と言われて、田中さんが「ありがとう」と答えたとします。

しかし、物権（所有権）は、排他的な（独り占めすることができる）権利です。共有の場合は別として、自転車が、吉田さんのものであって、田中さんのものであるということはありません。そのため、178条では、動産については引渡しを対抗要件としています。もし、吉田さんが先に自転車を鈴木さんから引き渡されていたら、「自転車は私のもの！」と田中さんに主張することができます。

これに対して、**債権はズバリ、「人への請求権」です**。たとえば、吉田さんが鈴木さんから自転車を借りる契約を結んだとします。

鈴木さんは、田中さんとも同じような契約を結ぶことができます。自転車が１台しかないと、どちらが借りるかの調整は必要ですが、「鈴木さん、自転車を貸して！」という請求権が複数あること自体は問題ありません。それも債権が「人への請求権」であるところからきています。

(2)債権編の構成

民法「第3編債権」は次のようになっています。「第1章総則」では債権に共通する考え方やルールなどを規定し、第2章から第5章までは、主に債権を発生させる原因になることがらが規定されています。1章を債権総論と、第2章以下のことを債権各論と呼びます。

図表　債権総論と債権各論

第1章　総則	総論	債権に共通する考え方やルール
第2章　契約	各論	債権を発生させる原因になることがら
第3章　事務管理		
第4章　不当利得		
第5章　不法行為		

(3)債権の分類

ロ 特定物債権

債権をいろいろと分類して、性格や注意事項など考えてみたいと思います。

まず、**特定物債権**です。「特定の物を引き渡すよう請求する債権」をいいます。家とか、中古車とか、骨董品の壺を引き渡すよう求める債権は特定物債権となります。特定物債権については、債務を負っている者（債務者といいます）は、引渡しをするまで、「善良な管理者の注意をもって、その物を保存しなければならない」と定めています（400条）。略して、**善管注《ぜんかんちゅう》意《い》義《ぎ》務《む》**と言われますが、「その社会的、経済的な地位に求められる注意義務」のことを言います。たとえば、中古車の販売店なら、中古車を買ったお客様にその車を引き渡すまでは、自分の車ではなく、お客様の車として注意を払って管理しなければなりません。民法には、ほかに「自己の財産に対するのと同一の注意をもって」という表現も出てきますが(413条1項など)、善管注意義務はそれよりワンランク上の注意義務というイメージです。

□ 種類債権

「債権の目的物を種類のみで指定した場合」(401条1項)の債権を**種類債権**といいます。たとえば、「米10キロを引き渡す」とか、「ウイスキー10本あげる」とかいう場合です。

「この××」と特定されていないところが特定物債権との違いです。ただ、「炭酸水10本をあげる」と言われたら、どのメーカーでも大きな違いはありませんが(いや、炭酸の強さや水のおいしさに違いがあるという主張もあるかもしれませんが……)、「ウイスキー10本を引き渡す」という場合、ウイスキーの品質の違いは大きくあります。詳しく内容を決めていない場合には「中等の品質を有する物を給付しなければならない」(同項)とされています。

□ 選択債権

「債権の目的が数個の給付の中から選択によって定まる」債権を**選択債権**といいます。種類債権と似ている感じがあります。しかし、種類債権の目的物はひとつひとつに個性がありませんが、選択債権にはひとつひとつの個性があります。たとえば、「ここに炭酸水1ケースあるから、このうち、どれか3本お渡ししましょう」と言われても、渡される方からすれば、どれを渡されても違いはないはずです。ところが、「ここに買い集めた動物の分解消しゴムがたくさんあるから、3つあなたにお渡ししましょう」と言われたらどうでしょう。箱のなかには、ピンクの大きな象の消しゴムもあれば、黒いコウモリの消しゴムもあります。どの消しゴムが渡されるのか気になるはずです。「動物の分解消しゴムかお菓子か」。これも選択債権です。特約などがある場合は別として、選択債権の選択権は債務者にあり(406条)、その選択権は相手方への意思表示により行使されます（407条1項）。

◻ 金銭債権

少し特殊な債権として金銭債権と利息債権があります。まず、**金銭債権**ですが、たとえば「1万円を支払え」という債権です。「どの1万円札を支払いに充てようか……」なんて考えると、種類債権のようですが、金銭は抽象性が高いので、特定ということがありません。だから、種類債権ではなく、金銭債権として区別されているのです。そうしたことから、金銭債権には履行できないということがありません。一時的には支払うことができなくとも、お金を稼げば「1万円を払う」ことは可能であるからです。

◻ 利息債権

利息の支払いを目的とする債権が利息債権です。404条1項は「別段の意思表示がないときは、その利率は、その利息が生じた最初の時点における法定利率による」としています。気になるその法定利率ですが「年3％」となっています（同条2項）。ただ、この法定利率は、3年ごとに一定の基準に基づき見直しがされ、変動することもあります（同条3項～5項）。

平成29年改正前は「年5分」（5％のこと）とされており、見直しの規定もありませんでした。あまりにも「高すぎる」と問題となっていました。

練習問題

問題 **AかBかを選んで、次の文章を正しく完成させてください。**

①カタログを見て「この車ください」と車を購入した場合、購入者が手にする債権は（A種類債権　B特定物債権）である。

②鈴木さんが吉田さんに10万円で自分の所有する中古車を売ったとすると、鈴木さんは吉田さんに「10万円を払うよう請求する権利」（A金銭債権　B種類債権）を有することになる。

③選択債権の目的物の選択権は普通、（A債権者　B債務者）にある。

④法定利率は（A３％　B５％）である。

解答

①A　②A　③B　④A

解説

①中古車であれば特定物債権です。しかし、「トヨタのプリウスください」と車種だけを決めて買う場合、「トヨタのプリウス」の引渡しを受ける債権は種類債権です。④法定利率は５％から３％に引き下げられました。

POINT

- **特定物債権について、債務者は引渡しをするまで、目的物を善管注意義務をもって保存しなければなりません。**
- **選択債権の選択権は普通、債務者にあります。**
- **金銭債権には履行不能ということがありません。**

2 債務不履行①

不履行の3つの種類を理解する

(1)債権の効力

頭の準備体操です。債権の効力として債権者が債務者に対してできることは、債権の目的である給付の実現（**債務の履行**）を求めることばかりではありません。次の表のようなことができます。

図表　債権者が債務者に対してできること

債務者に対する効力
・債務者に債務の履行を求める ・債務の履行としてされた給付を受け取る ・債務者が債務を履行しないとき、裁判所に訴えを起こし、その履行を強制する ・債務者が債務を履行しないとき、損害賠償を請求する

また、第三者に対しても、自分の債権を守るため、あとでお話しするように債権者代位権や詐害行為取消権を行使することができます。また、債権の実現を邪魔した第三者に損害賠償を求めたり、排除することもできます。今は準備体操ですから……このくらいにしておきましょう。

（2）債務不履行

ロ ３種類の債務不履行

まず、債務《さいむ》不《ふ》履行《りこう》というものから説明しましょう。**債務不履行**というのは、債務者が本来の債務の履行をしないことや、できないことです。

債務不履行には３つの種類があります。履行遅滞、履行不能、不完全履行がそれです。

履行遅滞というのは、約束した期限までに債務を果たすことができないことです。**履行不能**というのは、債務の履行ができなくなってしまうことです。**不完全履行**とは、債務を完全には約束したとおりに果たせないことをいいます。

図表　債務不履行の３つの種類

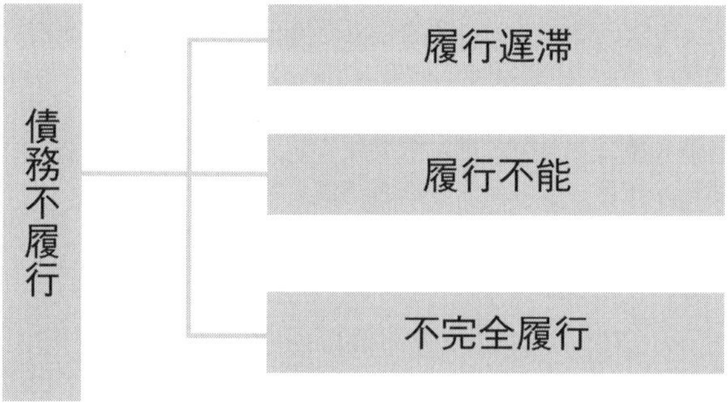

ロ 履行遅滞

履行遅滞をこんな例で考えてみます。ハナさんは、念願の桜餅カフェを開くことになりました。ティーインストラクターの資格を持つハナさん。飲み物メニューはお手のものです。メインの桜餅も、和菓子屋さんで修業した甲斐があり、上手に作れるようになりました。ところが、「塩漬けの桜の葉」だけはうまく作ることができません。そこで、「佐倉商店」から毎月、500枚を届けてもらう契約を結びました。

さて、どんな場合に、履行遅滞となるかです。

412条には次のような条文があります。

（履行期と履行遅滞）

第412条　債務の履行について確定期限があるときは、債務者は、その期限の到来した時から遅滞の責任を負う。

2　債務の履行について不確定期限があるときは、債務者は、その期限の到来した後に履行の請求を受けた時又はその期限の到来したことを知った時のいずれか早い時から遅滞の責任を負う。

3　債務の履行について期限を定めなかったときは、債務者は、履行の請求を受けた時から遅滞の責任を負う。

桜餅カフェを舞台にして履行遅滞の具体例を考えてみると、次の表のような感じでしょうか。

図表　履行遅滞となる時

確定期限	「毎月1日に届ける」と契約していたとしたら、その期限を過ぎたら履行遅滞となります
不確定期限	「もし、カフェの桜の葉がなくなったら届ける」と契約を結んでいるとしたら、ハナさんからの「なくなったので持ってきてください」との連絡を受けた時か、御用聞きに行くなどして桜の葉がなくなったことを知った時か、いずれか早い時に履行遅滞となります
期限を定めなかったとき	「連絡があったら桜の葉を持ってくる」としていた場合には、原則、連絡があったときから履行遅滞となります

ロ 履行不能

あるとき佐倉商店が失火で全焼し、ハナさんに桜の葉の塩漬けを届けることができなくなったとします。この場合には、契約の後に履行不能になったわけですが、履行不能には「契約の成立の時から不能」（**原始的不能**）の場合もあります。たとえば、桜餅といえば長命寺が有名だからと、長命寺の桜の葉の塩漬けを仕入れる契約を結んだとします。ところが、その年の桜の葉は発育が早くて、もう若葉がなくなって使えなくなっていたらどうでしょう。この場合、契約を結んだ時に、債務の履行はできない状態にあるといえます。こんな場合には、「債務の履行が契約その他の債務の発生原因及び取引上の社会通念に照らして不能である」として、債務の履行は請求できないと定められています（412条の２第１項）。この部分は平成29年改正で追加されました。

改正前の民法の考え方では「そもそもできないような契約は無効だ」とする考え方がベースにありました。しかし、契約後に不能となったのか、契約前に不能だったのかは、わかりにくい場合も多いものですし、それは偶然の結果に左右される場合もあります。そこで原始的不能の場合にも、契約を無効とはせずに、ただ「債務の履行は請求できない」としたのです。契約を無効としなかったので、債務不履行を理由に損害賠償請求ができるとしています（同条2項）。

ロ 不完全履行

ハナさんは看板商品である桜餅に並々ならぬこだわりを持っています。ある年、静岡産の桜の葉のやわらかさと香りを気に入って毎月500枚仕入れる契約を結びました。ところが、ある月のことです。佐倉商店は、静岡産の桜葉が十分に手に入らないからという理由で300枚しか納入できませんでした。どうも静岡の業者との間で手違いがあったようでした。この場合、一部の債権しか履行できていないので、不完全履行となります。

POINT

- **債務不履行には、履行遅滞、履行不能、不完全履行の３つの種類があります。**
- **原始的不能（契約の成立の時からの不能）の場合も契約は有効なものとした上で債務不履行による損害賠償請求をすることができます。**

練習問題

問題　**債務不履行に関する次の記述のうち、正しいものはいくつありますか。**

①債務不履行には、履行遅滞、完全履行、履行不能の３つがある。

②建物の売買契約を結んだが、契約時にその建物が火事で焼失していたとしたら、契約は無効となるため、債務不履行とはならない。

③Ａさんにお金を貸していたが、Ａさんの財産が債務を下回ったときには履行不能となる。

解答

0

解説

①×　債務不履行には、履行遅滞、履行不能、不完全履行があります。「完全履行」は違います。完全履行しているなら、債務不履行にはなりません。

②×　契約を履行できないのですから、債務不履行の問題として扱います。

③×　金銭債務においては履行不能ということはありません。今は払えなくとも、いつか、お金ができれば払えるわけですから。

3 債務不履行②
不履行時に債権者がとれる手段

(1)債務不履行の効果

□ 3つの手段

債務不履行の効果として、債権者がとることができる手段には、「強制履行」と「損害賠償の請求」と「契約の解除」があります。

債務不履行の効果	強制履行
	損害賠償の請求
	契約の解除

□ 強制履行

債務者が債務を履行することができるのにしないときには、国（裁判所）に、その債務に合った強制手段を求めることができます。これが**強制履行**です。414条1項には「直接強制、代替執行、間接強制その他の方法による履行の強制を裁判所に請求することができる」とあります。ここでは詳しく説明しませんが、それぞれの債務の内容にふさわしい強制手段を求めることができるというものです。強制履行を求めても、損害が発生している場合には損害賠償も請求することができます（414条２項）。

□ 損害賠償の請求

債務不履行の場合には、「債権者は、これによって生じた損害の賠償を請求することができる」（415条１項）とあります。債務者がこの損害賠償請求から逃れるには、自分が悪いわけではないということを主張しなくてはなりません。条文には「その債務の不履行が契約その他の債務の発生原因及び取引上の社会通念に照らして債務者の責めに帰することができない事由によるものであるときは、この限りでない」とあります。

契約はそもそも守らなければいけないものです。だから、守れない以上、損害の賠償をしなければなりません。ただ、債務者が責められるのはフェアーじゃないという場合は当然、除かれています。それが415条１項の意味です。

債務不履行による損害賠償の請求。その具体的なイメージについても説明をしておきましょう。たとえば、履行可能だけれど、履行が遅れたときです（履行遅滞）。履行を請求できることはもちろんですが、遅れたことに伴い損害が発生しているならその損害も請求できます。

また、もう履行ができないとき（履行不能）や、債務者が債務の履行を拒絶する意思をハッキリ示しているときには、履行に代わる損害賠償を請求することができます（415条２項）。この損害賠償を**塡《てん》補《ぽ》賠償**といいます。

□ 損害賠償の範囲

債務不履行による損害賠償の範囲は「通常生ずべき損害」の範囲が普通です（416条１項）。ただ、特別な事情によって生じた損害であっても、当事者がその事情を「予見すべきであった」ときは、債権者はその賠償を請求できるとしています（同条２項）。

損害賠償は別段の意思表示がないときには金銭で行われます（417条）。

少し細かいことですが、中間利息の控除と過失相殺《かしつそうさい》の話もしておきましょう。今後10年間、毎年10万円ずつの損害賠償を裁判所が認めたとします。まとめて払うと100万円となりますが、まとめてもらうとその100万円を10年に渡り運用したとしたら得られる利益（法定利率での運用を想定しています）を債権者が得したことになります。そこでその分を差し引きしておくのが**中間利息の控除**というものです（417条の２）。

また、債権者にも過失があるときには、その過失も考慮して（減額して）損害賠償の責任や額が決められます（418条）。これが**過失相殺**です。

□ 賠償額の予定

実は、当事者の間で、債務不履行の際の損害賠償額をあらかじめ定めておくこともできます（420条１項）。これを**賠償額の予定**といいます。ただ、あまりに実損額とかけ離れた予定額を定めた場合には「どうなの？」という気持ちになるはずです。債務者か債権者のどちらかにとって大きな不利となるからです。そんなときには、90条（公序良俗）違反として、そうした定めが無効とされる場合もあります。

□ 代償請求権

平成29年改正で新しく追加されたのが**代償請求権**の規定です。古い判例（最判昭41・12・23）の事例ですが、こんなことがありました。

例　Ｙの所有地に、Ｘがパチンコ店を建てました。Ｘは１年間、そのパチンコ店を使用したら、Ｙに所有権を移して、その後、ＸはＹから相当の賃料でそのパチンコ店を借りることにしていたのです。ところが、パチンコ店は完成直後に火災で焼失してしまいました。原因は不明でした。Ｘは火災によって火災保険金を手にしましたが、Ｙはパチンコ店の引渡しを受けることができなくなりました。そこで、Ｙは代わりとして、Ｘが受け取った火災保険金の引渡しを求め、裁判所はＹの権利を認めました。

平成29年改正では、判例で認められた代償請求権を条文に規定することにしたのです。債務者が債務不履行と同じ原因で権利などを手にした場合、債権者はその利益などの償還を求めることができるとしています。

（代償請求権）

第422条の２　債務者が、その債務の履行が不能となったのと同一の原因により債務の目的物の代償である権利又は利益を取得したときは、債権者は、その受けた損害の額の限度において、債務者に対し、その権利の移転又はその利益の償還を請求することができる。

ロ 契約の解除

債務不履行の効果には、強制履行、損害賠償の請求のほかに、契約の解除があります。平成29年改正前は、債務不履行があっても原則的に「債務者の責に帰すべき事由」（債務者側の責任といえる理由）がないと解除できませんでした。しかし、そうした要件はなくなりました（541条、542条)。第４章３のところで詳しくお話しします。

(2) 受領遅滞

債務不履行について見てきましたが、債務不履行は債務者が債務を履行しない（できない）場合です。ところが、**受領《じゅりょう》遅《ち》滞《たい》**という逆のケースもあります。どう逆なのかというと、債務者は債務を履行しているのに、債権者が受け取ろうとしないような場合です。この場合には、債務者は義務を果たしているのですから、債務者の義務を少し免除してあげようとしています。

たとえば、特定物の引渡しをしているのに、債権者が「債務の履行を受けることを拒み、又は受けることができない場合」には、自己の財産に対するのと同一の注意をもって、その物を保存すれば足りるとしています(413条1項)。特定物は引き渡すまで、「善良な管理者の注意義務」をもって保存しなければならない（400条）とされているのですが、相手が受け取らないのだから、ワンランクダウンの注意義務でいいというのです。

また、「債務の履行を受けることを拒み、又は受けることができない」ことによって、履行の費用が増えた場合にはその増加分は債権者が負担することになっています（413条2項)。

(3)履行遅滞中、受領遅滞中の履行不能

履行遅滞中や受領遅滞中に、債権者、債務者の双方の責任でない理由で履行が不能になったとき、「誰が責任をとるか」といったことについての条文もあります。履行遅滞のときには債務者の、受領遅滞のときには債権者の「責めに帰すべき事由によるもの」とみなされます（413条の2)。たとえば、受領遅滞中に預かっている古い壺が地震で壊れてしまったとしても、債権者は代金の支払いを免れることはできません。公平の感覚からしても、なるほどです。

練習問題

問題　**次の文章の（①）～（④）には「履行遅滞」か「受領遅滞」かの言葉が入ります。履行遅滞が入るならAと、受領遅滞が入るならBと解答欄に記してください。**

・債務を履行しているのに、債権者が受け取ろうとしないような場合が（①）です。
・（②）中に、債権者、債務者双方の責任がない理由で履行が不能になった場合には、債権者の「責めに帰すべき事由によるもの」とみなされます。
・（③）は、債務者が約束した期限までに債務を果たすことができないことです。一般に債務不履行の一種とされています。
・（④）も債務不履行の一種であるとの説もありますが、一般的には公平という切り口で、法が特に認めた責任であると考えるのが通説です。

解答欄　①（　　）②（　　）③（　　）④（　　）

解答

①（B）②（B）③（A）④（B）

POINT

- **債務不履行の際、債権者がとることができる手段には、「強制履行」と「損害賠償の請求」と「契約の解除」があります。**
- **債務者が債務を履行しようとするのに、債権者が受け取らない場合が受領遅滞です。この場合、債務者の注意義務が軽減されます。**

4　債権者代位権

債権を守るため債務者に代わりやれること

(1)債権者代位権の例

債権は「人への請求権」です。たとえば、吉田さんが鈴木さんから自転車を借りる契約を結んだとします。吉田さんは、鈴木さんに「自転車を貸して」と請求することができます。つまり、債権の効力は債務者に向けられたものなのです。しかし、自分の債権を守るため、第三者に対しても、効力を及ぼすことができる制度があります。それがこれからお話しする債権者代位権であり、次にお話しする詐害行為取消権です。

例　鈴木さんは、吉田さんに100万円を貸しており、すでに返済の時期が過ぎています。吉田さんは「江戸っ子は宵越しの金は持たねぇんだよ」などと言っていますが、埼玉県出身ですし、ただのお金にルーズな性格の人なのです。そんな吉田さんも一時期、羽振りがいい時期があり、中村さんに150万円を貸しました。ところが、返してもらうべき期限がとっくに過ぎているのに、返済を求めようともしません。

他人にお金を貸したときには、本当に返してくれるのかヤキモキするものです。債権者にとって債務者の財産こそ債権を実現するためのよりどころです。例のような場合、債権者の鈴木さんはたまりません。こんなとき民法は、債権者（鈴木さん）が債務者（吉田さん）に代わって、債務者の権利を行使することができるとしています。つまり、鈴木さんは、吉田さんに代わって、中村さんにお金を返すよう求めることができるのです。しかも、吉田さんにではなく、直接、中村さんに「返す」よう請求することができます。ただ、債権の額（100万円）を限度としてですが……。

（債権者代位権の要件）

第423条　債権者は、自己の債権を保全するため必要があるときは、債務者に属する権利（以下「被代位権利」という。）を行使することができる。ただし、債務者の一身に専属する権利及び差押えを禁じられた権利は、この限りでない。

2　債権者は、その債権の期限が到来しない間は、被代位権利を行使することができない。ただし、保存行為は、この限りでない。

3　債権者は、その債権が強制執行により実現することのできないものであるときは、被代位権利を行使することができない。

図表　債権者代位権のしくみ

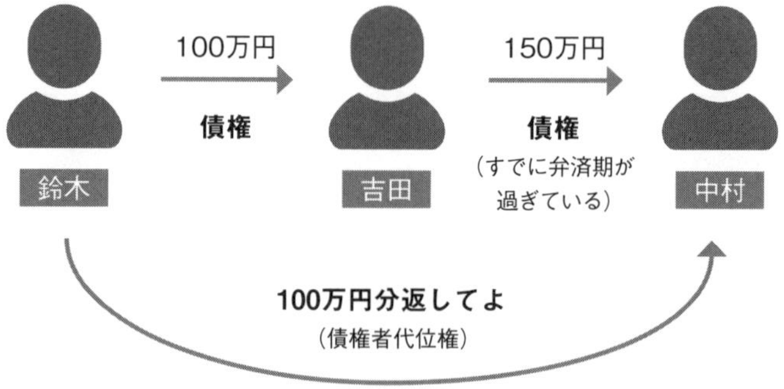

(2) 債権者代位権の要件

ロ 自己の債権を保全するため必要があるとき

債権者が債権者代位権を行使できるのは「自己の債権を保全するため必要があるとき」です。つまり、吉田さんが、中村さんからお金を返してもらわなくとも、鈴木さんへ十分返済するだけのお金や財産があるなら、鈴木さんは債権者代位権を行使できません。

ロ 一身専属権や差押えが禁止されている権利でないこと

債務者だけが行使できるとされる権利（**一身専属権**《いっしんせんぞくけん》）や、差押えが禁止されている権利は代位できません。たとえば、夫婦間の契約取消権（754条）は一身専属権なので代位できません。夫婦の間だからこそ自由に取消しが認められているのです。他人が代わって取消しなどできないのです。また、差押え禁止の権利として年金の受給権があります。その人の生活を保障するのが年金です。確実にその人に届ける必要があります。

ロ 債権の期限が到来していること

423条２項にあるように、債権の期限が来ていないのに債権者代位権を行使することはできません。「まだ、返してもらう期限が来ていないけれど、吉田さんのことだから絶対、返せなくなるに違いない」と、弁済期前に行使することはできません。ただ、保存行為は債権の期限が来ていなくとも可能です。吉田さんがぼやぼやして中村さんへの債権を時効で失う可能性があるときに、時効の完成猶予行為をすることは、弁済期前でも可能です。

ロ 自然債務などでないこと

423条３項は、強制執行により実現することのできない債権には債権者代位権は使えないと規定しています。ですから、強制執行をしないことを合意してそれを契約書に書きこんでいる債権や、自然債務を保全債権とすることはできません。**自然債務**という聞き慣れない名前が出てきましたので説明しておきましょう。債務者が任意に履行すればそれは有効な弁済になるのですが、裁判所に債務の履行を求めることができない債務を自然債務といいます。かなり昔の話ですが、カフェの女給（現在のクラブのホステス）の歓心を買おうと、独立資金400円をあげると約束した男性が、約束を果たさないと裁判所に訴えられたという事件がありました。大審院（今の最高裁）は「裁判上の請求権を付与する趣旨に出でたるものと速断するは相当ならず（原文はカタカナ)」として請求を認めませんでした（カフェー丸玉女給事件　大判昭10・４・25)。自然債務という言葉は使っていませんが、自然債務を認めた判例とされています。

(3) 相手方の抗弁

債権者代位権を行使したときには、相手方は債務者に対して主張できる抗弁を債権者にもすることができます。たとえば、まだ、弁済期が来ていないのなら、債権者にも「弁済期が来ていない！」と主張することはもちろんできます。

また、例で、吉田さんが中村さんに対して有している150万円の債権が貸したお金ではなく、乾燥シイタケを売った代金だったとします。この場合、もし、まだ、吉田さんが乾燥シイタケを渡していなかったとしたら、中村さんは鈴木さんにも「乾燥シイタケを渡すまではお金は渡しません」と主張することができるのです（同時履行の抗弁権)。

(4)もう「転用」なんていわせない

ロ 登記手続への利用

たとえば、こんなことがあったらどうでしょう。土地が、A さんから B さんに譲渡されました。登記がB さんに移される前に、さらに、B さんは、その土地を C さんに譲渡したとします。

図表 民法423条の７の事例

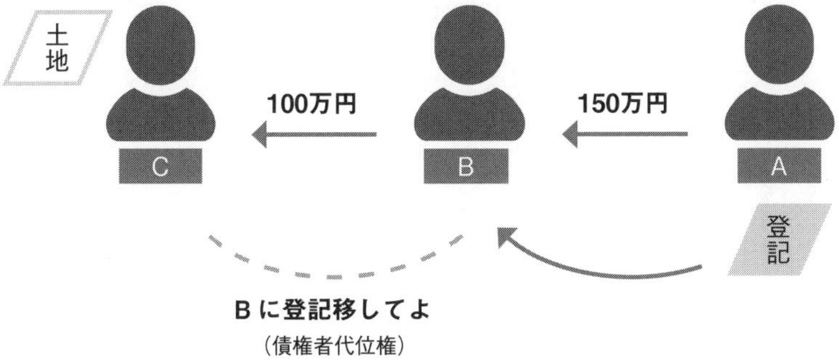

この場合、B さんがA さんに登記移転の請求権を行使しないと、C さんはたいへんヤキモキするはずです。登記簿上は A さんの土地のままになっているからです。こうした場合、「貸したお金という債権を守る」という本来的な使い方ではないのですが、古い判例は、債権者代位権を「転用」できるとしていました。**転用**というのは本来の対象以外にも対象を広げて条文を適用させることです。C さんはB さんに代位して、A さんに「B さんに登記を移してください」と求めることができるとしたのです。

平成29年改正では、このことを条文上、明らかにしました。

（登記又は登録の請求権を保全するための債権者代位権）
第423条の７　登記又は登録をしなければ権利の得喪及び変更を第

三者に対抗することができない財産を譲り受けた者は、その譲渡人が第三者に対して有する登記手続又は登録手続をすべきことを請求する権利を行使しないときは、その権利を行使することができる。この場合においては、前3条の規定を準用する。

ただ、注意が必要なのは、Cさんは直接、自分に登記を移転するよう求めることはできないということです。あくまで、Bさんに登記を移すよう求めるに過ぎません。面倒でも、Bさんに登記が移ったあと、改めてCさんは自分へ登記を移すよう求めることになります。

ロ まだ「転用」事例はあります

登記簿手続の例は「転用」ではなく、民法の条文にハッキリと規定されるようになりました。しかし、まだ、「債権者代位権の転用」の事例がなくなったわけではありません。

たとえば、こんな例が考えられます。

ある人が駐車場を借りました。ところが、その駐車場には不良が住み着いており車を止められません。貸主にその事情を話したのですが、なんだか腰が引けていて注意しようともしません。この場合、借主は貸主に代わり、不法占拠者に妨害除請求権を行使することができるとされています。

不動産の不法占拠者に対する妨害排除請求権の代位など、判例で認められてきた「転用」の例はまだ残っています。というより、登記簿手続の例だけが、転用からめでたく条文の規定（「準用する」と表現されています）に引き上げられたといえるのです。

(5)債権者代理権でさらに知っていてほしいこと

ロ 債務者の処分権限との関係

平成29年改正までは、債権者代位権を行使したときには、債務者は代位された権利を自らは行使できなくなるとされていました。「それが、代わって行うという意味である」と考えられていたのです。しかし、この点が改正されました。たとえ、債権者が代位をしても、債務者の処分権限まで奪うものではないとされました。もし、債権者が「債務者に余分な手出しはしてほしくない」と思うのなら、裁判を通じて求めていけばいいと考えているのです。

（債務者の取立てその他の処分の権限等）
第423条の５　債権者が被代位権利を行使した場合であっても、債務者は、被代位権利について、自ら取立てその他の処分をすることを妨げられない。この場合においては、相手方も、被代位権利について、債務者に対して履行をすることを妨げられない。

ロ 訴訟告知

裁判の話が出たところで、お話ししておくと、債権者代位は裁判を通じて行う必要はないのですが、もし、代位権の行使に関して裁判を起こした場合には、債務者にも**訴訟告知**をしなければならないと規定されました(423条の６)。債務者にも訴訟の結果が及ぶわけですから、債務者は必要があれば訴訟に参加することになります。そのため、民事訴訟法の規定に従って「訴訟を起こしたよ」と伝えなければならないことになりました。

練習問題

問題　**債権者代位権に関する次の記述について、正しければ YES に、誤っていれば NO に印をしてください。**

①債権者代位権は「自己の債権を保全するため必要があるとき」に行使できるが、「自己の債権」とは金銭債権だけである。

（YES・NO）

②債権の額が150万円であった場合、債務者が有する200万円の債権のうち、150万円を超えて代位権を行使することはできない。

（YES・NO）

③債権者代位権は裁判を通じて行使しなければならない。

（YES・NO）

解答・解説

① **NO**　登記の請求権を保全するために使用できることが423条の７に規定されています。また、所有権に基づく妨害排除請求権などへの転用も認められています。

② **YES**　「自己の債権を保全するため必要があるとき」なのですから……。

③ **NO**　裁判を通じて行う必要はありません。

POINT

- 債権者にとって債務者の財産こそ債権を実現するためのよりどころです。
- 債権者は、自己の債権を保全するために必要があるときには、債務者に代わって権利行使ができます。これが債権者代位権というものです。
- 金銭債権や登記・登記請求権を保全するために債権者代位権を行使することができると民法には規定していますが、それ以外の債権にも債権者代位権は転用されることがあります。

5 詐害行為取消権

取消しは債権を守るためです!

(1)詐害行為取消権のイメージ

例　鈴木さんは、吉田さんに100万円を貸しています。吉田さんの唯一ともいえる財産は外車なのですが、昔、通っていたバーのママさんにその車をあげて（贈与して）しまいました。

収まらないのが鈴木さんです。吉田さんがお金のないのは知っていました。ただ、以前に買った外車をまだ持っていることも知っていて、お金を貸したのです。それなのに、こともあろうにその外車をあげてしまうなんて……。ママは、今の吉田さんの経済状態をよく知っているはずです。さらにいえば、そのバーは、鈴木さんが吉田さんと連れだってよく出かけていたお店です。鈴木さんが吉田さんにお金を貸していて、返済を受けていないこともママは知っています。

この場合、債権者である鈴木さんは、債務者である吉田さんの行為の取消しを裁判所に求めることができます。これを**詐《さ》害《がい》行為取消権**といいます。さっそく、条文を見てみましょう。

（詐害行為取消請求）
第424条　債権者は、債務者が債権者を害することを知ってした行為の取消しを裁判所に請求することができる。ただし、その行為によって利益を受けた者（以下この款において「受益者」という。）がその行為の時において債権者を害することを知らなかったときは、この限りでない。
2～4　略

(2) 詐害行為取消権の要件

ロ 債務者が債権者を害することを知ってした行為であること

「債務者が債権者を害することを知ってした行為」が詐害行為です。「債権者を害する」というのは、「債権者が十分な満足を得られなくなるような行為」といってもいいでしょう。ただ、財産権を目的とした行為に限ります（424条２項)。たとえば、「お金にルーズなパートナーと結婚した」とか「養子縁組をした」などの場合、確かに財産は減りそうですが身分行為であり取消しの対象にはなりません。また、債権が先に発生していなくてはなりません。吉田さんがまだ羽振りがいい頃に、バーのホステスさんたちに、いろいろと高価な物をあげていたとしても、鈴木さんがお金を貸す前のことであったとしたら、取消しを請求することはできません（同条３項)。

ロ 受益者も債権者を害することを知っていること

債務者が「債権者を害することを知ってした」だけでなく、債務者の行為で利益を受けた者（事例だと、外車をもらったバーのママさんです。条文上「受益者」といいます）も、債権者を害することを知っているとき、はじめて取消しを請求できます。

ロ 裁判所に請求すること

もう気がついたかもしれません。債権者代位権は必ずしも裁判を通じて行う必要はありませんが、詐害行為取消権は、裁判を通じてのみ行使することができます。一度行った行為を取り消すという強い権利だからです。

ロ その他

強制執行をしないことを合意してそれを契約書に書きこんでいる債権や、自然債務を保全債務とすることはできません。「その債権が強制執行により実現することのできないものであるときは、詐害行為取消請求をすることができない」（424条４項）とあります。これは債務者代位権の場合と同じです。

(3) 特殊な詐害行為取消権

ロ 相当な対価を得ての財産の処分行為

もし、債務者が持っている唯一の財産が不動産だったとして、それを相場価格（相当な対価）で売却した場合はどうでしょう。この場合には、財産のトータル額は変わらないので問題がないように思えます。ただ、より「消費されやすい」お金という形に姿を変えたことは事実です。当たり前ですが、お金は少しずつ使うことができます。また、本当にその財産を持っているのかどうか目に見えにくくなります。

平成29年改正では、これまでの判例をベースに、相当な対価での処分でも詐害行為取消請求できる場合があると規定しました。財産の種類を変えることが「隠匿《いんとく》等の処分」につながる場合など、次の３つの要件をどれも満たす場合がそれです（424条の２）。

①その行為が「隠匿等の処分」をするおそれを現に生じさせるものであること ※「隠匿等の処分」とは、隠匿（かくすこと）したり、無償で与えたりすることなど債権者を害することとなる処分
②債務者が、その行為の当時、隠匿等の処分をする意思を有していたこと
③受益者が、その行為の当時、債務者が隠匿等の処分をする意思を有していたことを知っていたこと

ロ 特定の債権者への担保の供与等をしたときの取消権

たとえば、吉田さんが、鈴木さんに100万円借りていて、田中さんにも200万円借りていたとします。どちらの債権もとっくに弁済期が来ています。ところが、吉田さんの現有の財産は現金150万円のみ。こんなとき、吉田さんが鈴木さんへの借金だけ全部返したらどうでしょう。もはや吉田さんのもとには50万円しか残りません。鈴木さんも田中さんも同じ債権者なのに、鈴木さんだけが選ばれて債権を満足するのは不公平です。少なくとも田中さんはそう思うに違いありません。

すでに抱えている債務に担保を提供しても、支払いを行っても、トータルでみれば債務者の財産を減らすものではありません。ですから、すぐに詐害行為として取消請求されることはありません。しかし、弁済期にある債務について支払いができない状態（吉田さんが置かれている状態がそうです。条文上、「支払不能」と表現されています）なのに、一方の債権者と示し合わせて、担保を提供したり、支払いを行った場合は別です。詐害行為取消請求の対象となります。条文では次の２つの要件をどれも満たしたときは、詐害行為取消請求をすることができるとしています（424条の3第1項）。先の例でいえば、田中さんは吉田さんの行為の取消しを請求することができるのです。

①取り消されるべき行為が、債務者が支払不能の時に行われたものであること
②債務者と受益者が（例でいえば、吉田さんと鈴木さんが）、通謀して（示し合わせて）他の債権者を害する意図をもって行われたこと

①の要件は、以下の場合でもいいです。

①ーその2　取り消されるべき行為が、債務者がする義務がないのに、また、その時期に債務者がする義務がないのに、支払不能になる前30日以内に行われたものであること

「する必要がない行為」や「まだ、する必要がない行為」が支払不能になる前30日以内に行われているときには、①の要件を満たしたものとされます（424条の3第2項）。弁済期前なのに弁済をするなどという場合はこれに当たります。

ロ 過大な代物弁済等

特定の債権者だけ、えこひいきするという意味では、こんな場合も考えられます。

例1 吉田さんは、鈴木さんに100万円借りていて、田中さんにも200万円借りています。吉田さんは、唯一の財産である300万円相当の名画で鈴木さんに代物弁済（代わりの物で弁済すること）し、債権を消滅させました。

この場合には、吉田さんの財産は200万円分余分に減って、その分、鈴木さんは得することになります。こうした債務者の行為に対して、債権者（田中さん）は、100万円を超える部分について、詐害行為取消請求をすることができます（424条の４）。

では、こんなときはどうでしょう。吉田さんの名画が100万円の価値であった場合、代物弁済自体は額にふさわしいと評価することができます。しかし、鈴木さんの債権だけを満足させたことが問題となります。鈴木さんと示し合わせて、田中さんへの債務を返済できなくなると知った上で行った場合には、424条の３が適用されて、田中さんは100万円全体について詐害行為取消権が行使できます。

(4)転得者に対する詐害行為取消権

最初の事例を思い出してください。

例2 鈴木さんは、吉田さんに100万円を貸しています。吉田さんの唯一ともいえる財産は外車なのですが、昔、通っていたバーのママさんにその車をあげて（贈与して）しまいました。

この場合に、ママさんが外車をＡさんに贈与し、Ａさんもさらに B さんに贈与したらどうでしょう。Ａさんや B さんを転得者といいますが、鈴木さんは、Ａさんや B さんにまで詐害行為取消請求をすることができるでしょうか。

答えは、YES です。条件さえ整えば、詐害行為取消を請求することができます。Ａさんや B さんが、「転得の当時、債務者がした行為が債権者を害することを知っていたとき」には可能となるのです（424条の５）。なお、B さんに対する取消権を行使する場合には、B さんだけでなくＡさんも転得の当時、債権者を害する行為であることを知っていたことが必要となります。

図表　転得者に対する詐害行為取消権の可能性

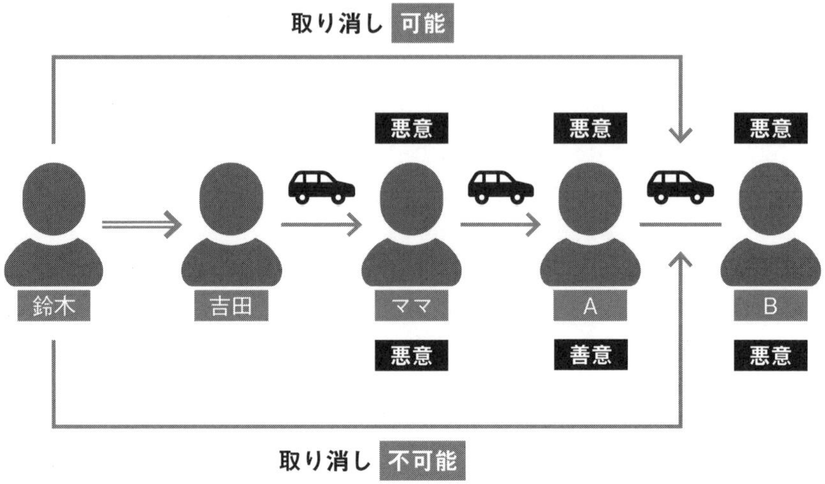

(5)詐害行為取消権行使の方法や期間

詐害行為の取消しは裁判上で請求することが必要だといいましたが、この場合の相手（被告）は、受益者や転得者になります（424条の7第1項）。訴訟を起こしたときには債務者に**訴訟告知**しなければなりません。なお、詐害行為取消権の行使期間が平成29年改正により変更されました。現在は以下のようになっています（426条）。

詐害行為取消請求に係る訴えは、	債務者が債権者を害することを知って行為をしたことを**債権者が知った時から２年**を経過したときは	提起することができない
	行為の時から10年を経過したときは	

練習問題

問題　**債務者の唯一の財産であるマンションの一室を相場価格で売却しても、債権者は詐害行為取消を請求することができる場合があります。**
不動産がお金に変わることで、「より消費されやすくなった」ということと、「本当にその財産を持っているのかどうか確かめにくくなる」ということが理由です。それに関する説明としてふさわしくないものはどれでしょうか。次の①～③の記述からひとつ選んで答えてください。

①お金に変わると、「銀行にちゃんと預けているよ」と言われても、こっそり使われてしまっては確認のしようがない。
②現金化して銀行に預けるより不動産として持っていた方が値上がりの期待ができる。
③不動産の場合には登記制度があり、誰もがそれを確認することができる。

解答

②

解説

保有を確認することができる登記制度があることは重要です。不動産は値上がりの可能性もありますが、値下がりのリスクもあります。たしかに、銀行に預けておけば元本割れの危険性がないのですが、「増えるかどうか」の視点ではなく、債権者との関係で弁済がなされるかどうかの視点で検討がされています。②は誤りです。

POINT

- 債権者は、債務者が債権者を害することを知ってした行為の取消しを求めることができます。これを詐害行為取消権といいます。
- 詐害行為の取消しは、債務者が「債権者を害することを知ってした」だけでなく、受益者も債権者を害することを知っているとき、はじめて請求することができます。
- 詐害行為取消権は裁判所を通じて行う必要があります。

6 多数当事者間の債権・債務①種類を知ろう

（1）分割債権と分割債務

債権債務関係というと、債権者が1人であり、債務者が1人の場合をイメージします。ところが1つの債権債務関係に債権者や債務者が数人存在するという場合もあります。民法に規定するこうした多数当事者の債権関係や債務関係を取り上げることにします。まず、分割債権と分割債務です。

（分割債権及び分割債務）
第427条　数人の債権者又は債務者がある場合において、別段の意思表示がないときは、各債権者又は各債務者は、それぞれ等しい割合で権利を有し、又は義務を負う。

A、B、Cが、共同して持っている競走馬を、鈴木さんに1200万円で売ったとします。「別段の意思表示がないときは」、それぞれが等しい割合で400万円ずつ債権を持つことになります。

債務の場合もあります。A、B、Cが、共同して、鈴木さんから1200万円の競走馬を買ったとします。「別段の意思表示がないときは」、それぞれが等しい割合で、400万円ずつ、鈴木さんに債務を負うことになります。互いがバラバラに債権や債務を持っていることから、こうした債権や債務を**分割債権**、**分割債務**といいます。

ひとつの債権に債権者が複数いる場合、ひとつの債務に債務者が複数いる場合、分割債権・分割債務が原則となります。

(2) 不可分債権と不可分債務

ところが債権のなかには、債権の目的がその「性質上、不可分である」ものがあります。たとえば、A、B、Cが、共同して、鈴木さんから1200万円の競走馬を買った場合のその引渡し請求権を考えてみてください。このように「性質上不可分である」債権を**不可分債権**《ふかぶんさいけん》といいます。不可分債権は連帯債権（のちほど解説します！）の規定が準用されます(428条)。一方、「債務の目的がその性質上不可分である場合において、数人の債務者があるとき」が**不可分債務**となります。A、B、Cが共同して所有している競走馬を売った場合、売主にその馬の引渡し債務を負うわけですが、これなどは不可分債務です。不可分債務については、連帯債務(これまた、のちほど解説します！）の規定が準用されます（430条)。

(3) 連帯債権と連帯債務

性質上は可分であるけれども、法令の規定や当事者の意思表示によって数人が連帯して債権を有する場合があります。こうした場合を**連帯債権**といいます（432条)。「性質上不可分である」場合には不可分債権になるので、この点が違います。A、B、Cが、競走馬を1200万円で売った場合に、みんなで育てた馬だからと、A、B、Cで、連帯して鈴木さんに1200万円の債権を持つ場合がそれです。

一方、性質上は可分であるけれども、法令の規定や当事者の意思表示によって数人が連帯して債務を負担する場合が連帯債務です（436条)。「法令の規定」による場合の例として民法761条の「日常家事債務についての夫婦の連帯責任」があります。具体的には夫婦で住むマンションの家賃・光熱費、子供の養育費、生活必需品購入のための費用などはこの日常家事債務に当たります。夫婦のどちらかが日常の家事に関して第三者に負った債務は夫婦のもう一方も連帯して責任を負うのです。

いずれにしても連帯債務と不可分債務との違いは、連帯債権と不可分債権との違いと同様です。「性質上不可分である」場合には不可分債務となります。

不可分債権	性質上不可分	不可分債務
連帯債権	性質上可分であるが、 法令の規定により、又は、当事者の意思表示により不可分とされたもの	連帯債務

(4)保証債務

民法が規定する多数当事者間の債権・債務には、保証債務もあります。「主たる債務者がその債務を履行しないときに、その履行をする責任を負う」(446条1項）人のことを保証人といいますが、この保証人の債務を**保証債務**といいます。

POINT

- **1つの債権関係に債権者や債務者が数人存在するという場合を多数当事者間の債権・債務関係といいます。**
- **民法に定める多数当事者間の債権・債務関係の種類には、分割債権・債務、不可分債権・債務、連帯債権・債務、保証債務があります。**

練習問題

問題 **吉田さんと山田さんはお腹がすいていました。ところが２人には十分な持ち合わせがなく、２人でお金を出し合って、そば屋「小銭庵」で１杯の「かけそば」を注文しました。これに関する以下の記述のうち、正しいものはどれでしょうか。**

A　小銭庵は、吉田さんと山田さんにそばを引き渡すという不可分債務を負っています。

B　吉田さんと山田さんは小銭庵にそばを引き渡すよう不可分債権を有しています。

C　吉田さんと山田さんが小銭庵に有しているそばの引渡し債権は分割債権です。

解答

B

解説

A　小銭庵は２人に１杯のそばを渡せばいいのです。普通の債務であって、不可分債務ではありません。

B・C　１杯のかけそばは、その性質上、「つゆ」と「めん」で分けるなど分割するのは不可能です。２人がそれぞれ容器を持っていって、半分ずつのそばを入れてもらうというのも常識的ではありません。そうであれば吉田さんが小銭庵に有しているそば引渡し債権は分割債権ではなく不可分債権です。

7 多数当事者間の債権・債務② 連帯債務と連帯債権

(1) 連帯債務

ロ 絶対的効力と相対的効力

条文の順からは連帯債権が先ですが、連帯債務から先に説明します。連帯債務でよく問題になるのが、債務者１人について生じた事由について、絶対的効力があるのか、相対的効力しかないのかということです。絶対的効力とか、相対的効力と言われてもピンとこないかもしれません。１人の債務者に生じた事由が他の債務者にも効果を及ぼす場合に**絶対的効力**があるといい、１人の債務者に生じた事由が他の債務者に効果を及ぼさない場合には**相対的効力**しかないといいます。

たとえば、３人１組でクイズに挑む「答えて！ドボン」というゲーム番組があったとしましょう（フィクションです！）。クイズに正解できなかった場合に、その人が立っているクイズボックスの床だけが抜けて、下の水槽にドボンと落ちるというのが相対的効力のイメージです。他の２人は影響がないので、そのままチームとしてクイズを続けられます。絶対的効力は、３人の誰かが不正解の場合、チームが不正解だったものとして、全員が下の水槽にドボンとするイメージです。

ちゃんとした例で考えてみましょう。

例 A、B、Cの3人が、鈴木さんから900万円借りています。全員の意思で連帯債務としています。

連帯債務の特徴として、A、B、Cの各債務者は鈴木さんに900万円全額の支払い義務があります。A、B、Cの間では、「それぞれ3分の1ずつ担当しよう」とか「Aが3分の2を引き受けて、BとCが6分の1ずつ引き受けることにしよう」などと、取決めをしているかもしれません。こうした内部的に取り決めた引受け割合のことを**負担部分**といいます。負担部分はともかくとして、**連帯債務では債権者はそれぞれの債務者に全額請求することができます**（436条）。**逆にいえば、各債務者が全額について支払いの義務を負っているといえるのです**。

もちろん、債務者の1人が全額を弁済したら債務は消滅します。先ほどの例でAが鈴木さんに900万円弁済したら、Bにとっても、Cにとっても、債務は消滅するのです。つまり、「弁済は絶対的効力がある」のです。

連帯債務では、弁済だけではなく、更改（438条）、相殺（439条1項）、混同（440条）について、債務者1人と債権者との間で行ったことの絶対的効力を認めています。弁済と同視できるような事由ということです。それぞれの例について表にまとめておきました。

図表　絶対的効力を有する事由

弁済	
更改（こうかい）	当事者で前の債権債務関係を消滅させ、新たな債権債務関係を生じさせることをいいます。たとえば、Aが鈴木さんとの間で「900万円返す」という債務を消滅させ、その代わりに「あなたか死ぬまで、私が栽培するシイタケを好きなだけ食べていいよ」と約束したとします。900万円の連帯債務はBにとっても、Cにとっても消滅します。
相殺（そうさい）	債権と債務とを同じ額だけ消滅させる意思表示のことです。Aは鈴木さんに1000万円の債権を持っている場合、900万円の連帯債務と相殺することにして、消滅させ、残り、Aが鈴木さんに100万円だけ債権を持っていることにするというものです。900万円の連帯債務はBにとっても、Cにとっても消滅します。
混同（こんどう）	債権者の地位と債務者の地位が同じ人に帰属することをいいます。たとえば、鈴木さんが亡くなり、Aが鈴木さんの唯一の相続人だったとします。連帯債務はやはり、Bにとっても、Cにとっても消滅します。

なお、連帯債務900万円のうち、Aが300万円だけ弁済や相殺した場合は、連帯債務は600万円となります。絶対的効力があるのですから、Bのためにも、Cのためにも300万円、連帯債務が減ることになります。

ロ 他の連帯債務者への求償

弁済、更改、相殺、混同で絶対的効力が認められ、連帯債務が消滅したとしたら、BやCはまるまる得するような感じがします。たしかに、債権者である鈴木さんとの関係では義務を果たす必要はありませんが、Aとの関係では負担部分についての責任を果たさなければなりません。900万円の連帯債務について、「それぞれ３分の１ずつ担当しよう」と負担部分を決めていたのなら、Ａは、ＢにもＣにも、300万円ずつ払うよう求める（求償する）ことができるのです。

では、Ａが300万円弁済した場合はどうでしょう。この場合も、各自が３分の１ずつ負担することをお互いに決めているのですから、Ａは、ＢやＣに100万円ずつ求償することができます。

ひとつだけ注意が必要なのは、弁済をする際には他の連帯債務者に通知しなければならないとされていることです。Ａが勝手に全額弁済をしてしまったけれど、Ｂが鈴木さんに債権を持っていて、「本当は相殺しようと思っていた」といった場合があるかもしれません。「他の連帯債務者があることを知りながら」他の連帯債務者に通知しないで弁済した場合には求償権が制限されることもあるのです（443条１項）。弁済をしたことを他の連帯債務者に通知しない場合も同じです（同条２項）。

連帯債務において、弁済、更改、相殺、混同が絶対的効力を有することを「べ・こ・そう・こん（べこ早婚）」とでも覚えておくのはどうでしょう。ちなみに「べこ」というのは東北地方での牛の呼び名です。

ロ 相対的効力

債権者と他の連帯債務者が合意して絶対的効力を持たせる場合は別として、弁済、更改、相殺、混同以外は、相対的効力しか持ちません。その意味では相対的効力が原則なのです。ですから、履行の請求、時効の完成、免除も相対的効力しかありません。平成29年改正で改められました。

先ほどの例でいえば、債権者である鈴木さんがＡに履行を請求したとしても、ＢやＣにはその効力は及びません。また、Ａについてだけ時効が完成しても、ＢやＣには影響はありません。ＢとＣは、これまでどおり900万円の連帯債務を負います。

また、鈴木さんが、Ａに対して、たとえ、債務の免除をしたとしても、ＢとＣは、これまでどおり900万円の連帯債務を負います。

Ａについて時効が完成しても、Ａが債務の免除を受けても、それは鈴木さんとの関係のことだけだと整理されています。ＢやＣが鈴木さんに900万円支払った場合には、Ａに対して負担部分を支払うよう求めることができます（445条）。

（2）連帯債権

Ａ、Ｂ、Ｃが連帯して、鈴木さんへの債権を有している場合が連帯債権です。連帯債権についての絶対的効力事由、相対的効力事由はだいたい連帯債務と同じです。しかし、違うところも少しあります。まず、債権者１人が債務者に行う「履行の請求」に絶対的効力があります。

Ａさんが鈴木さんに履行の請求をすれば、Ｂさんのためにも、Ｃさんのためにも時効の完成猶予や更新の効果が生じるのです。それから、連帯債務では相対的効力事由とされる「免除」が絶対的効力事由となっています。

連帯債務で債務の免除をする場合、「○○さんだから免除する」という意味はあっても、債務者全員の免除をするつもりはないはずです。ですから、連帯債務では免除は相対的効力しかありません。しかし、連帯債権ではそうした事情がありません。

連帯債権の場合には、債務の履行を受けた場合には各債権者Ａ、Ｂ、Ｃが決めていた割合に応じて利益を分配します。免除に絶対的効力があるというのは、たとえばＡが鈴木さんに免除した場合には、Ａが分与されるべき利益分については、ＢやＣは請求できないことを意味しています（433条）。これは更改の場合も同じです。分与されるべき利益というのは、その連帯債権についての持ち分的な利益のことです。Ａ、Ｂ、Ｃが連帯して鈴木さんに900万円の債権を有していて、３人が同じ割合で分与されるべき利益を持っているなら、鈴木さんがＡさんについて免除や更改をした場合、ＢとＣは600万円分（900万円−300万円）についてのみ、鈴木さんに履行を求めることができます。連帯債権というのは、性質上可分なわけですから、Ａさんの持ち分的な利益の切り離しを認めているのです。この点、注意が必要です。

弁済、更改、相殺、混同は連帯債務と同様に絶対的効力があります。それに加えて、連帯債権では、履行の請求、免除も絶対的効力を有する事由となります。

図表　連帯債務、連帯債権における事由の振り分け

連帯債務		連帯債権
弁済、更改、相殺、混同	絶対的効力事由	弁済、更改、相殺、混同、履行の請求、免除
上記以外の事由	相対的効力事由	上記以外の事由

(3) 不可分債務と不可分債権

ロ 不可分債務も連帯債務とだいたい同じ

債務の目的がその性質上不可分である場合が不可分債務とされますが、不可分債務については、基本的に連帯債務の規定が準用されます（430条）。また、不可分債権については、基本的に連帯債権の規定が準用されます（428条）。「基本的に」といったのは、なかには準用されない条文があり、絶対的効力事由が少しだけ異なる部分があるのです。理解が深まったら、一度、428条と430条の条文をじっくり読んでみるといいでしょう。

練習問題

問題　**Ａ、Ｂ、Ｃの３人が、鈴木さんから900万円借りています。全員の意思で連帯債務としています。Ａ、Ｂ、Ｃの負担部分は、Ａが３分の２で、ＢとＣが６分の１ずつです。この場合、ＡがＢとＣにその旨を通知して、300万円弁済した場合、ＢとＣに対して、いくらずつ求償することができるでしょうか。次の①から③のうち、正しいものを選んでください。**

①Ｂに150万円　Ｃに150万円

②Ｂに150万円　Ｃに50万円

③Ｂに50万円　Ｃに50万円

解答

③

解説

ＢとＣは負担部分の割合が同じなのですから、額は同じでなければなりません。Ａは全額の900万円ではなく、300万円弁済しました。他の連帯債務者への通知もしています。そこで、300万円×６分の１＝50万円です。ＢとＣから50万円ずつ求償することができます。

POINT

- **一人の債務者（債権者）に生じた事由が他の債務者（債権者）にも効果を及ぼすことを絶対的効力があるといいます。**
- **連帯債務において絶対的効力がある事由は、「弁済」、「更改」、「相殺」、「混同」です。それ以外の事由は相対的効力しか持っていません。**
- **連帯債権においては、「弁済」、「更改」、「相殺」、「混同」に加えて「履行の請求」と「免除」が絶対的効力のある事由となります。**

8 多数当事者間の債権・債務③保証債務

(1)保証債務とは

ロ 保証人と保証債務

例　吉田さんは鈴木さんから100万円借りました。この債務についてAとBが保証人になりました。

保証人とは「主たる債務者がその債務を履行しないときに、その履行をする責任を負う」(446条1項) 人のことです。この保証人の債務を**保証債務**といいます。ちなみに、主たる債務者というのは、吉田さんのことです。

保証債務は、債権者と保証人との間の契約で結ばれます。「頼むよ、迷惑かけないから保証人になってくれよ」と、主たる債務者からの依頼で保証人を引き受ける場合も多いですが、契約の当事者は債権者と保証人なのです。意外に感じるかもしれませんが、主たる債務者は契約の当事者ではありません。この保証契約は、書面か電磁的記録 (電子データや磁気データで作られた記録) によってしなければ効力を生じないとされています(同条2項・3項)。

なお、法律の規定や契約などにより保証人を立てる義務を負う場合には、保証人は行為能力者で、しかも、弁済する資力を有する者でなければなりません（450条１項）。

ロ 保証債務の性格

保証債務は主たる債務が無効なら無効ですし、主たる債務が消滅すれば保証債務も消滅します。これを**保証債務の付従性《ふじゅうせい》**といいます。主たる債務者が履行しないときの債務ですから、保証人の負担の方が重いというのも認められません。たとえば、主たる債務は100万円なのに、保証債務が120万円となっていたとしたら、それはおかしいですから、100万円に圧縮されます（448条１項）。主たる債務が保証契約を結んだあとに重くなっても、その重くなった部分は保証人には及びません（同条２項）。また、保証債務は主たる債務が移転すれば、同様に移転します。これを**保証債務の随伴性《ずいはんせい》**といいます。

(2) 催告の抗弁権と検索の抗弁権

保証債務は、主たる債務者が履行しないときの債務です。これを**保証債務の補充性《ほじゅうせい》**といいます。この補充性から、債権者が主たる債務者に請求しないで、いきなり保証人に請求することはできないのです。もし、保証人が債権者から先に請求されたら、「まず、主たる債務者に請求してください」と主張することができます（452条）。これを**催告《さいこく》の抗弁権《こうべんけん》**といいます。

また、保証人は、主たる債務者に弁済する資力があって、執行が容易であることを証明した上で、「まず、主たる債務者の財産に執行してください」と主張することもできます（453条）。これを**検索《けんさく》の抗弁権**といいます。「主たる債務者の取り立てやすい財産から先に執行してください」と主張できるわけです。

保証人がこうした主張をしたのに、何もせずにいたため、主たる債務者から全部の弁済を得られなかった場合には、「保証人は、債権者が直ちに催告又は執行をすれば弁済を得ることができた限度において、その義務を免れる」ことができます（455条）。

催告の抗弁権	「まず、主たる債務者に請求してください」と主張することができる権利
検索の抗弁権	「まず、取り立てやすい主たる債務者の財産から執行してください」と主張することができる権利

(3) 共同保証

保証人が複数いる場合の保証を**共同保証**といいます。共同保証の場合には、特約がない限り、それぞれの保証人は、保証人の数で保証額を割った額のみを保証すればすみます（456条）。これを**分別の利益**といいます。主たる債務の額が100万円で、保証人が２人の場合には50万円ずつ保証すればいいのです。

(4) 主たる債務や保証債務に生じた事由の効力

保証債務の場合、主たる債務がメインで保証債務はサブですから（付従性があるので）、主たる債務について生じた事由は、保証債務にも及びます。たとえば、主たる債務者に対する時効の完成猶予や更新は、保証人にも効力が及びます（457条１項）。逆に保証人について生じた事由は、債務を消滅させる行為を除いて主たる債務者に効力を及ぼすことはありません。

なお、保証人は、催告の抗弁権や検索の抗弁権以外にも、債権者に主張できることがあります。まず、「主たる債務者が主張することができる抗弁をもって債権者に対抗すること」ができます（457条２項）。たとえば、主たる債務者が「まだ、弁済の期日が来ていないじゃないか！」などと主張できる場合には、保証人も債権者にその主張をすることができるのです。さらに、「主たる債務者が債権者に対して相殺権、取消権又は解除権を有するとき」に、その限度で保証人は債権者に対して債務の履行を拒むことができます（同条３項）。たとえば、主たる債務者が相殺可能な反対債権を債権者に持っている場合には、その範囲で保証人は債務の履行を拒否できるのです。

(5) 主たる債務者への求償権など

求償権《きゅうしょうけん》についてもまだお話ししていませんでしたが、保証人が主たる債務者に代わって弁済など債務を消滅させる行為をしたときには、支払った分を返してよと言うことができます。これが求償権の行使です。

保証人は、普通、主たる債務者に頼まれて引き受けるものですが、そうでない場合もあります。平成29年改正では、主たる債務者の委託を受けて保証をした場合（頼まれて保証人を引き受けた場合）の保証人と、そうでない保証人とを区別して、少し取り扱いを違えるという芸の細かい規定を置いています。

たとえば、委託を受けて保証をした場合、保証人からの請求があったときには、債権者は主たる債務者の債務の履行状況に関する情報を提供しなければならないという規定があります（458条の２）。また、求償権の範囲などをめぐっても少し「優遇」されています。条文を読む際には少し意識してみるといいでしょう。

練習問題

問題　**次の表は、保証人の補充性という性格から導かれる権利についての表です。空欄ＡとＢに入れる適切な文章や言葉をそれぞれの選択肢のなかから選んでください。**

催告の抗弁権	Ａ（　　　　　　　　　　　　　　）
Ｂ（　　　　　）	「まず、取り立てやすい主たる債務者の財産から執行してください」と主張することができる権利

Ａの選択肢

①「まず、主たる債務者に請求してください。」と主張することができる権利

②「まず、私（保証人）に任せてください。」と主張することができる権利

Ｂの選択肢

③執行の抗弁権　④反則の抗弁権　⑤検索の抗弁権

解答

Ａ（①）Ｂ（⑤）

POINT

- **保証債務は、債権者と保証人との間の契約で結ばれます。主たる債務者は契約の当事者ではありません。**
- **保証債務は、主たる債務者が履行しないときの債務です。これを保証債務の補充性といいます。**
- **保証人には、催告の抗弁権と検索の抗弁権があります。**

9　多数当事者間の債権・債務④連帯保証・個人根保証など

(1) 連帯保証

ロ 連帯保証の特徴

「連帯して責任を負う」なんて言葉を聞くと、昭和時代の部活を思い出します。「お前たち中２全員の連帯責任だ！」。先輩の「指導」を受け、今日も照明の落ちたグランドでうさぎ跳びです。

保証人といっても、連帯保証の場合にはその役割はさらに重くなります。この場合、連帯して責任を負うのは、主たる債務者と保証人です。**「連帯して」の意味は、保証人に催告の抗弁権や検索の抗弁権を認めないということです。**

債権者からすれば、返済を受けやすい人から自由に弁済を受けることができます。連帯保証の場合には補充性がなく、主たる債務者と保証人が運命共同体的な扱いになるのです。また、**連帯保証人には分別の利益がありません。連帯保証人が何人いようが、債権者との関係では全員が全額保証しなければなりません**。これも連帯保証の特徴です。

ロ 主たる債務者と連帯保証人

ただ、連帯保証といえども、保証債務のひとつです。主たる債務がメイ

ンで保証債務はサブですから（付従性があるのですから）、主たる債務者に生じた事由の効力は、連帯保証人にも及びます。その一方、連帯保証人の１人に生じた事由は、原則的に主たる債務者に効果を及ぼしません。相対的効力しか持たないということになります。そうはいっても、連帯保証人が弁済をするなど債務を消滅させる行為をしたときは当然、主たる債務者にも効果が及びます。458条はこれ（弁済）に加えて、更改、相殺、混同についても、絶対的効力を有するとしています（連帯債務に関する規定を準用させて、そういうことにしています。本章７で取り上げた「べ・こ・そう・こん（べこ早婚）」を思い出してください）。

平成29年改正前は、連帯保証人に履行の請求があった場合には、主たる債務にもその効果が生じることになっていました。ところが、平成29年改正では、主たる債務者に影響を及ぼさないものとして整理されました。連帯保証人への履行の請求を主たる債務者が知らず、思わぬ不利益を被る可能性もあったからです。

(2)個人根保証契約

「一定の範囲に属する不特定の債務を主たる債務とする保証契約」を**根《ね》保《ほ》証《しょう》契約**といいます（465条の２）。たとえば、会社（小売店）が卸業者と継続的に取引をしていて、その売買債務について小売店の経営者が保証人になるといった場合があります。この場合は、個人が保証人となる根保証契約ですから、特に**個人根保証契約**といいます。こうした個人根保証契約は、会社に十分な担保がない場合にはよく行われてきました。しかし、会社の事業が破たんした場合には、経営者の人生も大きなダメージを受けることになります。

そこで、民法では個人根保証契約について一定のルールを置いています。平成29年改正では、個人根保証契約の保証人をより保護する方向での改正がなされたのです。少しだけ紹介すると、個人根保証契約では、責任を負うべき最大限度額ともいうべき**極度額**を定めなければなりません。極度額のない個人根保証契約は無効となります（同条2項）。また、債務の元本が確定する（利息などが増えることがあっても、おおもとの債務がそれ以上増えない）事由なども定めていて、極度額とはまた違った視点で保証額がやみくもに増えるのを防ぐこととしています。

POINT

- **連帯保証では、保証人と主たる債務者が連帯して債務を負担します。**
- **連帯保証人には、催告の抗弁権や検索の抗弁権がありません。**
- **連帯保証人の１人に生じた事由は、原則的に主たる債務者に効果を及ぼしません。及ぶのは、弁済、更改、相殺、混同だけです。**
- **「一定の範囲に属する不特定の債務を主たる債務とする保証契約」を根保証契約といいます。**

練習問題

問題1　連帯保証人について生じた下の表に掲げた事由のうち、主たる債務者にも効力を及ぼすものを４つ選び、その記号を挙げてください。

解答欄　　　(　　　)(　　　)(　　　)(　　　)

A 弁済　B 失恋　C 履行の請求　D 混同　E 遺言　F 更改　G 相殺

問題2　「一定の範囲に属する不特定の債務を主たる債務とする保証契約」の事を何というでしょうか。解答欄に漢字１字を入れてください。

解答欄　　　(　　　)保証契約

解答

問題１　(A)(D)(F)(G)

問題２　(根)保証契約

解説

問題1　「べ・こ・そう・こん」でしたよね。履行の請求は絶対的効力がないものとして整理されています。

問題2　ちなみに、「一定の範囲内に属する不特定の債権を極度額まで担保する抵当権」が根抵当権です。

10 債権の譲渡・債務の引受け

引き受けのバリエーションに注意!

(1)債権の譲渡

ロ 譲渡制限の特約との関係

債権は、その性質が許さない場合を除き、譲渡することができます。たとえば、鈴木さんが債権者で、吉田さんが債務者であったとします。鈴木さんは、この債権を山田さんに譲渡することができるのです。

図表 債権の譲渡

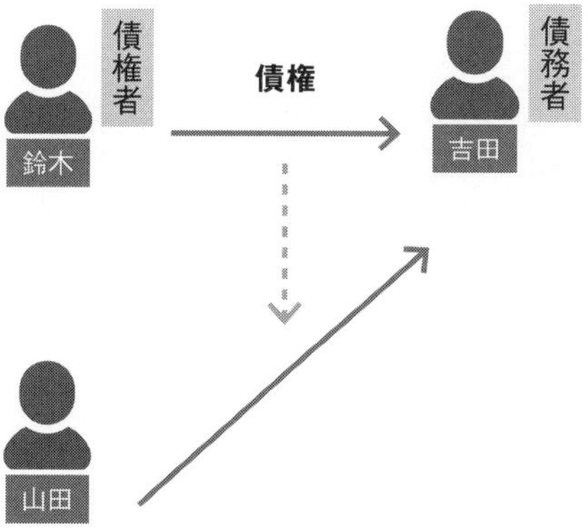

ただ、新債権者への不安も債務者側には、あるはずです。そのため、当事者の間では譲渡を禁止したり、制限したりする特約（**譲渡制限の特約**）が結ばれることもあることでしょう。しかし、債権者としては、債権を第三者に譲渡してお金に換えたいと思うこともあるはずです。この調整が難しいところです。

（債権の譲渡性）
第466条　債権は、譲り渡すことができる。ただし、その性質がこれを許さないときは、この限りでない。
2　当事者が債権の譲渡を禁止し、又は制限する旨の意思表示（以下「譲渡制限の意思表示」という。）をしたときであっても、債権の譲渡は、その効力を妨げられない。
3・4　略

民法は、譲渡制限の特約に違反して債権を譲渡しても、それを有効としています（466条２項）。ただ、債権の譲渡を受けた者（譲受人）が譲渡制限の意思表示がされていることを知っていたり、重大な過失によって知らなかった場合には、債務者は譲受人からの履行請求を拒否できるとしています。

ただ、民法は例外の例外も定めています。譲受人が事情を知っているような場合であっても、その請求に応じなければならない場合があるのです。少し複雑なので、先ほどのケースで説明しましょう。

債権の譲渡を受けた山田さんが吉田さんと鈴木さんの間で譲渡制限の特約が結ばれていることを知っている場合、吉田さんは山田さんの履行の請求を拒否できます。もちろん、この場合にも、吉田さんは鈴木さんの債務の履行の請求には応じなければなりません。

こんな事情のなか、債権の譲渡を受けた山田さんが吉田さんに「じゃあ、鈴木さんに債務を履行しなさいよ！」と相当の期間を定めて履行の催告をしたのにもかかわらず、その期間内に履行しない場合には、山田さんに対する拒否権は失われると規定しています（同条４項）。つまり、吉田さんは、山田さんの履行の請求に応じざるをえなくなるのです。「債務履行の意思が疑われる吉田さんなんて、守ってあげる必要はない」と判断してのことです。

ロ 将来債権の譲渡

「今書いている本が売れたら印税が入るはずだから、出版社へのその債権を今、買ってくれないかな？」。ギャンブルにのめり込んで金欠状態の作家なら、そう言うかもしれません。

しかし、この場合、債権は具体的には発生していないはずです。その債権を譲渡するということが可能なのでしょうか。466条の6第1項には「債権の譲渡は、その意思表示の時に債権が現に発生していることを要しない」と書かれています。この規定があれば安心できます。まだ発生していない債権（これを「**将来債権**」といいます）の譲渡も可能なのです。

これまでも、継続的に取引をしていた会社との間の将来の売掛代金などの将来債権を譲渡する契約を結ぶことはありましたし、それを認める判例もありました。しかし、民法の規定にはありませんでした。そこで、平成29年改正で将来債権の譲渡も可能であることが規定されたのです。なお、将来債権が発生した場合には、債権の譲受人は「当然に」その債権を取得します（466条の6第2項）。

ロ 債権譲渡の対抗要件

債権の譲受人が債務者その他の第三者に「私が債権者です」と言うための対抗要件が467条に定められています。それは次の２つのどちらかが必要というものです。

・譲渡人の債務者への通知
・債務者の承諾

すでに発生している債権はもちろん、将来債権についてもこの対抗要件は共通のものとなっています。また、債務者以外の第三者に対抗するためには、通知や承諾が確定期日のある証書によることが必要であるとも規定されています（467条２項）。

(2)債務の引受け

ロ 民法が定める債務の引受け

第三者が債務者に代わり債務を引き受けることを**債務の引受け**といいます。これまで民法に規定がありませんでしたが、実務でも判例でも認められていたことだったので、平成29年改正で規定が整備されました。

民法が規定する債務の引受けには２つ種類があります。ひとつが、債務を引き受けた人（引受人）が現れても、債務者も責任を果たし続ける場合です。こうした場合を**併存的債務引受**といいます。併存的債務引受の場合には、債務者と引受人は連帯して債務を負う関係になります。

一方、引受人だけが債務を負い、これまでの債務者は債務を免れるタイプもあります。これを**免責的債務引受**といいます。

図表　債務引受の種類

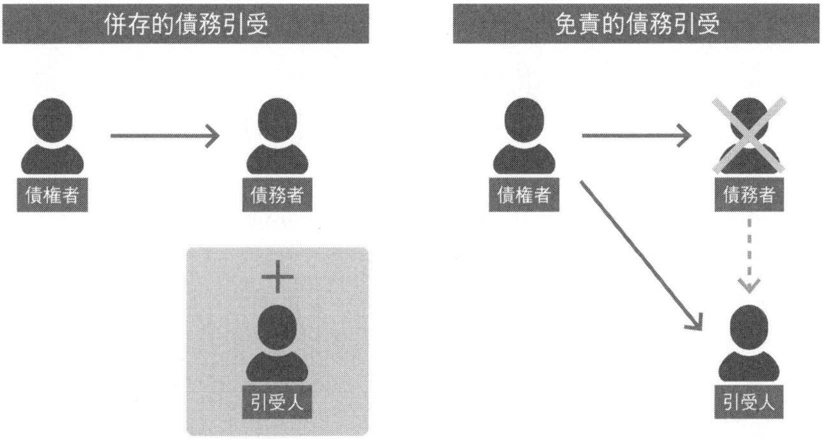

ロ 併存的債務引受

併存的債務引受は、債権者と引受人となる者との契約ですることができます（470条２項）。この場合、債務者の同意などは必要ありません。自分のほかに債務を負担する者が現れるのです。マイナス材料がないからです。また、債務の引受けは債務者と引受人となる者との間の契約によってすることもできます。この場合には、債権者が引受人となる者に対して承諾した時に、契約の効果が生じます（同条３項）。どんな人が債務を引き受けてくれるのか債権者は気になるからです。

引受人はその債務について、「その効力が生じた時に債務者が主張することができた抗弁をもって債権者に対抗することができる」（471条１項）とされています。「まだ、約束の期日ではない！」とか「品物と引き代えのはずだ（同時履行の抗弁）」などの主張は、引受人自身も行うことができます。また、引受人は、債務者が取消権や解除権を行使したとしたら「債務を免れるべき限度において」履行を拒むことができます（同条２項）。

ロ 免責的債務引受

免責的債務引受の場合も、債権者と引受人となる者との間の契約によってすることができます。債権者が債務者にその契約をした旨を通知した時に効力が生じます（472条２項）。この部分が、免責的債務引受の特徴です。

免責的債務引受も、債務者と引受人となる者との契約でも可能です。やはり、債権者が引受人となる者に対して承諾しなければなりません（同条３項）。引受人が、債務者の主張できた抗弁を債権者にできることや、債務者が有する取消権や解除権の範囲で履行を拒否できることは併存的債務引受の場合と同じです（472条の２）。免責的債務引受は自分の債務として引き受けるのです。そのため、債務者に対して求償権を取得することはありません（472条の３）。

POINT

- **債権は、その性質が許さない場合を除き、譲渡することができます。**
- **譲渡制限の特約に違反して債権を譲渡しても有効です。ただし、債権の譲渡を受けた第三者が譲渡制限について悪意又は重過失の場合には、債務者は譲受人からの履行請求を拒否できます。**
- **債権の譲渡について第三者への対抗要件は、「譲渡人の債務者への通知」か「債務者の承諾」です。**
- **債務の引受けには、併存的債務引受と免責的債務引受があります。**

練習問題

問題

桃太郎は鬼ヶ島に鬼退治に行き、見事に鬼の大将を降参させました。鬼の大将は、お詫びの印にと、毎年元旦につきたてのお餅を桃太郎に献上することを約束しました。

この場合において、次の①から③までの記述のなかに、正しいものはいくつあるでしょうか。

①桃太郎の「つきたてのお餅を献上してもらう」という債権は将来債権である。

②桃太郎が「つきたてのお餅を献上してもらう」という債権をキジに譲渡する場合は、鬼の大将の側からみれば「債務の引受け」となる。

③鬼の大将が承諾しなければ、桃太郎は「つきたてのお餅を献上してもらう」という債権をキジに譲渡することはできない。

解答

0

解説

①「将来のこと」ではあっても、すでに債権は発生しています。将来債権ではありません。

②「債務の引受け」というのは、その名前のとおり、債務者の債務を第三者が引き受けることです。債権者が変わっても、鬼の債務は依然として鬼が変わらず負うのですから、債務の引受けではありません。

③債権は性質上、譲渡できないものを除き譲渡できます。たとえ、当事者間で譲渡制限の特約があっても譲渡可能です。

11 債権の消滅①
弁済のルール

(1)弁済の意味

ロ「弁済」の規定の整備

弁済すれば債務は消滅します。これは当たり前のことです。しかし、当たり前すぎて民法には規定がなかったのです。しかし、平成29年改正でそのことを明示しました。「債務者が債権者に対して債務の弁済をしたときは、その債権は、消滅する」(473条)。なお、債務者が弁済の提供をし、債権者がこれを受領することで、弁済はなされます。

ロ 弁済の提供方法

弁済の提供は、債務の本旨に従って現実にしなければなりません(493条)。「本旨に従って現実に」の意味がわかりにくいですが、「あるべき弁済の方法で実際に」といったところです。ただ、例外があります。債権者があらかじめ債務の受領を拒んでいたり、債務の履行に債権者の行為が必要となる場合です。こうしたときには、弁済の準備をしたことを通知して、受領するように催告すれば弁済の提供をしたと評価されます(同条)。この場合には、現実の提供ではなく**口頭の提供**でいいというわけです。

弁済の提供と評価されれば、債務を履行しないことによって生じる責任から解放されます（492条）。債務不履行を理由に損害賠償や遅延利息などを請求されることもなくなりますし、債務者は供託をすることで債務を消滅させることができます。供託というのは債務の目的物などを地方法務局などに預けることです。債権者が、①弁済の提供の受領を拒んだ場合、②受領できない場合、③どこにいるのか不明な場合に利用することができます（494条）。

(2) 弁済の方法

ロ 弁済の場所

民法では弁済の方法についてのルールを規定しています。弁済は債務を消滅させる一般的な方法（よく使われる方法）なので、割と細かめに定められています。

まず、弁済の場所について、別段の意思表示がないときには、次の表のようなルールがあります（484条1項）。

特定物の引渡し	債権発生の時にその物が存在した場所
その他	債権者の現在の住所

ロ 弁済の時間

シャッターが閉まっている店のシャッターをたたいて「今日までの期限の代金を払いに来ました！」なんてお客様がいたら大迷惑です。484条2項には「法令又は慣習により取引時間の定めがあるときは、その取引時間内に限り、弁済をし、又は弁済の請求をすることができる」とあります。シャッターをたたいての弁済はアウトかもしれません。商法にも同様の規定があり、平成29年改正で民法にも置かれるようになりました。

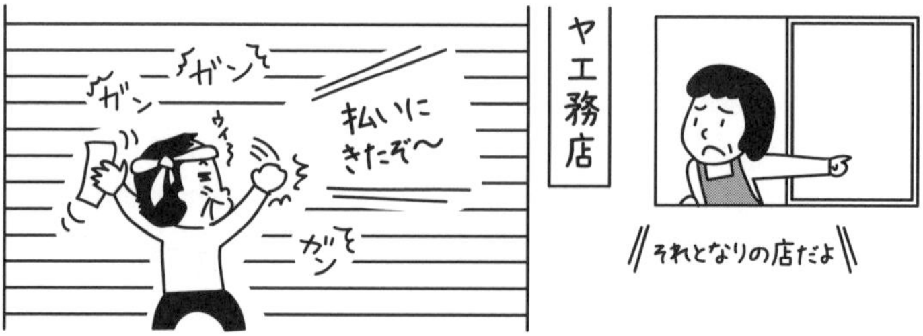

ロ 銀行の振込み

銀行の口座に振り込むことで弁済をする場合もあるはずです。この場合には、振込時ではなく、債権者が振り込まれたお金を払い戻しできるようになったときに弁済の効力が生じるとしています（477条）。

ロ その他

弁済の費用は債務者が負担するのが原則であること（485条）や弁済と同時に受取証書（領収書）の交付を請求できること（486条）も定められています。

(3) 受領権者の外観を有する者に対する弁済

放蕩息子（娘）が親の預金通帳やハンコを持参して、金融機関の窓口で預金の払い戻しをするなんて場合、職員は困ってしまうかもしれません。少し年齢が若すぎるような気もしますが、いかにも債権者のようにふるまっています。平成29年改正前は「債権を持っているような外観を有している人」のことを「債権の準占有者」と表現していましたが、少し言葉がイメージしにくいといった声がありました。そこで、平成29年改正では「受領権者以外の者であって取引上の社会通念に照らして受領権者としての外観を有するもの」（478条）と表現することにしました。

こうした人に対して弁済した場合は、「その弁済をした者が善意であり、かつ、過失がなかったときに限り、その効力を有する」としています。

先ほど「受領権者以外の者であって」という表現が出てきましたが、「受領権者」は誰かということもハッキリさせておかなければなりません。478条で、これも明らかにされています。債権者は当然ですが、②や③の者も受領権者になります。

①債権者

②法令の規定によって弁済を受領する権限を与えられた第三者（破産管財人などです）

③当事者の意思表示によって弁済を受領する権限を与えられた第三者

POINT

- 弁済は、債務者が弁済の提供をし、債権者がこれを受領することでなされます。
- 弁済の提供は、債務の本旨に従って現実になされなければなりません。ただし、債権者があらかじめ受領を拒んでいたり、債権者の行為が必要となる場合には口頭の提供で足ります。

練習問題

問題 **「俺は花園一郎だ」というロゴの入ったＴシャツを着た男が、銀行の窓口で花園一郎名義の預金口座から現金の引き出しを求めました。窓口の職員が「本当に、花園一郎様ですね？」と確認したところ、こっくりとうなずいたため、求められた額の引き出しを認めました。後ほど、本当の花園一郎さんが現れ、Ｔシャツの男が偽者だったことがわかりました。民法の規定に従えば、Ｔシャツの男に支払った額はどのような扱いになるでしょうか。①から③のうちから選んでください。**

①Ｔシャツの男に払った額だけ、花園一郎さんの預金が減る。

②Ｔシャツの男に払った額の半分だけ、花園一郎さんの預金が減る。

③Ｔシャツの男に払っても、花園一郎さんの預金は減らない。

解答

③

解説

478条（受領権者としての外観を有する者に対する弁済）についての問題です。受領権者でなくても、取引上の社会通念に照らして受領権者としての外観を有する者に対して行った弁済は有効であるとされています（花園一郎さんの預金が減る）。ただし、弁済をした者が善意であり、かつ、過失がなかったときに限ります。

普通、受領権者（この場合、本人）としての外観を有するというのは、通帳や届出印を持っていることでしょう。「俺は花園一郎だ」というＴシャツを着ていても「外観を有する」とはいえません。また、「本当に、花園一郎様ですね？」と確認しただけで払い戻しを認めたことは、過失があるというしかありません。ということで、この場合、478条は適用されませんので、花園一郎さんの預金が減ることはありません。

12 債権の消滅②
第三者の弁済、弁済による代位

(1)第三者の弁済

弁済は普通、債務者が行いますが、第三者の弁済は認められるかという問題があります。少し長くて恐縮なのですが、これに関する条文を引用します。

（第三者の弁済）
第474条　債務の弁済は、第三者もすることができる。
2　弁済をするについて正当な利益を有する者でない第三者は、債務者の意思に反して弁済をすることができない。ただし、債務者の意思に反することを債権者が知らなかったときは、この限りでない。
3　前項に規定する第三者は、債権者の意思に反して弁済をすることができない。ただし、その第三者が債務者の委託を受けて弁済をする場合において、そのことを債権者が知っていたときは、この限りでない。
4　前３項の規定は、その債務の性質が第三者の弁済を許さないとき、又は当事者が第三者の弁済を禁止し、若しくは制限する旨の意思表示をしたときは、適用しない。

474条１項には、「債務の弁済は、第三者もすることができる」と書かれています。しかし、２項から４項にはその例外が規定されています。まず、２項と３項は、**「弁済をするについて正当な利益を有する者でない第三者」は、原則として、債務者や債権者の意思に反して弁済できない**と規定されています。

こんなことを考えてみましょうか。学校から帰ってきたら、ダイニングテーブルの上に、おいしそうなチョコやクッキーやキャラメルがたくさん載っています。姉がどこからかもらってきたものなのでしょう。お菓子の横には姉の走り書きで「チョコは食べないでよ！」と書かれたメモが置かれています。この場合、クッキーやキャラメルなら食べてもいいと考えることができます。これを「反対解釈」といいます。474条も２項や３項では、「弁済をするについて正当な利益を有する者でない第三者」についての制限が書かれているわけですから、「弁済をするについて正当な利益を有する第三者」は、１項の原則どおり、何の制限もなく弁済をすることができると解釈できます。

ただ、その場合であっても、４項の制限はかかります。債務の性質が第三者の弁済を許さないときや当事者が第三者の弁済を禁止したときなどの場合には、第三者は弁済できないのです。

なお、「弁済をするについて正当な利益を有する者」が誰かについては、その債務の保証人や、その他人の債務について自分の財産に質権や抵当権を設定した者（物上保証人）、その債務を担保する不動産を取得した第三者（第三取得者）などをイメージすればいいでしょう。

図表　弁済をするについて正当な利益を有する者でない第三者の弁済

	原　則	例　外 （弁済ができる場合）
弁済をするについて正当な利益を有する者でない第三者	**債務者**の意思に反して弁済をすることができない	債務者の意思に反することを債権者が知らなかったとき
	債権者の意思に反して弁済をすることができない	その第三者が債務者の委託を受けて弁済をする場合において、そのことを債権者が知っていたとき

(2) 弁済による代位

ロ 代位とは?

民法には「債務者のために弁済をした者は、債権者に代位する」(499条) とあります。シンプルすぎる規定ですから、少し説明します。

弁済は第三者がしてもいいわけですが、この場合、弁済した第三者は債務者への求償権を手にすることになります。そして、この求償権を確保するため、債権者がその債権について有している担保権などが弁済した第三者に移るのです。これを「**弁済による代位**」といいます。簡単にいえば、「弁済者が債権者のポジションを手に入れる」といったイメージです。

ロ 法定代位と任意代位

弁済による代位には法定代位と任意代位とがあります。**法定代位**は、弁済をするについて正当な利益を有する者が弁済した場合の代位です。

図表 法定代位と任意代位の区別

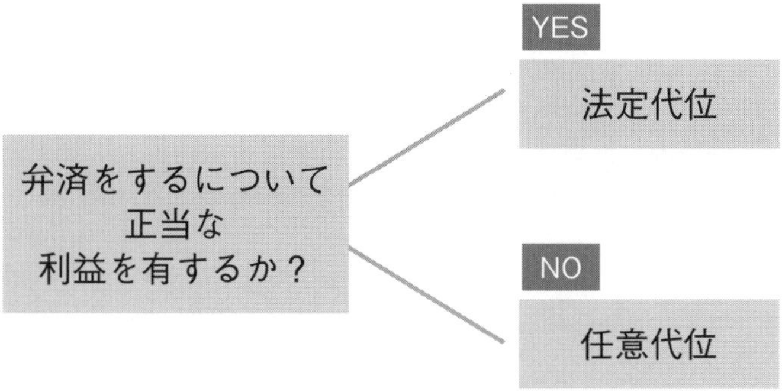

任意代位は、弁済をするについて正当な利益を有するものでない者が弁

済した場合の代位です。平成29年改正前は、任意代理について「債権者の承諾」を得ることを求めていました。しかし、現在の499条には、そうした規定がありません。この規定が、法定代位と任意代位の根拠規定となっています。

（弁済による代位の要件）
第499条　債務者のために弁済をした者は、債権者に代位する。

「任意代位には、やはり、債権者の承諾が必要なのでは？」と思うかもしれません。しかし、思い出してください。そもそも、弁済をするについて正当な利益を有するものでない第三者は債権者の意思に反して弁済することができません（474条３項）。ですから、代位に当たって債権者の承諾を求める必要もないのです。

ロ 対抗要件

法定代位と任意代位の大きな違いは、対抗要件です。任意代位の場合には、債務者その他の第三者に対抗する場合には対抗要件を必要とします。債権者が債務者に通知をするか、債務者が承諾しないと、債務者その他の第三者に対抗することができません。これは債権譲渡の場合の対抗要件の規定（467条）が準用されています（500条）。なお、債務者以外の第三者に対抗するには、この通知や承諾も確定日付のある証書によるものでなければなりません。

これに対して、法定代位の場合には対抗要件は必要ありません。

	対抗要件
法定代位	不要
任意代位	・債権者の債務者への通知 or ・債務者の承諾

(3) 代位の効果

ロ 全部の弁済の場合

たとえば、吉田さんが鈴木さんからお金を借りていたとします。吉田さんはその債権の担保として、山田さんの土地に抵当権を設定しました。また、念のため近藤さんが吉田さんの保証人となったとします。この場合、山田さんは物上保証人です。山田さんも保証人である近藤さんも、「弁済をするについて正当な利益を有する者」となります。

もし、近藤さんが吉田さんに代位して鈴木さんに弁済したとしたら、近藤さんは吉田さんへの求償権を手にします。求償をしっかり実現できるように、鈴木さんが有する債権も担保権も鈴木さんに代わって行使できるようになります（501条1項）。

図表　弁済をするについて正当な利益を有する者の例

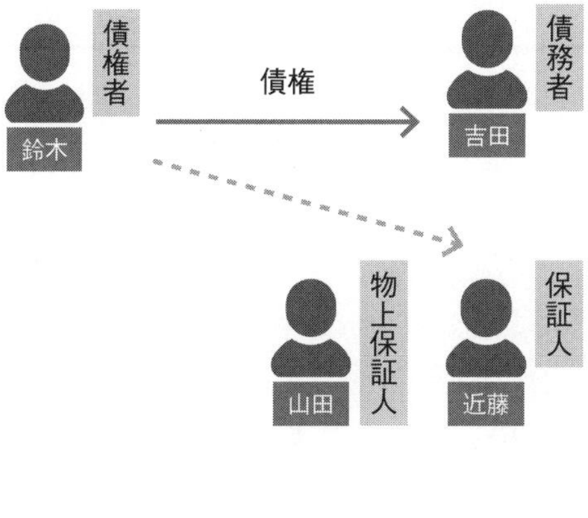

ただ、501条2項には少し気になることが書かれています。「債権者に代位した者が自己の権利に基づいて債務者に対して求償をすることができる範囲内（保証人の一人が他の保証人に対して債権者に代位する場合には、自己の権利に基づいて当該他の保証人に対して求償をすることができ

る範囲内）に限り、することができる」とあるのです。

少しこの部分も説明しましょう。

もし、近藤さんの求償権になんらかの制限が生じているなら、その制限の範囲でしか近藤さんは権利行使できません。さらにイメージしやすい別なケースでお話ししましょう。鈴木さんが吉田さんに200万円を貸していて、その債務に、橋本さんと本橋さんの２人が保証人となっていたとします。この場合に橋本さんが200万円、鈴木さんに弁済した場合には、もうひとりの保証人である本橋さんに、鈴木さんが有していた権利を行使できたとしても、その範囲は本橋さんに求償することができる範囲の100万円（保証人の数で保証額を割った額）ということになります。これが501条２項のカッコ書きの意味です。

ロ 一部の弁済の場合

だんだん話がややこしくなって恐縮ですが、債務の一部が弁済された場合の代位についてもお話ししておきます。この場合には、「その弁済をした価額に応じて、債権者とともにその権利を行使することができる」（502条１項）とあります。しかし、大切なのは「債権者の同意を得て」と条件が付けられていることです。同意を得て、しかも、債権者と共同してでないと、一部代位者は権利行使できないのです（同項）。

ですから、担保権の実行（担保である不動産を競売するなどして、その代金を債務の弁済に充てること）は、一部代位者は単独ではできません。これに対して債権者は単独で権利行使でき（同条２項）、さらに、競売で得られた金銭などについても、債権者が一部代位者に優先することが規定されています（同条３項）。誰かが一部の弁済をしたことで本来の債権者の権利が害されることがないよう注意深く規定されているのです。

練習問題

問題　**アイドルグループ遅刻坂のメンバーのＡ子さんは秋元さんからお金を借りています。Ａ子さんのファンのＸさんは、Ａ子さんに代わって秋元さんに弁済したいと考えています。次の文章のなかで正しいものはいくつあるでしょうか。**

①Ｘさんがもし秋元さんに弁済したら、Ｘさんは秋元さんに法定代位することができる。
②Ａ子さんは「Ｘさんに払ってもらうのはいやだ」と思っており、そのことを秋元さんが知っていても、Ｘさんは秋元さんに弁済することができる。

解答

0

解説

①Ｘさんは、ただ、Ａ子さんのファンというだけです。「弁済をするについて正当な利益を有する者」ではないので、たとえ弁済することがあっても、いわゆる任意代位となります。
②弁済をするについて正当な利益を有する者でない第三者の弁済は、債務者の意思に反してできません。債権者が債務者の意思を知らない場合にはしょうがありませんが、秋元さんは知っているので、Ｘさんは弁済できません（474条２項）。

POINT

- 「弁済をするについて正当な利益を有する第三者」は、自由に債務を弁済することができます。ただし、債務の性質が第三者の弁済を許さないときや当事者が第三者の弁済を禁止したときなどの場合には弁済できません。
- 債務者のために弁済をした第三者は、債権者に代位します。
- 弁済をするについて正当な利益を有する者が弁済した場合の代位を法定代位といい、そうでない者が弁済した場合の代位を任意代位といいます。

13 債権の消滅③
充当のルール・代物弁済

(1) 充当ルール

ロ 充当の基本ルール

「きれいに払ってくれた」なんて表現がありますが、「きれいに払ってくれる」ことばかりではありません。金銭債務の場合には、そもそもお金に困ってお金を借りたのです。弁済するのも、少しずつという場合だってあるでしょう。

債務者が、同じ債権者に同じような債務をいくつも負っていたような場合に、弁済額がすべての債務を消滅させるには足りないなんて場合も当然あるはずです。民法はこうしたときに、債務のどの部分の弁済に充てたらいいのかのルールを定めています。

ロ 充当のルール

まず、**当事者の間で弁済の順序についての合意があればそれが最優先です**（490条）。平成29年改正では、このことが条文上も明らかにされました。

当事者の合意がない場合には、２つのケースに分けて考えます。①元本のほかに利息や費用が生じている場合と、②元本だけの場合です。①の場合には、費用、利息、元本の順で充当しなければならないことになっています（489条1項）。②の場合には、まずは弁済する者が給付の時に充当すべき債務を指定することができます（488条1項）。弁済する者が指定をしないときには、弁済を受領する者が受領の時に充当すべき債務を指定することができます（弁済する者が直ちに異議を述べたときはできません。同条2項）。このように当事者のどちらかが指定して充当される場合を**指定充当**といいます。

さらにこうした指定がないときに、充当すべき順序が488条4項に定められています。これを**法定充当**といいます。

少し複雑になったのでまとめておきます。

・合意による弁済の充当が優先する。合意がないときには以下の順により充当される
①元本のほかに利息や費用が生じている場合
費用⇒利息⇒元本
②元本のみの場合
指定充当⇒法定充当

ロどの「費用」に先に充当すべきか

元本のほかに利息や費用が生じている場合には、「費用、利息、元本の順に充当」なんて、シンプルに説明しました。しかし、弁済額では、費用、利息、元本のいずれかのすべてを消滅させることができないといった場合もあります。たとえば、債務A、債務B、債務Cがあって、それぞれについて費用が発生しているときに、どの「費用」に先に充当すべきか悩みます。この場合には、②の方法を使って、順に充当することになっています（489条2項）。まず、当事者が指定して充当し（指定充当）、こうした指定がないときに法定充当になります。

(2)代物弁済

他の給付をすることで債務を消滅させることを**代物弁済**といいます。たとえば、10万円の金銭債務を返済する代わりに、時価15万円(時価はいくらでもいいです)とされる柿沢佐久衛門の壺を引き渡すといった場合です。代物弁済の場合には、本来の債務が弁済されたのと同じ効果が生じます。代物弁済は、弁済者と債権者との契約で行います(482条)。

代物弁済することができる者は、債務者に限りません。第三者でも弁済することができる者については(本章12を参照)、もちろん、代物弁済できます。

POINT

- **弁済の充当の順序は、まず当事者間の合意で決めることができます。**
- **当事者間の合意がないときに、元本のほかに利息や費用が生じている場合には、費用、利息、元本の順に充当されます。**
- **当事者間の合意がないときに、元本のみの場合には、まず指定充当がされ、指定がないときには法定充当がされます。**
- **他の給付をすることで債務を消滅させることを代物弁済といいます。**

練習問題

問題　吉田さんは金田さんに10万円借りています。利息もすでに5000円発生しています。もう返済の期日も過ぎていますが、返済のめどが立ちません。吉田さんは、栽培していたシイタケが売れて3000円のお金ができたので、その分だけでも返そうと金田さんのもとを訪ねました。次の①～③の記述のうち、正しいものはどれでしょうか。

①吉田さんと金田さんで合意ができたら、その3000円を元本の弁済に充てることができる。

②3000円では利息債務の全部を消滅させることはできないので、現時点では利息の弁済に充てることはできない。

③元本のほかに利息が生じている場合には、吉田さんと金田さんとの合意があろうとも、まずは利息の弁済に充てなければならない。

解答

①

解説

①合意が優先されます。合意がない場合には、費用、利息、元本の順に充当します。②一部しか消滅することができなくとも利息の弁済に充てることができます。③合意がある場合には合意が優先されます。

14 債権の消滅④
相殺・更改など

(1)供託

債務を履行しようにも、債権者が断固として受領を拒んでいたり、債権者の住所がわからない場合には、困ってしまいます。こうしたときに使える方法が**供託**です。債務の目的物を供託所に供託することで、債務者は債務を免れることができます。金銭の場合、供託所は法務局や地方法務局などです。

494条1項1号の場合には弁済の提供をまずしたことが前提になっています。弁済の提供については、本章11を参考にしてください。

（供託）
第494条　弁済者は、次に掲げる場合には、債権者のために弁済の目的物を供託することができる。この場合においては、弁済者が

供託をした時に、その債権は、消滅する。
一　弁済の提供をした場合において、債権者がその受領を拒んだとき。
二　債権者が弁済を受領することができないとき。
2　弁済者が債権者を確知することができないときも、前項と同様とする。ただし、弁済者に過失があるときは、この限りでない。

(2) 相殺

ロ 相殺というものの性格

債権の消滅原因（事由）として**相殺**《そうさい》というものもあります。相殺は日常生活でもよく使われますので、割とイメージしやすいことでしょう。

たとえば、吉田さんが鈴木さんから200万円借りていました。しかし、吉田さんは以前、鈴木さんに50万円お金を貸していたとします。この場合、吉田さんが貸していた50万円を使って、鈴木さんからの借金を50万円分消すことができます。結果として、吉田さんは鈴木さんに150万円返

せばいいということになります。

杓子定規に「200万円を支払い、50万円を返してもらう」という作業をするのは、効率的ではありません。そこで、こうした方法が認められているのです。ひとつ注意が必要なのは、民法で定められている相殺は、契約ではなく**単独行為**であるということです。お互いが「50万円分相殺しますね」と合意する必要はないということなのです。相殺できる状態にあるなら、一方が「相殺します」と一方的に相殺できるのです（お互いが合意して相殺契約を定めることも禁止されているわけではないので、可能です）。

ロ どんなときに相殺できるか

自分が持っていて相殺しようとする債権を**自働債権**と、相殺される債権を**受働債権**といいます。相殺ができる状態のことを**相殺適状**といいます。

相殺ができる状態（相殺適状）
互いに同種の目的を有する債務を負っていること
双方の債務が弁済期にあること （実際は、自働債権が弁済期にあれば相殺可能）

相殺ができるには、まず、お互いのが同種の目的を有する債務を負っていることが必要です。吉田さんと鈴木さんの間では、お互いにお金の貸し借りという同種の債権債務の関係があります。また、「吉田さんが鈴木さんに債務を負っていて、鈴木さんが吉田さんに債務を負っている」というように、当事者の間で対立した関係であることが原則として必要です。

また、双方の債務が弁済期にあることが条文上（505条1項）は必要とされています。ただ、実際には、自働債権が弁済期にあれば相殺はできます。というのは、自働債権が弁済期にあるというのは、相手からすれば「払わなければならない」という状態です。相殺されても、文句はいえないからです。受働債権は弁済期になくてもいいのです。

吉田さんが鈴木さんから200万円借りていて、その弁済期限は10月１日だったとします。一方、吉田さんが鈴木さんに貸している50万円の弁済期限は同じ年の４月１日だったとします。今、７月１日だとすると、吉田さんは鈴木さんへの50万円の債権を自働債権として相殺可能なのです。

たしかに、鈴木さんから吉田さんが借りている債務は弁済期限にありません。吉田さんからすれば、「まだ、返さなくてもいい」という状態です。しかし、吉田さんから相殺を求めて、一部分にしろ「返した」状態にしたのです。自分で利益を放棄するなら、それをあえて止める必要もありません。ですから、自働債権さえ弁済期にあれば、受働債権は弁済期になくても相殺可能なのです。

なお、相殺適状にあっても、相殺できない場合もあります。たとえば、受働債権が人の生命又は身体の侵害による損害賠償の債務の場合（509条２号）などです。さらに学習をすすめるときには、こうした例外についても注意しましょう。

(3) 更改・免除・混同

□ 更改

債権の消滅事由も、残り３つとなりました。まず、最初が更改《こうかい》です。**更改**というのは、これまでの債務に代えて、新たな債務を発生させる契約をして、これまでの債務を消滅させることです（513条）。債権者側からすれば債権が消滅することになるので、債権消滅事由のひとつです。

次の３つのパターンがあります。

①これまでの給付の内容について重要な変更をするもの 例：吉田さんが鈴木さんに10万円を支払うべき債務を負っていた場合に、この債務を消滅させて、吉田さんがハクション大魔王の壺のプラモデルを鈴木さんに譲るという債務を負う契約を結んだ
②これまでの債務者が第三者と交替するもの
③これまでの債権者が第三者と交替するもの

①の場合、代物弁済との違いがわかりにくいですが、代物弁済はもともとの債務が履行されたと評価されるものです。これに対して、更改の場合にはもともとの債務（債権）が消滅し、新たな債務（債権）が発生したということになります。②や③の場合にも、単に債務者や債権者が交替するだけではなく、古い債務（債権）が消滅して、新しい債務（債権）が契約で生じることになります。そこが更改のポイントです。

ロ 免除

「払わなくてもいいよ」というのが**免除**です。免除も当然、債権の消滅事由のひとつになります。

ロ 混同

これはすでにお話ししました。でも、もう一度、お話ししましょう。親が子に10万円を貸していたとします。親子といえども、別人格ですから、これも債権には違いありません。ところが、親が亡くなって、相続人はお金を貸した子ひとりだったとします。この場合、債務者である子が、債権者である親の地位も相続することになります。520条には「債権及び債務が同一人に帰属したときは、その債権は、消滅する」とあります。この場合にも債権は消滅するのです。

練習問題

問題　**次の文章の（①）～（⑤）までに、それぞれ漢字２文字を入れて文章を完成させてください。なお、同じ番号には同じ漢字が入ります。**

・自分が持っていて相殺しようとする債権を（　①　）債権と、相殺される債権を（　②　）債権といいます。相殺ができる状態のことを相殺（　③　）といいます。

・これまでの債務に代えて、新たな債務を発生させる契約をして、これまでの債務を消滅させることを（　④　）といいます。

・債務の目的物を（　⑤　）所に（　⑤　）することで、債務者は債務を免れることができます。金銭の場合、（　⑤　）所は法務局や地方法務局などです。

解答欄

①（　　　　）②（　　　　）③（　　　　）④（　　　　）⑤（　　　　）

解答

①（自働）②（受働）③（適状）④（更改）⑤（供託）

POINT

- **債権者が受領を拒否したり、居場所がわからないときには、債務者は供託を行うことで債務を免れることができます。**
- **相殺は契約ではなく単独行為です。**
- **相殺しようとする債権を自働債権と、相殺される債権を受働債権といいます。**
- **更改、免除、混同も債権の消滅事由のひとつです。**

第4章

債権各論編

1 契約①
契約の成立と種類

(1)契約の成立

ロ 契約の成立

債権各論では、債権を生み出すいろいろな発生源について学びます。まずは契約があります。契約にもいろいろな種類の契約があるのですが、先に契約というものに共通することがらについて学びましょう。

しつこいといわれるかもしれませんが、もう一度、この話をしましょう。
八百屋のおじさんは今日もお客に呼びかけます。
「奥さん、このバナナ100円でどう？」
奥さんは、立ち止まるとこう言いました。
「あら、高いわね、80円ならいただくわ」
奥さんもなかなかのツワモノです。バナナ100円は決して高くありません。
「奥さんにはかなわねぇなぁ。80円でいいよ」
おじさんのこの一言で契約が成立です。契約の成立には、契約書などは必要ありません。お互いの意思の合致があればいいのです。平成29年改正では、この常識とされていたことが条文に明示されました。

（契約の成立と方式）
第522条　契約は、契約の内容を示してその締結を申し入れる意思表示（以下「申込み」という。）に対して相手方が承諾をしたときに成立する。
2　契約の成立には、法令に特別の定めがある場合を除き、書面の作成その他の方式を具備することを要しない。

法律的にいえば、「100円でどう？」というのが契約の申込みです。この申込みを奥さんは拒否し「80円なら」と新たな申込みをしました。そして「80円でいいよ」とおじさんが承諾し、契約が成立したのです。

ロ 契約の自由

「俺がどんなことしようと勝手じゃないか！」。いろんな場面で遭遇するこの言葉ですが、契約についての本質を語っています。法令に反しない限り、当事者は自由に契約を結ぶことができるのです。契約を締結するかどうかも自由、誰と結ぶかも自由、どんな内容を結ぶかも自由、どんな方式で結ぶかも自由なのです。この**契約の自由**についても、521条と522条2項に明示されました。もちろん、公の秩序又は善良の風俗に反する契約は無効です（90条）。ただ、一部の法令では契約の自由を制限する規定が置かれています。次の水道法15条1項の規定もそのひとつです。正当な理由がなければ、給水契約の申込みを拒否できないとあります。「いつも店の悪口を言っているから、あんたにはバナナは売らない」と八百屋のおやじさんはそう言えても、「いつも市の悪口を言っているあなたとは給水契約は結ばない」と水道事業者（市）は言えないのです。

水道法
（給水義務）
第15条　水道事業者は、事業計画に定める給水区域内の需要者から給水契約の申込みを受けたときは、正当の理由がなければ、これを拒んではならない。

2・3　略

○	×

ロ 承諾の期間の定めのある申込み・ない申込み

承諾の期間の定めのある申込みは撤回することができません（523条1項）。一方、承諾の期間の定めがない申込みは、申込者が承諾の通知を受けるのに相当な期間が経過するまでは撤回ができないことになっています（525条1項）。ただ、「状況の変化によっては申込みを撤回することがあります」などと、撤回を留保したときには、いずれも撤回が可能です。

承諾の期間の定めのある申込みは、その期間内に承諾の通知を受けなかったとき、その申込みは効力を失います（523条2項）。遅れた承諾は、承諾としての効果はありませんが、新たな「申込み」とみなすことができます（524条）。

ちなみに、承諾の期間の定めがあるなしにかかわらず、承諾者が申込みに条件を付けたり、変更したりした場合は、その申込みを拒絶し、新たな申込みをしたものとみなします（528条）。

ロ 申込者が亡くなったときなど

申込者が申込みの通知をしたあとに亡くなったらどうなるでしょう……。この場合にも、原則としてその申込みは効力を有します。ただ、申込者が「私がもし死んだら申込みの効果はなくなります」と意思表示している場合や、相手方が承諾の通知を発する前に亡くなった事実を知ったときは、その申込みは効力を有しません（526条）。

申込者が申込みの通知をしたあと、意思能力を有しない常況となる者となったり、行為能力の制限を受けた場合も同じです。

ロ 懸賞広告

ある行為をした者に一定の報酬を与える旨の広告を**懸賞広告**《けんしょうこうこく》といいます(529条)。犬の写真とともに「いなくなった小太郎の情報をお寄せください」といった貼り紙が自治会の掲示板に貼られ「情報をお寄せくださった方にはお礼を差し上げます」と書かれていることがありますが、懸賞広告の例といえます。懸賞広告について529条から532条までに定めがあります。

(2) 契約の種類

ロ 典型契約（有名契約）と非典型契約（無名契約）

契約の自由があるわけですから、法令に違反しない限り世の中にはいろいろな契約が存在します。ただ、民法ではよく結ばれる契約の種類を挙げて、基本的なルールを定めています。この民法にルールが規定されている契約のことを**典型契約**とか**有名契約**といいます。それ以外の契約を**非典型契約**とか**無名契約**《むめいけいやく》といいます。

ロ 双務契約と片務契約

そのほかにも契約を分類する方法があります。お互いに対価的な意味を持つ債務を負うかどうかで**双務契約**か**片務《へんむ》契約《けいやく》**かに分かれます。たとえば、売買契約では、売主は売った物を引き渡す義務を負い、買主は代金を支払う義務があります。だから、双務契約です。しかし、贈与契約は片務契約です。贈与といえども「この宝石もらってくださらない」、「私にはもったいないような宝石ですが、お言葉に甘えていただきます」などと、お互いの意思の合致で成立します。しかし、贈与する方だけが債務（義務）を負います。だから片務契約なのです。

ロ 有償契約と無償契約

契約の当事者がお互いに経済的、財産的な支出をする契約が有償契約です。そうでないのが無償契約です。双務契約と片務解約の分類と混乱しそうですが、あちらは双方が債務を負担するかどうかがポイントで、有償契約か無償契約かはシンプルに言うと「タダかどうか」がポイントとなります。たとえば、借りたものを消費するけれども同種のものを同じ分だけ返す契約に消費《しょうひ》貸借《たいしゃく》契約《けいやく》があります。昔は近所でお味噌やお醤油の貸し借りがあったと聞きます。消費貸借では原則として利息は請求しないわけです（589条１項）から、無償契約となります。貸した方は貸しただけで特段、債務は負いませんから、片務契約でもあります。

ロ 要物契約と諾成契約

契約はお互いの意思の合致で成立するといいましたが、契約の対象となる「物の引渡し」などを行ってはじめて成立するものがあります。先ほどの、「お味噌を貸して、あとで返すから」の消費貸借契約も実際にお味噌を渡してこそ、成立します。また、質権という動産を発生させる質権設定契約も質物が引き渡されてはじめて成立します。「エアーギター（ギターの弾きマネ）」などエアーブームですが、「質入れしたことにする」というエアー質権では、「お金を返さないといけない」というプレッシャーが働きません。質権は実際に物の質入れがされてはじめて意味があるのです。このように、意思の合致のほかに物の引渡しが契約の成立に欠かせない契約を**要物契約《ようぶつけいやく》**といいます。一方、意思の合致だけで成立する契約を**諾成《だくせい》契約**といいます。

図表　契約の種類

典型契約（有名契約） ・民法にルールが定められている契約	**非典型契約（無名契約）** ・民法にルールが定められていない契約
双務契約 ・当事者がお互いに対価的な意味を持つ債務を負う契約	**片務契約** ・当事者の一方だけが債務を負う契約
有償契約 ・当事者がお互いに経済的、財産的な支出をする契約	**無償契約** ・経済的、財産的な支出を伴わない契約か、当事者の一方のみが経済的、財産的な支出をする契約
諾成契約 ・意思の合致だけで成立する契約	**要物契約** ・意思の合致のほかに物の引渡しなどが欠かせない契約

練習問題

問題　**次の文章を読んで誤りだと思われるところを指摘してください。**

八百屋のおじさんは、お客さんとバナナの売買契約を結びました。おじさんは、契約に当たっては法で求められている契約書を作成し、お互いがそれに署名しました。売買契約は民法の規定にルールが定められている無名契約のひとつになります。

解答・解説

・「契約に当たっては法で求められている契約書を作成し、お互いがそれに署名しました」

⇒一般的に契約の成立には「書面の作成その他の方式を具備することを要しない」(522条２項)。バナナの売買契約について、特に法令で契約書の作成などは求められていません。署名も求められていません。

・「無名契約のひとつになります」

⇒有名契約（典型契約）のひとつになります。

555条から585条まで売買契約のルールを定めています。

POINT

- **契約はお互いの意思の合致があれば成立します。法令に違反しない限り契約の自由が認められています。**
- **民法に規定されている契約のことを典型契約（有名契約）と、それ以外の契約を非典型契約（無名契約）といいます。ほかにも、いろいろな観点で契約を種類分けすることができます。**

2 契約②
契約の効力

(1)同時履行の抗弁権

「金を渡してもらうまではこの宝石は渡すわけにはいかない」。ドラマなんかで出てきそうなセリフです。「それじゃ、同時に交換するというのはどうだ」と、宝石と札束が入ったジュラルミンケースを同じタイミングで投げ渡す……。これが**同時履行《どうじりこう》の抗弁権《こうべんけん》**です。同時に履行するよう主張することができる＝相手方が履行するまでは自らも履行しないと主張することができるといった意味です。533条に規定があります。

（同時履行の抗弁）
第533条　双務契約の当事者の一方は、相手方がその債務の履行（債務の履行に代わる損害賠償の債務の履行を含む。）を提供するまでは、自己の債務の履行を拒むことができる。ただし、相手方の債務が弁済期にないときは、この限りでない。

売買契約で買ったものの引渡しと代金の支払いは同時履行の関係にあります。さきほどのようなヤバい場面ばかりでなく、普通に宝石が売買された場合でも、宝石の引渡しと売買代金の支払いは同時履行の関係に立ちます。平成29年改正では533条のカッコ書きが増えました。

(2)危険負担

双務契約で、債務者の責任ではなく、どちらかの債務が履行できなくなったときに、もう一方の債務がどうなるのかというのが**危険負担**の問題です。

昔からよく民法のテキストに載っていた事例にこんなものがあります。家を買いました。代金も払いました。でもまだ買主に引き渡していません。そんなときに家に雷が落ちてその家が燃えてしまったとします。以前の民法をストレートに適用すると、この場合も買主が代金を払わなければならないのが原則となります。平成29年改正前の民法が特定物の売買の危険負担について債権者主義を原則としていたからです。少し説明が必要ですね。

債権者主義というのは、もしものときに債権者が危険を負担するという考え方です。この事例の場合には、家の引渡しの債権を持っている者(家の買主)が負担を負うのが原則とされていたのです。

ところが平成29年改正では、特定物についてもこの債権者主義の原則を廃止しました。536条1項では「債権者は、反対給付の履行を拒むことができる」と表現しています。つまり、買主は「代金は払わないからね!」と言えるのです。この時点では契約が失われたわけではありませんから、「反対給付の履行を拒むことができる」という表現となっています。ただ、買主は、履行不能を理由に契約を解除することができます。そうすれば、「拒むことができる」だけでなく、スッキリと代金の支払い義務はなくなるというものです。

（債務者の危険負担等）

第536条　当事者双方の責めに帰することができない事由によって債務を履行することができなくなったときは、債権者は、反対給付の履行を拒むことができる。

2　債権者の責めに帰すべき事由によって債務を履行することができなくなったときは、債権者は、反対給付の履行を拒むことができない。この場合において、債務者は、自己の債務を免れたことによって利益を得たときは、これを債権者に償還しなければならない。

とはいえ、債権者（買主）が自分の責任で債務が履行できないようにしてしまった場合には、債務の履行を拒むことはできません（536条2項）。

家を買って、嬉しくなって、まだ鍵の引渡しも終えていないのに、庭でバーベキューをしていたところ、その火が家に燃え移ってしまい、家が消失したような場合などはそうでしょう。もちろん、買主は代金を払わないといけません。

売買契約の危険負担については、さらにプラスアルファの規定（567条）があります。ここでは、目的物を引き渡した後の危険負担は買主に移るとしています。このことも併せて覚えておきましょう。

（3）第三者のためにする契約

吉田さんが鈴木さんに収穫したシイタケを3000円で売りました。一方、吉田さんは田中さんに3000円借りています。

この場合、まず、吉田さんが売ったシイタケの代金3000円を鈴木さんからもらい、この3000円を田中さんに支払えばいいということになります。しかし、もっと簡単に、吉田さんと鈴木さんが話し合って、鈴木さんが代金3000円を田中さんに支払うということにすれば手間が省けます。こうした契約を**第三者のためにする契約**といいます（537条）。

図表　第三者のためにする契約のイメージ

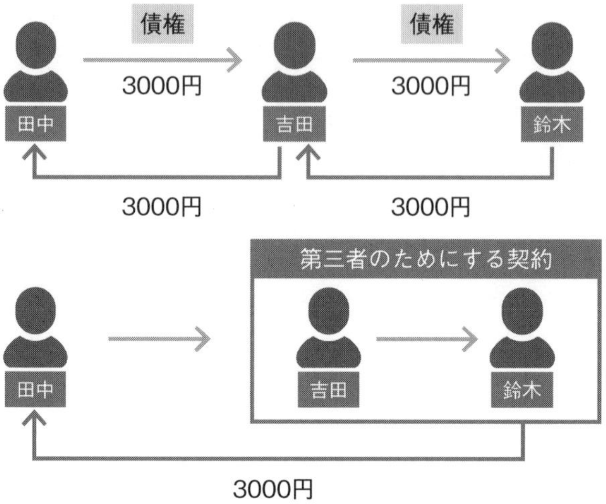

契約自体は当事者間（上の例だと吉田さんと鈴木さん）で成立するのですが、第三者（田中さん）の権利は契約成立時に発生するわけではありません。第三者の権利は、第三者が債務者（鈴木さん）に、その「契約の利益を受けます！」と意思表示した時に発生するものとされています（同条３項）。第三者の権利が発生した後は、当事者はその権利を変更したり、消滅させることはできません。吉田さんが「シイタケを売るのをやめた」とか鈴木さんが「シイタケ買うのやめた」と言うことはできません。

(4) 契約上の地位の移転

単に債権譲渡や債務の引受けではなく、契約者の地位を丸ごと移転するときに使われるのが**契約上の地位の移転**です（539条の２）。地位が丸ごと移転する場合には、取消権や解除権も移転することになります。

たとえば、山本さんは、長年、シイタケ栽培をしており、継続的にできたシイタケを道の駅の「キノコショップ・きのぴー」に納める契約をしています。ただ、山本さんも高齢で、スタッフの山川さんに事業を譲ろうかと考えています。こうしたときに、契約上の地位の移転という方法を使うことができます。

契約上の地位の移転は、契約の当事者の一方（山本さん）が第三者（山川さん）と合意した場合に行われます。ただ、契約の相手方がその譲渡を承諾することが必要で、承諾があって、はじめて契約上の地位が第三者に移転することになります。

上の例でいえば、合意は山本さんと山川さんとの間で行われますが、契約上の地位移転の効果は、キノコショップ・きのぴーの承諾があってはじめて生じるのです。不動産の賃貸借での賃貸人の地位の移転については、別に特則（605条の2、605条の3）が定められています。この話はのちほど（本章11）します。

図表 契約上の地位の移転のイメージ

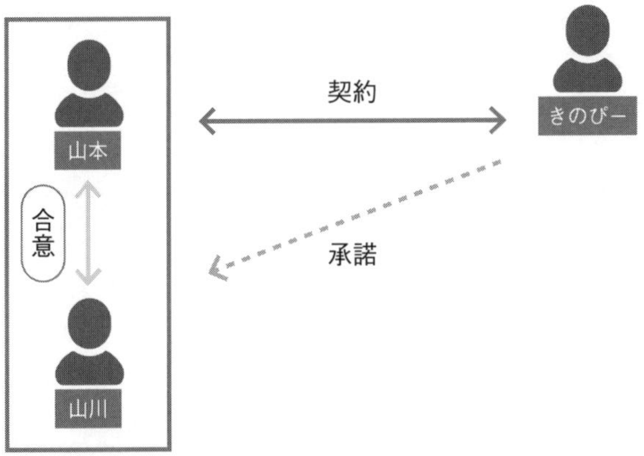

POINT

家の売買契約を結びました。家の引渡しをしていない間に、雷が落ちてその家が燃えてしまったとします。この場合には、買主は代金の支払いを拒むことができます。さらに、買主は履行不能を理由に契約を解除し支払債務を消滅させることができます。

練習問題

問題 **吉田さんは木彫りの像「シイタケの女神」を鈴木さんに売りました。吉田さんが像を鈴木さんに引き渡す前に大きな地震が起きて、像が砕けてしまいました。これについて以下のAからCのうち、正しい記述をひとつ選んでください。**

①特定物についての債権者主義は廃止されており、鈴木さんは代金の支払いを拒むことができる。

②像が壊れたことについて吉田さんには故意も過失もないので、鈴木さんは売買契約の解除をすることができない。

③特定物については債権者主義がとられており、特約のない限り、鈴木さんは代金の支払いを逃れることはできない。

解答

①

解説

平成29年改正で特定物についての債権者主義は廃止されました。改正前は③の扱いが原則とされていましたが、現在は①のように、どちらの責任でもないのに、債務を履行することができなくなったときは、債権者（引渡しを受ける者）は、反対給付である代金の支払いを拒否することができます。なお、債務者に責任がなくとも、債権者は契約を解除することができます。ですから②も誤りです。

3 契約③

契約の解除

(1)契約の解除いろいろ

「契約を最初からなかったことにする」ことが契約の解除です。お互いが合意して契約をしたのですから、お互いが話し合って、合意の上で解除することができます。これを**合意解除**といいます。

一般に民法で問題となるのは、一方的な意思表示（単独行為）によって解除する場合です。この場合にも２つの種類があります。ひとつは、「○○の場合には解除できる」と解除できる場合をお互いに合意しておくことです。この場合の解除を**約定解除**といいます。もうひとつの解除は、法律に「○○の場合には解除できる」と定められた解除事由に基づいて解除する場合です。これを**法定解除**といいます。540条は、一方的な意思表示により解除できる場合（約定解除と法定解除）について規定しています。

（解除権の行使）
第540条　契約又は法律の規定により当事者の一方が解除権を有するときは、その解除は、相手方に対する意思表示によってする。
2　前項の意思表示は、撤回することができない。

図表 契約の解除のバリエーション

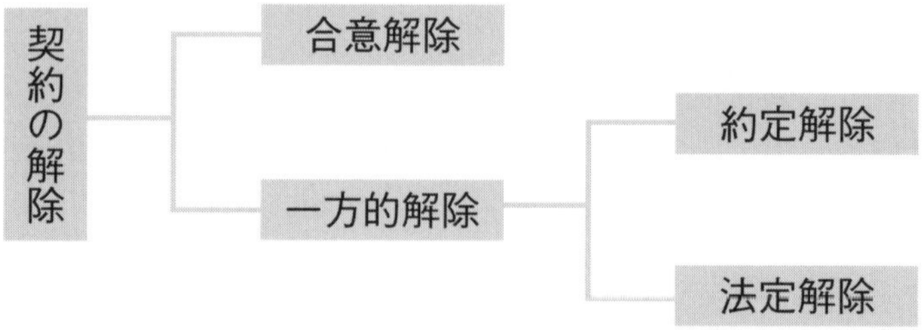

(2)催告解除と無催告解除

□ 催告解除

法定解除の場合にも、いったん、期間を定めて「履行してください」と催促して（これを「催告」といいます）、それでも履行しない場合に、はじめて解除できる場合（**催告解除**）と、いきなり解除することができる場合（**無催告解除**）とがあります。履行さえされれば満足できるわけですから、債権者は催告をして様子をみるのが普通です。ところが、12月25日を過ぎて届けられたクリスマスケーキのように、はたまた、結婚式が終わってからできあがったウエディングドレスのように、特定の時期までに履行してもらわないと意味をなさない債権（「**定期行為**」といいます）もあります。また、すでに履行が不能な債権もあることでしょう。こうした債権については、そもそも催告することがナンセンスです。ですから、こうした場合には、無催告解除ができるとしたのです。

話を催告解除に戻します。催告解除の場合、相当の期間を定めて催告し、その期間内に履行されない場合には、常に解除してもいいのかといえばそうでもありません。催告解除を定めた541条には「ただし、その期間を経過した時における債務の不履行がその契約及び取引上の社会通念に照らして軽微であるときは、この限りでない」とも定められています。

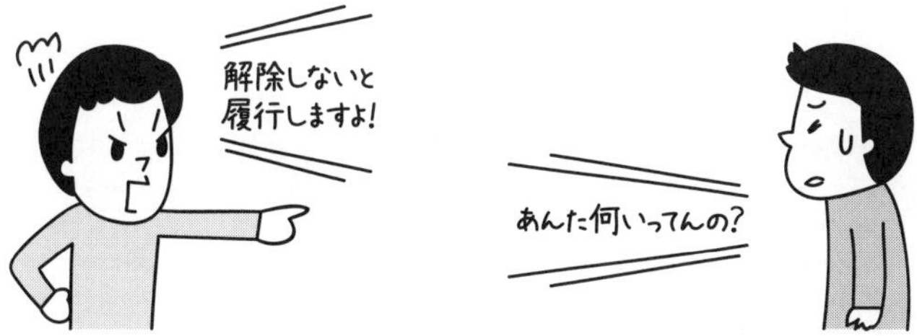

ロ 無催告解除

「いまさら君に何を言っても期待できないので、やめてもらう」。昔は、そんなセリフで高校を退学させられたなんてことを聞いたことがあります。無催告解除も同じようなものです。表にあるような場合には「今さら、催告しても……」なので、「催告をすることなく、直ちに契約の解除をすることができる」(542条1項)こととなっています。

無催告解除できる場合
① 債務の全部の履行が不能であるとき
② 債務者がその債務の全部の履行を拒絶する意思を明確に表示したとき
③ 債務の一部の履行が不能である場合や債務者がその債務の一部の履行を拒絶する意思を明確に表示した場合で、残った部分だけでは契約をした目的を達することができないとき
④ 定期行為について、債務者が履行をしないでその時期を経過したとき
⑤ ①〜④の場合のほか、債務者がその債務の履行をせず、債権者が催告をしても契約をした目的を達するのに足りる履行がされる見込みがないことが明らかであるとき

無催告解除は、契約自体(全部)を解除するものですが、場合によっては、無催告で、契約の「一部」だけを解除することができる場合もあります(542条2項)。それは次のような場合です。

無催告で一部解除できる場合
① 債務の一部の履行が不能であるとき
② 債務者がその債務の一部の履行を拒絶する意思を明確に表示したとき

ロ 解除できない場合

平成29年改正前は、「債務者側に故意や過失があって、それで契約の履行がなされていない状態にある」ときに解除可能なものとされていました。ところが、現在は、契約の解除に「債務者の帰責事由」は求めていません。「契約は結んだ以上守らなければならないものの、それが実現できないのなら債権者を契約という縛りから解放してあげるべきだ」と考えて、解除のしくみを組み立てています。

ですから、契約の解除に当たって、債務者の故意や過失といった帰責事由は必要ありません。その一方で、債権者に不履行の責任があるときには、債権者が契約の解除はできないとされているのです（543条）。

(3)解除の効果

ロ 原状回復義務

契約の解除は「契約を最初からなかったことにする」わけです。たとえば、自動車を100万円で売った売買契約を解除する場合には、買主は自動車を、売主は100万円を相手に返さなければなりません。もとに戻すという意味で**原状回復**といいます。このように、それぞれの当事者は**原状回復義務**を負いますが、第三者の権利を害することはできません（545条1項）。なお、それぞれの当事者の原状回復は同時に履行すべきものです(546条)。「自動車を返すまで、100万円は返さないぞ」と主張することができます。

ロ 利息と果実の扱い

返還するのがお金の場合には、受領の時からの利息も含めて返します。返還すべきものが不動産で賃料が入っていたなど果実を手にしていたときもその果実を返還しなければなりません（545条2項・3項）。

ロ 損害賠償請求との関係

解除権を行使したからといって、損害賠償請求ができなくなるわけではありません。損害が生じている場合には、もちろん損害賠償の請求をすることができます（545条4項）。

(4)解除権の消滅

解除権の行使について期間の定めがない場合には、相当の期間を定めて「いついつまでに解除をするかどうか確答して」と催告し、その期間内に解除の通知がない場合に解除権は消滅します（547条）。また、解除権を有する者が、解除されたら返還しなければならないものを故意や過失によって、傷つけたり、返せない状態にしたり、加工したときにも解除権は消滅します(548条)。普通は、解除しないつもりだからこそ加工などしたと考えられるからです。ただ、「解除権を有することを知らなかったときは、この限りでない」とあります。たとえば、「買ったものに瑕疵があったのに、買主がそれを知らずにその物を加工してしまった……」というような場合には、解除権は消滅することはありません。

POINT

契約を解除する前には催告が必要です。ただ、履行が不能である場合、相手が履行を拒絶している場合、定期行為である場合などでは、催告することなく契約を解除することができます。

練習問題

問題　**次のような場合、契約の解除に関して①と②のどちらの記述がより適切か考えてみてください。**

> アイドルグループ「レッド・フッシュ」は、メインボーカルの「あかみ・もか」が引退することになり、年内で解散することになりました。A君は、年末のラストコンサートで着たいと考え、12月初めに「あかみ・もかTシャツ」を注文しました。しかし、コンサートまでに届きませんでした。A君は、催告することなく、売買契約を解除することはできるでしょうか？

①レッド・フッシュ解散後は価値が下がるため無催告解除が可能である。

②A君がどうして年内にTシャツが欲しいか伝えていれば、定期行為となる余地がないわけではないが、そうでなければ、契約の解除に当たっては、まずは履行の催告が必要である。

解答

②

解説

その売買は、定期行為とまではいうことはできませんが、事情を説明して注文したような場合には定期行為になる余地はあると考えられます。

4 定型約款

あの契約書みたいなものの正体

(1)新たに規定された背景

平成29年改正で民法に定型約款に関する規定（548条の２〜548条の４）が加わりました。聞き慣れない言葉かもしれません。しかし、いろいろなところで「出会っている」はずです。ホテルの部屋やフロントに「宿泊約款」という宿泊に当たっての取決めが置かれていたはずです。また、インターネットで何かを申し込もうとするときに、何か取決めみたいなものを読まないと（読んだことにして次に進まないと）手続が先に進めないことがあったはずです。あの取決めが**定型約款**です。

どうも周りの人を見ていると、定型約款への対応は２つに分かれるような気がします。「どうせ、読んでもわからないから、気にしない」と全く読まないタイプと、「これも契約の内容だから、できるだけ読もう」と頑張って理解しようとするタイプです。確かに、契約内容だとすれば、その内容をしっかり理解しようとする態度がふさわしいのでしょう。しかし、

そう簡単には理解できる内容ではありません。

気になり始めたら、気になるもので、「利用者に一方的に不利な内容が書かれていたらどうしよう……」、「途中で約款が変更されたときの手続はどうなっているのだろう……」など、定型約款には、疑問や不安がつきまといます。定型約款が増えて、こうした疑問や不安を持つ人が増えたからでしょう。平成29年改正では、この定型約款についての最小限の規定を置くことにしました。

(2)定型取引と定型約款

定型約款がどんな場面で登場するかというと**定型取引**においてです。説明になっていないので、定型取引から説明します。548条の２第１項では、定型取引を次のように定義しています。

定型取引とは…
ある特定の者が不特定多数の者を相手方として行う取引であって、その内容の全部又は一部が画一的であることがその双方にとって合理的なものをいう

「契約の相手方ひとりひとりの個性に着目しない取引であって、不特定多数の者と行う取引、そして、一種のひな形にはまった取引がお互いにとって合理的なもの……」。定型取引とは、そんな風にいえるかもしれません。

548条の２第１項では、こうした定型取引を行うことを合意した者は、定型取引のために準備された定型約款の個別の条項についても合意したものとみなすとしています。「みなす」という用語に注目です。「みなす」というのは「そういうことにした」という場合に使う言葉です。反証を挙げてもひっくりかえりません。取引の相手が「定型約款のこの部分は理解できなかったんだけど……」などと言ってもダメで、すべての条項について合意したものとされるのです。

ただ、「定型約款の個別の条項についても合意したもの」とみなされるためには、次の要件を満たすことが必要です。

個別の条項についても合意したものとみなされる場合
定型約款を契約の内容とする旨の合意をしたとき
定型約款を準備した者があらかじめその定型約款を契約の内容とする旨を相手方に表示していたとき

定型約款のしくみは合理的ですが、定型約款を作るのはプロである事業者です。わかりにくい形で利用者に不利な条項が含まれているかもしれません。そんな条項を「合意したもの」とされてはたまったものではありません。そこで、548条の２第２項では、信義則上、相手の利益を一方的に害すると認められる条項については、合意しなかったものとみなすとしています。少し「ほっと」です。

（定型約款の合意）
第548条の２　略
２　前項の規定にかかわらず、同項の条項のうち、相手方の権利を制限し、又は相手方の義務を加重する条項であって、その定型取引の態様及びその実情並びに取引上の社会通念に照らして第１条第２項に規定する基本原則に反して相手方の利益を一方的に害すると認められるものについては、合意をしなかったものとみなす。

(3) 定型約款の変更

定型約款の変更についても規定が置かれています。変更の場合も、ひとりひとりと個別に合意することは難しいことですし、かといって定型約款を準備する者が自由に変更できるとしても問題が生じます。そこで、①変更が相手方の一般の利益に適合するとき、②変更が契約の目的に反せず、かつ合理的なものであるときには、「変更後の定型約款の条項について合意があったものとみなし、個別に相手方と合意をすることなく契約の内容を変更することができる」(548条の４第１項）としました。

練習問題

問題　**定型約款が定められるのは定型取引についてですが、定型取引について説明した次の文章には２か所の誤りがあります。その誤りを訂正して、定型取引の正しい説明としてください。**

> ある特定の者が特定の者を相手方として行う取引であって、その内容の全部又は一部が画一的であることがその一方にとって合理的なものをいう。

解答

> ある特定の者が**不特定多数**の者を相手方として行う取引であって、その内容の全部又は一部が画一的であることがその**双方**にとって合理的なものをいう。

POINT

- **契約の相手方ひとりひとりの個性に着目しない取引であって、不特定多数の者と行う取引、そして、一種のひな形にはまった取引がお互いにとって合理的なものを定型取引といいます。**
- **定型取引のために準備された約款が定型約款です。**

5 売買①
売買って何?

(1)売買契約を学ぶ意味

ロ 言わずと知れた売買契約

売買は、契約のなかで割とありふれた契約かもしれません。ただ、その場でお金と品物を交換しておしまいという場合も多いですから、あまり民法の売買の規定を使うこともないでしょう。しかし、民法では売買に関してまとまった条文を置いています。555条から585条までがそうです。売買といっても、不動産のような大きな額の売買もありますし、他人の物を売買するような場合もあります。また、権利を売買することもあります。ですから、民法は、少し込み入った売買も含めて、こうしたいろいろな売買に備えた規定を置いているわけです。

ロ 売買契約で必要な条文

売買で必要となるのは555条から585条までの条文ばかりではありません。売買も契約のひとつですから、債権各論で契約について定めている部分の条文も必要となります。それに加えて、債権総則の部分の条文もよく使われます。

たとえば、特定物については引き渡すまで善良な管理者の注意義務を果たしてその物を保存しなければならないこと（400条）が債権総則に定められています。また、「ビール１ダース」、「干しシイタケ５kg」のように物の種類と数量で引き渡すべきものが決められている債権を種類債権といいますが、種類債権は債務者が物の給付に必要な行為を完了したときなどに特定すること（401条２項）なども債権総則の規定事項です。こうしたことは売買でのルールにもなります。

また、あとでお話ししますが、売買では**売主の担保責任**という言葉がでてきます。担保責任は、不十分なものを売ってしまったときに売主が買主に対して負う責任のことです。この売主の担保責任は、平成29年改正前には特定物の売買についてだけの特殊な責任だと考えられていました。

特定物というのは一品ものというイメージです。家はひとつひとつが環境や間取りが異なるはずですから特定物です。また、「アイドルあかみ・もか」が引退コンサートで着ていた衣装といえば、それしかないので特定物でしょう。こうした特定物は不十分であってもほかに交換しようがありません。そこで、不十分なものであっても一応、債務を履行したことになり、不十分なものを売った売主の担保責任は、買主の不公平感をカバーするための責任だとされていたのです。ところが、平成29年改正では、債務不履行責任としてとらえなおされています。特定物であろうが、不特定物であろうが、不十分なものしか給付できていないのだから、債務不履行としてとらえるべきだと考えたのです。ですから、一般的な債務不履行の規定（買主の損害賠償請求権や解除権）が働き、さらに、売買についてのプラスアルファの債務不履行責任が働きます。売買についてのプラスアルファの債務不履行責任としては、買主の追完請求権や代金減額請求権があります。売買に関しては民法のあちこちの条文が解説書のなかに出てくるのはそうしたわけなのです。

図表 **売買に必要な条文**

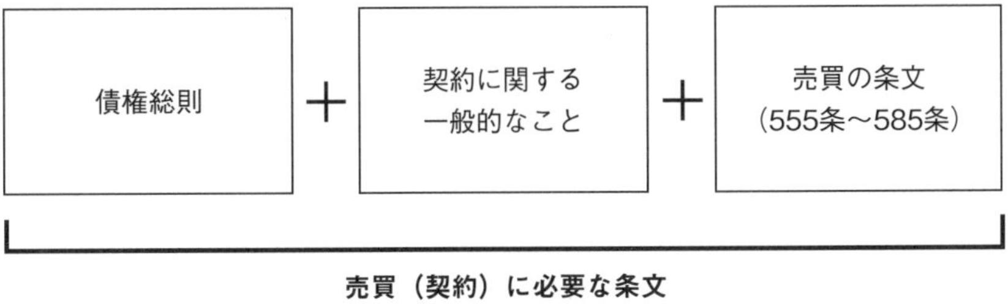

■ 他の有償契約のベースになる

また、本章１で、当事者がお互いに経済的、財産的な支出をする契約が有償契約だといいましたが、売買は代表的な有償契約ですので、売買に関する規定は、他の有償契約のベースになっています。559条には、売買契約の節の規定は「売買以外の有償契約について準用する」とあります。

売買というとイメージしやすいのですが、けっこう学ぶことが多くて、しかも、重要な知識がガッツリ詰まっていること、わかっていただけたと思います。

(2) 売買の一般的事項

□ 売買の一方の予約

売買の効力についてお話しする前に、最初に売買についてのいくつかのことがらを条文順に説明しておきます。まず、**売買の一方の予約**です。「今はお金がない。でも買いたい」という場合があるものです。買いたいものが不動産などの場合には、お金ができたときにはもう他人の手に渡っていることもあります。こんなとき使えるのが売買の一方の予約です。一方が「売買を完結する意思を表示した時から、売買の効力を生ずる」（556

条１項）よう契約を結んでおくのです。

たとえば、吉田さんが、ある土地を買いたいと思ったとします。今はお金がないけれども、近いうちにお金が入る当てもあったので、土地の持ち主の鈴木さんと売買の一方の予約をしておいたとします（売買の予約の契約を結ぶ）。こうしておけば、吉田さんの一方的な意思で（改めて相手方の承諾をとることなく）本契約を成立させることができます。吉田さんは**予約完結権**を有していると表現できます。

ただ、予約完結権がいつまで行使できるか決めていないときには、相手はやきもきします。その場合には相手方は相当の期間を定めて、その期間内に売買を完結するかどうか催告することができます。しっかりとした返答（確答）がない場合には、売買の一方の予約は効力を失います（同条２項）。

ロ 手付

額の大きい売買契約を結ぶ際に、買主が売主に何がしかのお金を交付することがあります。普通、このお金を**手付**とか**手付金**と呼びます。

この手付の性格はどんなものでしょうか。単に好意でくれたものではないはずです。

手付には、**証約手付**、**違約手付**、**解約手付**の３つがあるとされています。証約手付は、契約を結んだ証拠として交付されるものです。違約手付は、債務不履行の際の違約金として交付するお金です。実際に債務不履行があったときに、まず違約手付が没収され、それとは別に損害賠償が請求される可能性がある場合もあれば、損害賠償の予定額として違約手付が交付される場合もあります。解約手付は、相手方が債務を履行するまでは、買主は手付を放棄すれば契約を解除でき、売主も手付の倍額を買主に交付すれば契約を解約できる趣旨で交付される手付です。

証約手付	違約手付	解約手付
契約の証（証拠）として交付するもの	債務不履行のときの違約金として交付されるもの	買主・売主の解除権の留保のために交付されるもの

実際に契約時に交付される手付が３つのうち、どれなのかわからない場合もあります。そこで、買主が手付を交付したときには原則として解約手付とされるとしています（557条１項）。解約手当の性格から、契約を解約したことに伴う損害賠償も請求はできません（同条２項）。

ロ 売買契約に関する費用

売買契約書の作成に関する費用など売買契約に関する費用は原則として、当事者双方が半分ずつ持ち合うことを定めています（558条）。

ロ 移転した権利が契約の内容に適合しない場合

なお、565条では、売主が買主に移転した権利が契約の内容に適合しない場合も、買主は同じように４つの権利を行使することができるとしています。４つの権利とは、次の本章６で紹介する①追完請求権、②代金減額請求権、③損害賠償請求権、④解除権です。わざわざ、「権利についても同じですよ」という条文を置いたのは、562条から564条までは「目的物」という表現をとっているからです。そこで「物」だけでなく「権利」の場合も同じだよと条文を置いたのです。

練習問題

問題1　不十分なものを売ってしまったときに売主が買主に対して負う責任のことを何というでしょうか。次の①〜③のなかから選んでください。

①売主の箇保責任　②売主の十分責任　③売主の担保責任

問題2　次の記述のうち誤りのものはいくつあるでしょうか。

①売買の一方の予約では、当事者双方が売買を完結する意思を表示した時から、売買の効力を生じます。

②買主が手付を交付したときには原則として解約手付とされます。

解答

問題1　③

問題2　1つ

解説

問題2　①誤りです。当事者双方が売買の意思を表示した時から効力が生じるのは普通の売買契約です。「相手方が売買を完結する意思を表示した時から、売買の効力を生ずる」（556条1項）のが売買の一方の予約です。②は557条1項に照らして正しいです。

POINT

- **売主の担保責任のとらえ方が平成29年改正で変わりました。現在は特定物であろうが、不特定物であろうが、不十分なものしか給付できていない場合の債務不履行責任としてとらえられています。**
- **買主が手付を交付したときは原則として解約手付とされます。**

6 売買②
売主の義務と責任

(1)売買の効力

ロ 売主の義務①　対抗要件を備えさせる義務

売主は買主に対抗要件を備えさせる義務を負います。売買の効果として一番にこのことが書かれています（560条）。対抗要件というのは、第三者に「私の物です」と主張するための要件です。たとえば、吉田さんが、不動産を鈴木さんにも、山田さんにも売ってしまった場合、鈴木さんと山田さんでどちらが「私の物です」と主張できるかといえば、登記を先に備えた者ということになります。不動産に関する物権の変動などについて登記こそが対抗要件ということになります（177条）。

お互いの意思だけで売買契約が成立するので、対抗要件が必要となる場合もあるわけですが、売主はこうした対抗要件を備えさせる義務を負うことを明らかにしています。

ロ 売主の義務②　他人の権利の売買における義務

他人の物を売買しても構いません。また、他人の権利を売買しても構いません。権利の一部が他人に属する場合も可能です。ただ、その場合には、「売主は、その権利を取得して買主に移転する義務を負う」（561条）とされています。

では、権利を移転して売主の義務を果たせないときにはどうなるのか？全部について移転できない場合は、売買のところには規定されていませんが、一般的な債務不履行になることは間違いありません。契約を解除することができますし（541条、542条）、債務者の責に帰する場合には損害賠償も請求することができます（415条）。権利の一部が他人に属する場合で、その一部が移転できないときについては、次の（2）の売主の担保責任と同様の責任を負います（565条）。

(2)売主の担保責任

ロ 追完請求権

引き渡されたものが、「種類、品質又は数量」の面で、契約の内容に適合しないときはどうなるでしょうか。「違うんじゃないの？　ちゃんとしたものちょうだいよ！」と買主は言うはずです。民法では、こうした場合、買主に**追完請求権**というものを認めています。本章5でお話しした売買契約についてプラスアルファされた債務不履行責任です。

「売買が有効なものとなるように必要なことをしてください」という請求権です。具体的には、**目的物の修補、代替物の引渡し、不足分の引渡し**という方法による履行の追完を請求することができます（562条1項）。

履行の追完の請求（追完請求）		
目的物の修補	代替物の引渡し	不足分の引渡し

ただ、売主は必ず買主から求められた方法で履行の追完をしなければならないわけではありません。売主は、買主に不相当な負担を課するものでないときは、買主が請求した方法と異なる方法による履行の追完をすることができます（562条1項）。

もし、「見えているところは昔のままの真空管ラジオです」と言われて、骨とう品店で古いラジオを買ったとします。ところが、つまみの一部が「あと付け部品だった」ことが判明しました。買主の追完請求は認められるでしょうが、その際にも、「オリジナルの部品を探してきて、つまみを修補する」というのは売主の負担が大きいかもしれません。ちょうど、同じ型式の代替品に心当たりがあるなら、それを売主が引き渡すことも認められるでしょう。この場合、買主には「目的物の修補」を求められたわけですが、売主は「代替物の引渡し」で履行の追完をしたことになります。

なお、契約の内容に適しない原因が、買主にある場合には、追完請求はできません（同条２項)。当たり前のことです。

ロ 代金減額請求権

種類、品質、数量の面で契約の内容に適合しないときは、３種類の追完請求をすることができると説明しました。しかし、相当の期間を定めて追完するよう求めても（催告をしても)、その期間内に履行の追完が行われないときには、買主は、不適合の程度に応じて代金の減額を請求することができます（563条１項)。これが**代金減額請求権**です。これもまた、売買契約についてプラスアルファされた債務不履行責任です。

ただ、追完がそもそも不能である場合などには、催告をすることなく、ストレートに代金減額請求をすることができます。催告が必要なものと、催告が必要ないものがあるというのは、どっかで見た記憶があるはずです。そうです、契約の解除です。541条では催告をしたあとで解除することを原則としながらも、542条で無催告解除を定めています。無催告解除できる場合は、無催告で代金減額請求できる場合とほぼ同じです。

「見えているところは昔のままの真空管ラジオが欲しい」ということで、売買契約を結んでいた場合、「つまみ」部分についての追完が認められるわけですが、修補もできず、かといって、別の同じような真空管ラジオが見つからないという場合もあるでしょう。その場合には、売主は買主の減額請求に応えるしかないということになります。

ロ 損害賠償請求権・解除権の行使

売買の目的物が契約の内容に適合しない場合には、売主の債務不履行であることは事実です。売買については、買主には追完請求権や代金減額請求権が定められているわけですが、その場合であっても、債務不履行には違いないのですから、損害賠償請求権（415条）や契約の解除権（541条、542条）もあります。564条では「妨げない」という表現で、そのことをハッキリさせています。

> （買主の損害賠償請求及び解除権の行使）
> 第564条　前２条の規定は、第415条の規定による損害賠償の請求並びに第541条及び第542条の規定による解除権の行使を妨げない。

つまり、売主の担保責任というのは、買主が行使することができる次の４つの権利で支えられているということになります。

追完請求権	**代金減額請求権**	**債務不履行による損害賠償請求権**	**契約の解除権**
・目的物の修補	・催告あり		
・代替物の引渡し	・無催告		
・不足分の引渡し			

図表　買主が行使できる４つの権利

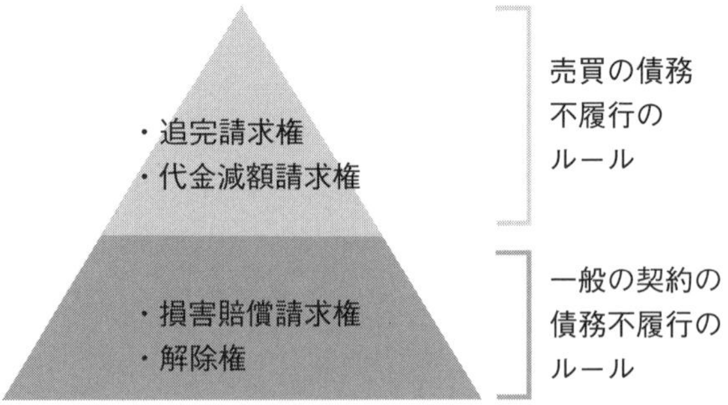

練習問題

問題 **吉田さんは、妖怪フィギュア（人形）のマニアです。あるとき、ぬりかべのフィギュアを１ダース注文したところが、１体だけ、体の色の塗り忘れのフィギュアが入っていました。民法が定める売主の義務（責任）についての記述として正しいものはいくつあるでしょうか。**

①「塗り忘れのぬりかべを塗り直してください」という目的物の修補の要求があれば必ず応えなければなりません。

②代金減額請求に直ちに応えなければなりません。

③塗り忘れた数の倍の正しく塗られたぬりかべを追加して引き渡さなければなりません。

解答

0

解説

①誤りです。売主は、買主に不相当な負担を課するものでないときは、買主が請求した方法と異なる方法による履行の追完をすることができます(562条1項)。ぬりかべの塗り直し（目的物の修補）を求められても、正しく塗られたぬりかべの追加（不足分の追加）で対応することもできるでしょう。

②誤りです。履行の追完が可能なので、いきなりの代金減額請求はできません。まずは、履行の追完を求めなければなりません（563条1項）。

③誤りです。そのような形で不足分を追加するよう民法は求めていません。

POINT

売買においては売主の担保責任として、買主の①追完請求権、②代金減額請求権、③損害賠償請求権、④解除権に応えなければなりません。

7 売買③
買戻しの特約など

(1)担保責任の期間の制限

売主の担保責任として、買主の追完請求、代金減額請求、損害賠償請求、解除といった４つのことに応えなければならないという話をしました。この担保責任について566条は、種類や品質の面で契約の内容に適合しない目的物については、買主は、不適合を知った時から１年以内にその旨を売主に通知しないと、追完請求、代金減額請求、損害賠償請求、解除をすることができないと定めています。さらっと読んだだけではうまく理解できないに違いありません。

目的物が契約の内容に適合しない場合には、「種類、品質又は数量」の不適合があります（562条１項）。また、契約の内容に適合しないというケースは「目的物」ばかりでなく「権利」の売買の場合にもあります。

ところが、566条では、種類・品質に関して契約の内容に適合しない目的物についてだけを取り出して、不適合を知った時から１年以内にその旨を売主に通知しないと権利行使できないとしたのです。

図表　担保責任の期間制限

<table>
<tr><td rowspan="3">目的物の不適合</td><td>種類</td><td rowspan="2">１年以内という期間の制限あり</td></tr>
<tr><td>品質</td></tr>
<tr><td>数量</td><td rowspan="2">規定なし</td></tr>
<tr><td colspan="2">権利の不適合</td></tr>
</table>

もちろん、そうしたのには理由があります。数量不足は明らかですし、権利についても、「担保物権が付いていた」という場合には登記に示されています。しかし、物についての種類や品質は時間が経つと契約の内容に適合していたかどうかの判別が難しくなると考えたのです。だから、それについてだけ1年以内の通知を義務付けたわけです。

なお、一般的に債権は権利行使できることを知った時から5年、行使できる時から10年行使しないと消えてしまいます（166条)。種類や品質に関しても、通知をしたからといって安心できるわけではありません。通知をすることで権利が確保されただけのことであって、時効によりその権利が消滅することに変わりはないのです。このことは、1年以内の通知が求められていない内容についてや権利についても同じです。

(2)さらに目的物の滅失等についての危険負担

平成29年改正で、危険負担の考え方が変わったことをお話ししました(本章2)。536条1項では、どちらのせいでもないのに債務が履行できない場合には、債権者は反対給付を拒むことができるとしています。「拒むことができる」というのは、契約がまだ残っているという状態を示すものですから、スッキリしたいと考えるなら契約の解除をするでしょう（541条、542条)。

これによれば、家の売買契約を結んだだけの状態で、その家に雷が落ちて燃えてしまえば、買主は代金を払う必要がありません。ただ、567条1項では、売主が売買の目的物を買主に引き渡したら、たとえ、どちらのせいでもなく、滅失したり、損傷したりしても、買主がその危険を負うべきことを定めています。つまり、買主は代金を払う義務から逃れられないのです。確かに、代金を払い終えていないわけですから、買主の契約は履行されていないのですが、それを理由に「危険負担は債務者主義だったのではないか！」とか「契約は解除する！」と言えないとしたのです。また、この場合には、履行の追完や損害賠償も求めることはできないと規定されています（567条１項）。

では、売主が契約どおりの物を提供しているにもかかわらず、買主が引渡しに応じないときはどうでしょう。この場合には、提供があった時以後は、買主は危険負担を負わなければならないとされています（同条２項）。

(3) 買戻しの特約

売主の担保責任の話題はここまでにして、次は買戻しの特約の話をしましょう。**買戻しの特約**は、担保代わりに使われる制度です。買戻しはこんな感じで使われます。

吉田さんが鈴木さんに不動産を売りました。しかし、売ったと同時に「○年後に売買を解除しますね」と約束しておきます。そうすれば、吉田さんは最初に決めた○年後に、鈴木さんが払った代金と契約の費用を払って（これとは異なる合意をしている場合にはその合意した金額でも構いません）、その不動産の買戻しができるのです（579条）。

実質的に○年もお金を貸したことになるのに、利息の支払いは基本的に求められていません。このことについてヒントとなる規定があります。579条には「当事者が別段の意思を表示しなかったときは、不動産の果実と代金の利息とは相殺したものとみなす」とあるのです。確かにお金は借りている状態ですが、不動産を自由に使わせているわけですから、そのことで得られた利益とチャラにしようというわけです。

なお、「○年後」は10年を超えることはできません。これ以上の期間を定めても10年となります（580条１項）。買戻しの期間を定めていないときには５年以内に買戻しをしなければならないとも定められています（同条３項）。当事者の合意があるとはいえ、あまり長い期間、不安定な状態にするのは望ましくないと考えたのです。

売買契約と同時に買戻しの特約を登記したときには、第三者にも対抗することができます（581条１項）。買戻しをする前に鈴木さんがその不動産を田中さんに売ってしまっていても、登記があれば田中さんに対しても買戻しを求めることができるのです。

練習問題

問題　**買戻しの特約が成立するのはどちらの場合でしょうか。**

①吉田さんは大事な妖怪ぬりかべのフィギュアを田中さんに売りましたが、５年後に買い戻す約束を結びました。

②吉田さんは持っている土地を田中さんに売りましたが、15年後に買い戻す約束をしました。

正解

②

解説

①買戻しの特約は不動産についてだけ成立します（579条）。②買戻しの特約における買戻し期間は10年を超えることができませんが（580条１項）、10年を超えた期間を定めたときには、その期間は10年となります。

POINT

- **担保責任のうち、種類・品質に関するものは、不適合を知った時から１年以内にその旨を売主に通知しないと権利行使できません。**
- **買戻しの特約は不動産についてだけ成立します。債権の担保代わりに使われる制度です。**
- **買戻しの特約での買戻し期間は10年を超えることはできません。**

8 消費貸借と使用貸借

貸し借りのバリエーション

(1)消費貸借

ロ 消費貸借のイメージ

「奥さん、ちょっとお米貸してくださる？」。昭和の時代、大学の民法の講義でこれが**消《しょう》費《ひ》貸借《たいしゃく》**（契約）の例だと教えてもらいました。昔は、ご近所とお米やお味噌などの貸し借りをしたというのです。

消費貸借は、次のように表現されています。

> （消費貸借）
> 第587条　消費貸借は、当事者の一方が種類、品質及び数量の同じ物をもって返還をすることを約して相手方から金銭その他の物を受け取ることによって、その効力を生ずる。

確かに、お米やお味噌の貸し借りは消費貸借でしょうが、昔から最もポピュラーな消費貸借はお金の貸し借りです。借りたものと同種、同量のものを返す。お金の貸し借りだって同じです。

お金の場合には、親しい間柄での貸し借りならともかく、利息を付けることが普通です。その点が、お米やお味噌とは違う場合が多いともいえますが、589条1項には「貸主は、特約がなければ、借主に対して利息を請求することができない」とあります。逆にいえば、利息付きでも特約があれば消費貸借として認められるということなのです。

ロ 消費貸借の性格（要物契約なの？　諾成契約なの？）

もう一度、587条の条文を見てください。「相手方から金銭その他の物を受け取ることによって、その効力を生ずる」とあります。「物を受け取る」ということが契約成立の要件となります。そのため、消費貸借は「要物契約」（当事者の意思が合致しただけでなく、物の引渡しなどがあってはじめて成立する契約）とされていました。

ところが平成29年改正では、書面を作成する場合には、「種類、品質及び数量の同じ物をもって返還をすること」を約束しただけで、物の引渡しなどがなくても契約が成立するとしたのです（587条の２第１項）。電磁的記録によって行ったときも書面によってなされた扱いとなります（同条４項）。

つまり、要物契約を基本としていますが、書面を作成した場合には諾成契約（当事者の意思が合致しただけで成立する契約）も認められるのです。

ロ 書面でする消費貸借の注意点

ただ、諾成契約の場合には「物を引き渡した」ときとは異なるトラブルも考えられます。「契約をしたけれど、やっぱりヤメます」といった場合です。書面でする消費貸借は、借主は物を受け取るまでは契約の解除ができるのですが、貸主は生じた損害の賠償を求めることができるとしています（587条の２第２項）。また、書面でする消費貸借については、物を受け取る前に当事者の一方が破産手続開始の決定を受けたときには、その効力が失われるともされています（同条３項）。

ロ 利息のことや引渡義務

消費貸借に関して少し細かなルールも紹介しておきましょう。

利息の有無については、先ほどお話ししたように「特約」があれば利息を請求することができます。利息を払うときには有償契約となります。利息の起算点は「金銭その他の物を受け取った日以後」とされています(589条２項)。

利息をとらない場合には、貸主は原状のままで物を引き渡すことが許されます（590条１項）。これはお金ではなく、むしろ米や味噌などの場合にピッタリです。少しぐらい欠けた米などが混じっていても文句は言わせません。

また、これは、利息の有無にかかわらず適用されますが、「貸主から引き渡された物が種類又は品質に関して契約の内容に適合しないものであるとき」には、物ではなく、「その物の価額」を返還することができます（同条２項)。よく見たら食用に適さないようなお米を引き渡されたのに、ちゃんとしたお米で返しては借主が損をします。かといって、わざわざ食用に適さないお米を探してきて返還するというのもナンセンスです。そこで、価値をお金で見積もって、それで返せば十分であるとしたわけです。

ロ 返還の時期

返還の時期については、借主側、貸主側、両方からの規定が置かれています。消費貸借が成立する際に、当事者で返還の時期を定める場合が多いでしょうが、もし、定めていない場合には、貸主は相当の期間を定めて返還の催告をすることができます（591条１項)。

借主の方はというと、返還の時期の定めがあるなしにかかわらず、いつでも返還することができます。返還の時期の定めがあっても、なくても、いつでも返せるというのがポイントです。ただ、貸主としては、「お金を貸して利息を期待していた」といった事情もあるかもしれません。そこで、当事者で返還の時期を定めていたのに、借主が早めに返して損害を受けたときには、貸主は、その賠償を借主に請求できることとしています（同条３項）。

(2) 使用貸借

ロ 諾成契約になりました。

物をタダで貸して使わせるのが**使用貸借**《しようたいしゃく》です。借りたその物を返すのが特徴です。「自転車貸してね」とか「傘貸してね」とか、いろいろな例が思い浮かべられます。

使用貸借はこれまで要物契約でした。しかし、平成29年改正で諾成契約となりました。つまり、物を渡さなくても使用貸借契約が成立するとしたのです（593条）。これまでの要物契約だと、物を貸すまでは契約が成立していないのですから、お互いに何の義務も負わないことになります。家族や親しい者同士ならそれでもいいのでしょうが、タダであっても、経済活動として行う場合には少し問題があります。そこで、当事者が合意をした際に契約の効果が発生するとしたのです。

ただ、借主が借用物を受け取る前までは、貸主は契約を解除できるとしました（書面で契約を交わした場合は別です）（593条の２）。タダで貸すのですから、そこは貸主の意思を優遇したわけです。

ロ 借主の義務

「自転車を貸してもらった」という場合で考えてみましょう。サッカーのゴール代わりに自転車にボールをぶつけて使うなどもってのほかです。契約に何か書かれていればそれに従うことはもちろんですが、当然、自転車としての用法に従い使用などしなければなりません（594条1項）。また、貸主の承諾を得ないでの「また貸し」は認められません（同条2項）。こうしたことに違反した場合には、貸主は契約を解除することができます（同条3項）。

ロ 使用貸借の終了

当事者が期間を定めていたときには、使用貸借はその期間が満了することで終了します（597条1項）。当事者がそうした期間を定めていない場合で、使用や収益の目的を定めていたときには、借主がその目的に従い使用や収益を終えることで終了します（同条2項）。また、借主が死亡したときにも使用貸借は終了します（同条3項）。タダでの貸し借りの関係ですので、「○○さんに貸すならいいかなぁ……」といった信頼関係がベースにあると考えられるからです。

ロ 使用貸借の解除

「タダで貸してもらっている」ということにあぐらをかいて借主が返さなかったらどうでしょう。「夏の暑い時期の通勤用に貸してくれないかな？」と言われ、自転車を貸してあげたとします。ところが、秋になっても自転車は返ってきません。こうしたとき、貸主から「使用貸借は解除します」と言えるかです。

598条1項では、使用や収益の目的を定めたときには、その目的に従い借主が使用、収益するのに足りる期間を経過したときに、貸主は契約を解除できるとあります。「夏の暑い時期の通勤用に」というのなら、秋には解除できるというものです。問題はこうした使用や収益の目的を定めなかったときです。同条2項では、当事者が使用貸借の期間、使用や収益の目的を定めなかったときには、貸主はいつでも解除できると定めています。

一方、借主側からはいつでも契約を解除できます。タダで貸しているわけですから、貸主にとっても問題はないと考えられるからです。

ロ 借用物の費用の負担など

借主は、借りているものについて「通常の必要費」を負担しなければなりません（595条1項）。

少し説明が必要かもしれません。必要費というのは、現状維持や修繕のために必要な費用のことです。その必要費は「通常の必要費」と「特別の必要費」に分かれます。修繕について取り上げると、日常的なメンテナンスともいえる費用などは「通常の必要費」の範囲です。何か突発的な出来事に対するものや大規模な修繕が「特別の必要費」といえるでしょう。

自転車を借りたなら、チェーンにさす油に費用がかかったり、タイヤの空気を入れてもらうのに費用がかかったとしたら、それは通常の必要費でしょう。ところが、ガラスを踏んでパンクしてしまいチューブを取り換えたなどというなら「特別の必要費」といえるかもしれません（少し微妙です）。

前置きが長くなりましたが、使用貸借は「タダで使わせているのですから、通常の必要費は借主が負担しなさい」というわけです。

では、特別の必要費や有益費（使用価値を増加させた支出）についてはどうなるでしょう。これについては、価格の増加が残っているときに限り、増価額か支出額のどちらかの額を貸主の選択に従って償還してもらえます（同条2項）。

なお、借主は借用物を受け取ったあとに附属させたものがあれば、それを収去することができますし、収去しなければならない義務があります（599条2項）。借りた自転車に「便利だから……」と前かごをつけたのであれば、それは返す際にとっておきましょう。

また、借りた物が損傷していたら、借主はもとに戻しておかなければならないのですが、その損傷が借主のせいでないなら、もとに戻す必要はありません（同条3項）。

ロ 消費貸借と使用貸借のまとめ

消費貸借と使用貸借とが少し混乱するかもしれません。最後にこの2つを整理しておきます。

図表　消費貸借と使用貸借

消費貸借		使用貸借
種類、品質、数量の同じ物	返還するもの	借りた物
要物契約（書面でするときには諾成契約）	契約の性格	諾成契約
特約がなければ無償	有償 or 無償	無償
いつでもOK（※）	借主からの契約解除（返還）	いつでもOK
相当な期間を定めて返還の催告をすることができる	期間を定めなかったときの貸主からの契約解除（返還の催告）	（使用や収益の目的を定めなかったときには）いつでも契約解除可能

※返還時期前の返還は損害賠償請求を受けることもある。

練習問題

問題　**下の表は消費貸借と使用貸借との違いをまとめた前ページの表の抜粋です。（A）～（C）までに、それぞれ漢字２字を入れて表を完成させてください。**

消費貸借		使用貸借
（A）契約（書面でするときには（B）契約）	契約の性格	（B）契約
特約がなければ（C）	有償 or 無償	（C）

解答

A 要物　B 諾成　C 無償

解説

当事者の意思が合致しただけでなく、物の引渡しなどがあってはじめて成立する契約を要物契約といいます。一方、当事者の意思の合致だけで成立する契約を諾成契約といいます。平成29年改正では、使用貸借が諾成契約に改められました。消費貸借は要物契約なのですが、書面でするときには諾成契約となりました。

POINT

- **消費貸借では、借りた物を返すのではなく、借りた物と同じ種類、品質、数量の物を返します。**
- **使用貸借では、借りた物そのものを返します。**

9 賃貸借①
民法と借地借家法との関係

(1) 賃貸借とは?

□ 賃貸借の要素

売買ほどではありませんが、よく行われる契約に**賃貸借契約**があります。まず、601条では、**賃貸借**とは何かということについて書かれていますが、次の3つの要素が挙げられています。

①当事者の一方がある物の使用及び収益を相手方にさせることを約束すること
②相手方がこれに賃料を支払うことを約束すること
③相手方が契約が終了したときに返還することを約束すること

こうした約束をお互いが交わしたときに、賃貸借契約は成立するのです。そうです、賃貸借契約は諾成契約です。使用や収益させるものは動産だろうが、不動産だろうがかまいません。③は平成29年改正で追加された部分ですが、別に賃貸借の性格を変えたのではなく、当たり前のことを明らかにしただけです。

(2)賃貸借の存続期間

「1日2時間勉強する」。高校2年になってそう誓いを立てました。しかし、「今日は体育祭の練習で疲れてるから早く寝よう」、「見忘れた映画がTVで放送されているので、明日からがんばろう」などと例外を作っているうちに、原則どおり2時間の勉強をした日はそれほど多くありませんでした。賃貸借の存続期間についても、例外が多すぎるという意味では似ているかもしれません。

（賃貸借の存続期間）
第604条　賃貸借の存続期間は、50年を超えることができない。契約でこれより長い期間を定めたときであっても、その期間は、50年とする。
2　賃貸借の存続期間は、更新することができる。ただし、その期間は、更新の時から50年を超えることができない。

民法は604条で「賃貸借の存続期間は、50年を超えることができない」としています。賃貸借の存続期間を定めた場合には最長でも50年となります（50年を超えない範囲で更新は可能です）。最短期間についての定めはありません。

ところが、この規定だけが賃貸借のルールではありません。民法の特別法に**借地借家法**という法律があります。借地権（建物の所有を目的とする地上権又は土地の賃借権）や建物の賃借権について特別のルールを定めた法律です。そこでは、借地権について、原則、30年とするとの規定があります。それより長い期間も定めることができるとあるわけですから、最短期間が30年と考えることができます。また、借地借家法29条2項には「民法604条の規定は、建物の賃貸借については、適用しない」ともあります。

借地借家法

（借地権の存続期間）

第３条　借地権の存続期間は、30年とする。ただし、契約でこれより長い期間を定めたときは、その期間とする。

そのため、民法604条は借地権にも、建物の賃借権にもストレートに適用されるわけではありません。土地の賃貸借なら、駐車場や駐輪場のために空地を借りる場合などは、604条がそのまま適用されるでしょうが……。このように賃貸借の存続期間の原則を規定した604条は意外に例外が多いのです。

（3）不動産賃貸借の対抗力

不動産の賃借権は登記できるしくみがあります（不動産登記法３条）。「登記したときは、その後その不動産について物権を取得した者その他の第三者に対抗することができる」（605条）と定められています。土地であろうと、建物であろうと、その不動産の譲渡を受けた人へはもちろん、その不動産が二重賃貸されたようなときの二重賃貸人にも、登記を備えていれば「私が借りる権利がある！」と賃借権を主張することができます。

図表　不動産の賃借権の登記

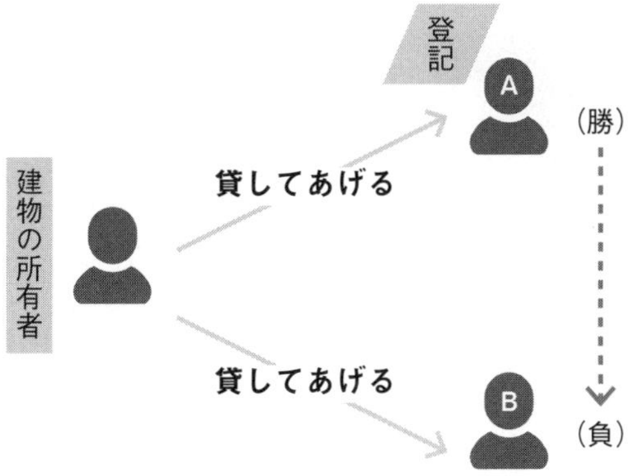

鈴木さんが所有しているマンションを吉田さんが借りて暮らしていたとします。そして、鈴木さんがそのマンションを田中さんに売りました。さて、吉田さんは住み続けられるでしょうか？　先ほど、賃借権の登記をすれば対抗できると習ったばかりです。ただ、実際には、鈴木さんが登記に協力してくれないという事態が生じます。少し話が長くなりますが聞いてください。

普通、登記というのは物権について行われます。債権というのは、特定の人への請求権なのですから、吉田さんが鈴木さんにマンションに住むことを認めさせればいいし、登記の必要などないはずです。しかし、不動産の賃借権については登記を認めました。鈴木さん以外にも賃借権を主張できるよう吉田さんの賃借権を保護するためです。

しかし、あくまでも賃借権は債権です。物権は誰に対しても主張できる自分だけの権利ですから、権利者は登記請求権があります。しかし、賃借権については「登記できる」としているに過ぎない制度なのです。賃借人である吉田さんは賃貸人である鈴木さんに登記するよう求めることはできず、協力してもらって登記するしかないのです。不動産登記法60条では「権利に関する登記の申請は、～登記権利者及び登記義務者が共同してしなければならない」とあります。共同申請というのはいい響きの言葉ですが、要するに鈴木さんが「うん」と言わなければそれまでです。そのため、不動産の賃借人の置かれている立場はたいへん弱いものです。

そこで、借地借家法では、賃借人を保護するような特別な規定を置きました。土地については、借地借家法10条１項では、借地の上に借地権者が登記された建物を所有するときには、第三者に対抗することができると

しています。AがBから土地を借りたとします。この賃借権を登記しておければ、Bから土地を譲り受けたCにもその賃借権を対抗できます（605条)。しかし、それができなくとも、借地の上に立っている建物をAが自分名義で登記しておければ、借地権をCに主張できるというわけです。

また、建物の賃借権についても、借地借家法31条では、登記がなくても、建物を引渡しされてさえいれば新しい所有者などにも対抗することができるとしています。「住んでいる状態」というのはまさしく引渡しを受けているのですから、吉田さんは、登記がなくてもマンションの新所有者である田中さんに住み続けること（建物の賃借権）を主張できるのです。

図表　建物の賃借権の対抗力

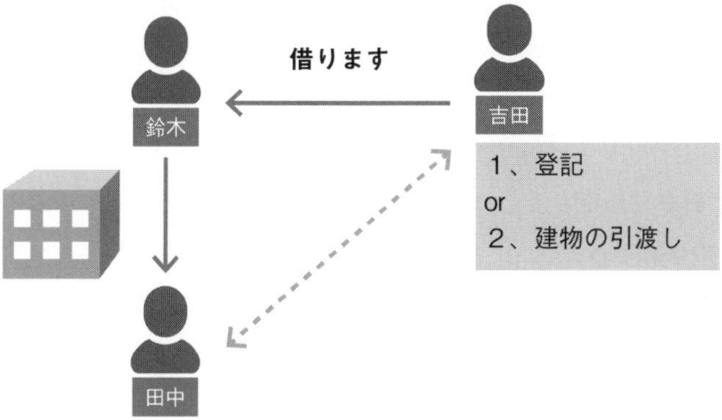

借地借家法

（借地権の対抗力等）

第10条　借地権は、その登記がなくても、土地の上に借地権者が登記されている建物を所有するときは、これをもって第三者に対抗することができる。

2　略

（建物賃貸借の対抗力等）

第31条　建物の賃貸借は、その登記がなくても、建物の引渡しがあったときは、その後その建物について物権を取得した者に対し、その効力を生ずる。

練習問題

事件

金有さんが所有する貸家に X さんは住んでいました。不動産の賃借権には登記制度があると聞いた X さんは金有さんに登記を求めていました。しかし、金有さんはのらりくらりと X さんの要望をかわして、なかなか登記に協力してくれません。そのようななか金有さんが建物を息子に売却することを決めたというニュースが X さんの耳に飛び込んできました。

問題　**上の事件に関して、コメントする次の３人のうち、正しいことを述べているのは誰でしょう。**

A さん　親から子供への相続なんだから、賃貸借関係もそのまま相続されるから、住み続けられるんじゃないの。

B さん　X さんは勘違いしているようだけど、賃借権は債権だから、登記制度なんてないよ。

C さん　建物の所有権が金有さんの息子に移っても大丈夫。ずっと住んでいる X さんは借地借家法で賃借権を息子さんに対抗できるよ。

解答

C さん

解説

Aさんの言っていることは誤りです。金有さんは死んでいないのですから、そもそも相続ではありません。Bさんの言っていることも誤りです。賃借権は確かに債権ですが、不動産登記法という法律で不動産の賃借権についての登記制度があります。この登記を備えると、新所有者にも賃借権を対抗する（認めさせる）ことができます（ただ、賃貸人がその登記に協力してくれなければなりません）。

Cさんの言っていることは正しいです。借地借家法31条には、「建物の賃貸借は、その登記がなくても、建物の引渡しがあったときは、その後その建物について物権を取得した者に対し、その効力を生ずる」とあります。

POINT

- 賃貸借について、借地借家法などに特別な定めがあります。
- 不動産の賃借権は不動産登記法において登記できるしくみがあります。
- 借地借家法は、借地権（建物の所有を目的とする地上権又は土地の賃借権）や建物の賃借権について、特別のルールを定めた法律です。

10 賃貸借②
賃貸借から生じる義務など

(1) 賃貸人と賃借人の義務

ロ 賃貸人の義務

民法には、賃貸人の義務と賃借人の義務について規定されています。まず、賃貸人の義務ですが、賃借人に使用収益させる義務があります。「当たり前の義務でしょ！」と言われそうですが、だからこそ、賃貸人は、賃貸物を修繕する義務を負う（606条１項）と理解しましょう。「座ることを拒むイス」とか「人が住むことを拒む家」なんて、芸術品としてはあってもいいと思います。しかし、賃貸の目的物としてはいけません。そのため、賃貸人は賃貸物の修繕義務を負うのです。ただし、修繕しなければならなくなったのが賃借人のせいなら、賃貸人に修繕義務は生じません。

賃借人としては、賃借物の保存に必要な行為を賃貸人がするのを拒むことはできません（同条２項)。もし、賃借人として、「そんなことをされたら、借りた目的を達成できなくなるよ」というのであれば契約を解除することができます（607条)。

では、もし、借りた家が雨漏りしても、壁が倒れても（倒れることはめったにないと思いますが……)、賃貸人が修繕してくれるまで賃借人は何もできないのでしょうか。確かに、修繕の義務も権利も賃貸人にあります。賃借人は修繕が必要なときには賃貸人に通知しなければなりません（615

条)。ただ、修繕が必要だと通知したりしたのに相当の期間内に修繕をしてくれなかったり、急迫の事情があるときには、賃借人側で修繕することができます（607条の２)。

賃借人は賃借物について負担した必要費を直ちに返還（償還）するよう請求できます。有益費についても、価格の増加が残っていたら、その増価額か支払った額のどちらか賃貸人が選択した方の額の償還を求めることができます（608条)。

本章５でお話ししたように、売買に関する規定は「売買以外の有償契約について準用する」という規定が559条にあります。賃貸借契約は有償契約です。そのため、売買のところで触れた担保責任が準用されます。賃貸物が不十分である場合には（債務不履行の場合には)、賃貸人は担保責任を負うのです。担保責任については、本章６を読んで思い出しておきましょう。

ロ 賃借人の義務

賃借人の義務としては賃料支払義務があります（601条)。これまた、当然の話です。また、賃貸借契約が終了したときには賃借物を返還しなければなりません（同条)。その際には使用貸借のときと同様、附属させたものがあるときにはその物を収去する（取り去る）義務があります。

賃借人の義務としては、契約終了時の原状回復義務がありますが、敷金の話と併せて次の11で取り上げることにします。

(2) 賃借権の譲渡と転貸

高校生の頃、借りたコミックのまた貸しが流行っていました。流行っていたというかみんなやっていたという感じでした。結局、誰の本かわからなくなって、「おい、おもしろいから読んでみろよ」と貸してもらった本が自分のものだったということがありました。

賃借権の譲渡や**賃借物の転貸《てんたい》**は禁じられていません。ただ、賃貸人の承諾が必要です（612条１項）。これに反して無断で第三者に賃借物の使用や収益をさせたときには、賃貸人は契約を解除することができます（同条２項）。

まず、賃借権の譲渡ですが、賃借人が第三者に賃借権を譲り渡して自分は賃貸借関係から外れる場合をいいます。吉田さんが鈴木さんからマンションの一室を借りていたとします。吉田さんはその賃借権を田中さんに譲渡して、吉田さんは賃借人ではなくなる。これが賃借権の譲渡です。

図表　賃借権の譲渡

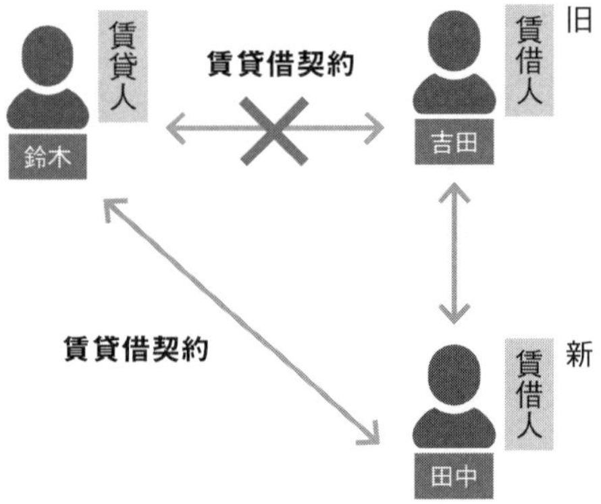

一方、転貸は、賃借人がまた貸しするのですが、自らも賃貸借関係に留まります。先ほどの例でいえば、鈴木さんから吉田さんはマンションの一室を借りていますが、どうしてもそのマンションに暮らしてみたいという田中さんに、吉田さんはそのマンションをまた貸しするイメージです。この場合、鈴木さんと吉田さんとの間には賃貸借契約が存続したまま、吉田さんと田中さんの間にも賃貸借契約（転貸借契約）が存在することになります。この場合、賃借人からまた貸しを受けている田中さんを**転借人**といいます。そして、また貸しをした吉田さんは田中さんから見れば**転貸人**ということになります。

図表　転貸

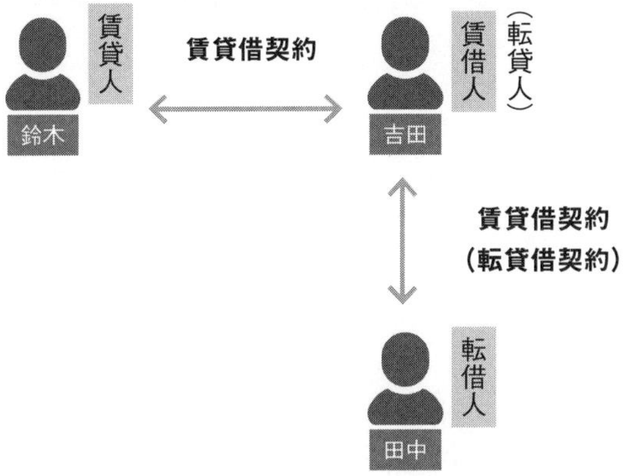

ここで少し考えてほしいことがあります。鈴木さんが吉田さんとの間の賃貸借契約を解除したらどうなるのでしょう。田中さんは、鈴木さんから「マンションの部屋から出ていって！」と言われるでしょうか。

公平の感覚からすると、鈴木さんが「田中さんへの転貸、いいよ」と言った場合には、田中さんに酷なような感じがします。やはり、そのとおりの条文（613条３項）が置かれています。出ていけとは言えないのです。

ただ、「ただし、その解除の当時、賃貸人が賃借人の債務不履行による解除権を有していたときは、この限りでない」ともあります。賃貸人は転貸を認めたとはいえ、賃借人が債務不履行に陥っているときでさえも、転借人のために解除権を行使しないよう我慢を強いるのは賃貸人に酷というものです。このあたりも「いい塩梅《あんばい》」に公平のラインが引かれています。

POINT

- **賃貸物の修繕は賃貸人の権利でもあり義務でもあります。**
- **賃借権の譲渡や賃借物の転貸には賃貸人の承諾が必要です。**

練習問題

問題

水田まりさんは、古いアパートに住んでいます。雨漏りが昔からあり、部屋の湿った場所には変なキノコまで生えています。以前から大家さんには電話で伝えていますが、高齢なこともあり、なかなか修繕してくれません。先日の台風の際には、部屋の中でも雨具を着なければならないくらい雨漏りがひどく、自分で応急修理を近くの工務店に依頼しました。この修繕代は５万円だったのですが、水田さんはこの際、陰気な部屋の模様替えを思い付き、水玉模様のクロスに張り替えてもらいました。この費用は10万円でした。水田さんが大家さんに直ちに請求できるのはいくら分でしょうか。次の①〜④のなかから選んでください。

①0円　②5万円　③10万円　④15万円

解答

②

解説

修繕が必要だと通知したりしたのに相当の期間内に修繕をしてくれなかったり、急迫の事情があるときには、賃借人側で修繕することができます(607条の2)。賃借人は賃借物について負担した必要費を直ちに返還するよう請求できるとの規定（608条１項）もありますから、雨漏りの修繕費の５万円については、直ちに請求可能です。クロスの張り替え費用は必要費ではありません。

11 賃貸借③
不動産の賃貸借と賃貸借の終了

(1)賃貸人の地位の移転など

ロ 賃借人が対抗要件を備えている場合

605条の２第１項には、ちょっと不思議な規定が置かれています。賃借人がなんらかの形で賃借権についての対抗要件を手にし、その不動産が譲渡されると、賃貸人の地位は譲受人（新所有者）に移るというものです。賃借人が対抗要件を得ると、賃借人の同意がなくても賃貸人の地位が自然と移るんだと覚えておくといいでしょう。自然に賃貸人の地位が移転しても問題はありません。賃借人は対抗要件を備えているのですから、不利なことはないはずです。

鈴木さんが所有しているマンションを吉田さんが借りて暮らしていたとします。そして、鈴木さんがそのマンションを田中さんに売りました。この場合、賃貸人の地位が吉田さんの同意なしでも移るというわけです。これは判例で示されていたことですが、平成29年改正で605条の２第１項に新たに規定されることになりました。

ただ、賃貸人の地位の移転は、その不動産について、不動産の譲受人（新所有者）が所有権の移転登記をしないと賃借人には対抗できません（605条の２第３項)。賃貸人の地位が移ったといっても、新所有者である田中さんが吉田さんに「家賃を払ってください」と新賃貸人として言うには、所有権の移転登記が必要なのです。

ロ 必要費と有益費

賃貸人が鈴木さんからスムーズに田中さんに移り、しかも、自分の賃借権も対抗できることを知った吉田さんでしたが、ひとつ気がかりもありました。以前、急に雨漏りがして、屋根を修理したのですが、その費用を新旧所有者（賃貸人）のどちらに求めればいいのかということです。

答えから先にいうと、新賃貸人に求めることになります。こうした費用の償還債務も、吉田さんが鈴木さん（旧賃貸人）に差し入れた敷金の返還の債務も新賃貸人が引き継ぐことが定められています（605条の２第４項)。

ロ 合意による賃貸人の地位の移転

賃借人が対抗要件を備えていると、自然に古い賃貸人の地位が新しい賃貸人に移るというわけですが、賃借人が対抗要件を備えていない場合にはどうでしょう。

原則どおりだと、539条の２という条文があるので、賃貸人の地位の譲渡は、賃借人の同意があってはじめて認められるということになります。

第539条の２　契約の当事者の一方が第三者との間で契約上の地位を譲渡する旨の合意をした場合において、その契約の相手方がその譲渡を承諾したときは、契約上の地位は、その第三者に移転する。

ところが、不動産の賃借権に関しては、またもや例外があります。新旧の賃貸人が地位の譲渡について合意しているなら、賃借人の同意がなくても、賃貸人の地位が移転するというものです。借りている方からすれば、誰が大家さんだろうが、これまでどおり使わせてくれることが重要です。

その点が確保されているなら、同意の手続は特に必要ないとしてカットしたのです。

（合意による不動産の賃貸人たる地位の移転）
第605条の３　不動産の譲渡人が賃貸人であるときは、その賃貸人たる地位は、賃借人の承諾を要しないで、譲渡人と譲受人との合意により、譲受人に移転させることができる。この場合においては、前条第３項及び第４項の規定を準用する。

この条文から、賃借人が対抗要件を備えていなくとも、不動産の譲渡人（旧所有者）と譲受人（新所有者）の間で地位移転の合意があれば、賃借人の同意がなくても、賃貸人の地位は移ることになります。「賃貸人たる地位の移転がある」ということは、賃借人からすれば「これからも借りられる」ということにほかなりません。ですから、賃借人の同意は必要ないとしたのです。

ロ 賃借人による妨害の停止の請求

賃貸の効力ということでお話ししていますが、平成29年改正では不動産の賃借人に新たな力が与えられました。それが妨害停止の請求などです。対抗要件を備えている不動産の賃借人は次のような請求ができるようになりました（605条の４）。

①その不動産の占有を第三者が妨害しているとき	⇒第三者に対する妨害の停止の請求
②その不動産を第三者が占有しているとき	⇒第三者に対する返還の請求

「賃借人が自分でできる」というのがポイントです。これまでも、「賃貸人になり代わって」妨害排除請求ができるというような判例はありましたが、賃借権の効果として、「妨害停止請求」と「返還請求」ができると明

らかにしたのです。**賃借権は債権なのですが、対抗要件を備えた不動産の賃借権については物権のような力を与えたのです。**それが妨害排除請求権です。

(2) 賃貸借の終了

ロ 期間を定めていないとき

最後に「賃貸借の終了」について触れておきます。まず、賃貸借契約の存続期間を定めていないときです。民法は期間を定めていない賃貸借については、各当事者がいつでも解約の申入れができるとしています。そして、賃貸借は表のように解約の申入れの日からそれぞれ定められた期間を経過することで終了します（617条１項）。

土地の賃貸借	１年
建物の賃貸借	３か月
動産及び貸席の賃貸借	１日

※貸席（かしせき）というのは、有料で座敷を提供することです。

ロ 期間を定めているとき

賃貸借契約に存続期間がある場合では、もちろんその期間が満了したら終了します。問題となるのは、存続期間が満了しても、そのまま賃借人がこれまでどおり使用などしていて、しかも、賃貸人が知っているのに何も言わなかった場合です。「期間が過ぎているのですから返還すべきです！」と考える人もあるかもしれません。しかし、それは野暮というものです。借りている側も貸している側も異議がないのです。「これまでどおり」とするのが合理的な結論でしょう。民法もこんなときには「従前の賃貸借と同一の条件で更に賃貸借をしたものと推定する」としています（619条1項)。これを「黙っていて更新される」という意味で**黙示の更新**といいます。ただ、黙示の更新後の期間については、定めなかったものとなります。また、担保も消滅します。しかし、敷金は引き継がれます（同条2項)。

借地権や借家権の更新については、借地借家法に特別の定めがあり、民法に優先して適用されます。ここではその内容は詳しく述べないことにします。

ロ 契約解除による終了

賃貸人が賃借人の意思に反する保存行為をしたときに賃借人が解除できる（607条）など解除に関する規定がいくつか定められています。解除がされたら、当然、賃貸借契約は終了するわけですが、この解除は「将来に向かってのみその効力を生ずる」（620条）とされています。「解除」というと、始めに戻って効力が失われるかのようにとらえられるので、わざわざ「将来に向かってのみ」と規定したのです。

ロ 全部滅失等による終了

賃借物の全部が滅失するなどして、使用や収益をすることができなくなった場合には、賃貸借は終了します（616条の２）。「当たり前だ〜」という声がしてきそうです。ただ、当たり前の規定がこれまでなかったので、平成29年改正により明文化されました。

ロ 終了時の原状回復

賃貸借契約の終了の際に問題となるのが**原状回復**です。昔、アパートの部屋を借りていて、退去する際に、「畳が古くなったから……」とか「壁紙が日焼けしているから……」と敷金から引かれた皆さんは、思い切り悔しがってください。賃借物についての原状回復義務を定めた621条は次のように書かれています。カッコ書きを見てください。「通常の使用及び収益によって生じた賃借物の損耗並びに賃借物の経年変化を除く」とあります。もしかしたら、支払う必要がなかったものを払っていたかもしれません。いろいろと問題になることも多かった賃借人の原状回復に関して平成29年改正で条文が整備されることになりました。

（賃借人の原状回復義務）
第621条　賃借人は、賃借物を受け取った後にこれに生じた損傷（通常の使用及び収益によって生じた賃借物の損耗並びに賃借物の経年変化を除く。以下この条において同じ。）がある場合において、賃貸借が終了したときは、その損傷を原状に復する義務を負う。ただし、その損傷が賃借人の責めに帰することができない事由によるものであるときは、この限りでない。

ちなみに、平成29年改正により622条の２に**敷金**に関する規定が置かれ、そのなかで敷金についての定義規定も定められました。

練習問題

問題　**吉田君は長くあるアパートの一室に暮らしてきました。部屋を退去する際に、原状回復義務として負う必要のないものはどれでしょうか。**

A　今度はお金持ちの入居者が来るようにと賃貸人が神官にお祓いをしてもらったその費用

B　吉田君が寝タバコで焼けこげさせた畳の交換費用

C　吉田君が長年住んでいるうちに日焼けしてしまった壁紙の張替え費用

解答

AとC

解説

確かに、吉田君はしばしば家賃を滞納して大家さんを困らせました。しかし、次はお金持ちが入居するようにとお祓いをする費用まで吉田君が負担する必要はありません。そもそも原状回復でもなんでもありません。Bは吉田君が生じさせた損傷です。原状回復をする必要があります。Cは、621条でいうところの経年変化で原状回復の対象ではありません。

POINT

- **賃借人が賃借権についての対抗要件を備えていれば、その不動産が譲渡されると、賃貸人の地位は自然に譲受人（新所有者）に移ることになります。**
- **賃借人が対抗要件を備えていなくとも、不動産の新旧所有者の間で地位移転の合意があれば、賃借人の同意がなくても、賃貸人の地位は移ることになります。**

12 請負
仕事の「結果」にこだわる契約

(1) 請負とは

請負《うけおい》というのは、①当事者の一方がある仕事を完成することを約束し、②相手方がその仕事の結果に報酬を支払うことを約束することによって効力を生じる契約です（632条)。「約束することで効力が生じる」というのですから諾成契約です。「報酬を支払うこと」が要素ですから有償契約です。お互いに義務を負っているので双務契約です。

請負の内容（仕事）は、「家を建ててもらう」といった形あるものばかりでなく、「ぴんぴん体操付きの健康をテーマにした講演をしてもらう」といった形のないものも対象となります。講師として講演に行くと、講演の前に謝礼をいただくことがあります。しかし、報酬は、形ある仕事の場合はその目的物の引渡しと同時に支払わなければならないですし、形がないものはその仕事が終わったあとでなければ報酬を請求できないことになっています（633条)。

(2) 請負人の担保責任

請負人が引き渡した目的物が、種類、品質又は数量に関して契約の内容に適合しなかったらどうでしょう。民法の請負のところには特に規定はありませんが、ないからといって油断（!?）してはいけません。559条には、売買に関する規定は売買以外の有償契約についても準用すると書かれています。つまり、売買における場合と同じなのです。

ここからは復習となります。

まず、種類、品質、数量の面で契約の内容に適合しなかったら、追完請求することができます。目的物の補修、代替物の引渡し、又は不足分の引渡しを求めるのが追完請求です（562条）。それでも、追完が行われないときには、報酬（代金）の減額請求をすることができます（563条）。こうした権利を行使しても、損害賠償請求はすることができますし、契約の解除も可能です（564条）。このしくみ、請負についても同じなのです。

①追完請求
②報酬（代金）減額請求

＋

損害賠償請求

＋

契約の解除

「請負人の担保責任に関する独自の規定があったんじゃないの？」という人があるかもしれません。確かに、平成29年改正前はありました。しかし、もうそんなことは忘れてしまいましょう。現在では、一般的な債務不履行のしくみに乗っかっています（だから、独自の規定がないのです）。

なお、種類や品質の面で契約の内容に適合しない場合には、そのことを知った時から１年以内にその旨を請負人に通知しないと、それを理由に追完の請求、報酬の減額請求、損害賠償請求、契約の解除ができなくなります（637条1項）。「知った時から1年以内」というのは、売買のときの追完請求などの場合（566条）と同じです。目的物を引渡しなどしたときに、請負人が契約の内容に適合しないことを知っていたり、重大な過失によって知らなかったときは別です（637条2項）。これまた売買の場合と同じです。

(3) 請負の報酬

「行間を読め！」などと注意されることがありますが、読めないからそう注意されるような事態が起こるわけです。法令の場合には「行間を読む」ことは注意をすればできるようになります。難しいけれど、法令を学習することのおもしろさでもあります。

ここでお話ししたいのは請負の報酬の話です。先ほど、「仕事の結果」に報酬が支払われると説明しました。ということは、その裏返しとして結果が出ていない仕事（完成をみていない仕事）には報酬がもらえないことになります。問題はそうしたときどうするかです。仕事を途中でやめざるをえなかった理由が注文者にあるなら、債権者のせいで債務不履行になった場合として、請負人は全部の報酬を請求することができます（536条2項）。問題となるのはそれ以外の場合です。

たとえば、会社創業者の銅像を注文したけれども、台座しかできていないところで、請負契約が解除されたとしましょう。請負人にすれば台座にも時間をかけたわけですし、注文者からしても引き続き、銅像を作るなら、それは活かせるかもしれません。こんなときには途中までの仕事でも報酬を認めてもよさそうです。634条では、「仕事の結果のうち可分な部分の給付によって注文者が利益を受けるときは、その部分を仕事の完成とみなす」として、部分的な報酬の請求を認めています。仕事が完成しない理由が、たとえ、請負人にあったとしても、可分な部分について、報酬を請求できるとしているのです。

図表　請負人の報酬請求

仕事が完成しない理由	請負人はどれだけ請求できるか
注文者が悪い	⇒全額請求できる（536条２項）
①注文者が悪くない ・請負人が悪い ・注文者も請負人も悪くない ②請負契約が仕事の完成前に解除された	⇒（可分なら） 注文者が受ける利益の割合に応じて報酬を請求できる（634条）

(4)請負人の担保責任についてのプロっぽい話

請負人が引き渡した目的物が、種類や品質に関して（「数量」は含まれていないことに注意です！）契約の内容に適合していなかったのに、注文者が履行の追完請求、報酬減額請求、損害賠償請求、契約解除できない場合もあります。それは注文者が提供した材料や指図によって、その不十分さが生じたときです（636条）。

社長が会社の創業者の像を注文する際に、創業者の写真とともに、所ジョージさんの写真を渡して「この写真に似せてください」と指図してしまったらどうでしょう。創業者が所ジョージさんに似ていることはこの社では有名なことで、社長としては「受けねらい」だったのかもしれません。しかし、そんな指図をしたら、銅像が創業者よりも、所ジョージさんに近づくのは当たり前のことです。こんな場合には、履行の追完請求などはできないとしたのです。

ただ、請負人が注文者の提供した材料や指図が不適当であることを知りながら、告げなかったときは、追完請求などが可能になります。請負人がその写真を本当に創業者の写真と勘違いしたのならともかく、そうでないなら「それ、所ジョージさんじゃないですか！」とツッコミが欲しいところです。

(5)請負契約の解除

注文者は損害賠償さえすれば、いつでも請負契約を解除できます(641条)。注文者がいらないものを作っても(してほしくないことをしても)意味がありませんし、そんな仕事に請負人の時間をロスさせることは意味がありません。そこで、注文者はいつでも契約が解除できるとしたのです。

注文者が破産手続開始の決定を受けたときは、請負人又は破産管財人は契約を解除できます(642条1項)。

POINT

- 請負人の担保責任は、売買のときの売主の担保責任と同様です。
- 注文者のせいではなく仕事を完成することができなかった場合や請負が仕事の完成前に解除された場合であっても、仕事の結果のうち可分な部分について、請負人は報酬を請求することができます。

練習問題

問題

シイタケ栽培で財をなしたドンコ・ホールディングスの社長、七分傘三郎さんは、自宅の庭にシイタケの形をした東屋（簡素な建物）を設置することにし、出入りの大工がこの東屋の建築を請け負いました。乾燥シイタケのうちでも「どんこ」と呼ばれるものは、かさが七分開き以下のものをいいます。大工が建築したシイタケ型の東屋は「かさが開きすぎだ」と三郎さんは気に入りません。この場合に、次の①、②の記述に、YES か NO で答えてください。

①ほぼ完成という段階になっても社長が請負契約を解除することはできますか？

②大工さんはシイタケの形をした東屋を作るよういわれただけであり、完成予想図も示していました。社長は完成した東屋について、かさが開きすぎだという理由で、履行の追完請求はできますか？

解答

① YES　② NO

解説

①注文者は損害賠償さえすれば、いつでも請負契約を解除できます（641条）。②問題文を読む限りは注文者の指図が悪かったものと考えられます。ですから、追完請求は難しいでしょう（636条）。

13 委任
仕事を「任せる」ことのこだわりとは

(1) 委任とは

□ 委任の性格

委任とは、一方が法律行為をすることを相手方に委託して、相手方がこれを承諾することによって効力が生じる契約です（643条)。「承諾すること」で効力が生じるのですから諾成契約です。特約がなければ、報酬を請求することはできないので、原則は、無償契約です。また、それぞれが義務を負うので双務契約ということになります。

□ 委任と準委任

法律行為という言葉がでてきましたが、**法律行為**というのは、「こんな法律効果を発生させたいと意思表示し、そのとおりの効果を生じさせる行為」のことです。契約はその代表例です。誰かに「私、王様になりたいんです！」と言っても、何の効果も生じません。しかし、売買契約を例にすると、八百屋さんでバナナを手にとって「ください（所有権を私にください)」と言ったら自分のものになります。バナナを店先に並べているのは「売ってもいいですよ（所有権をあなたに移します)」との売主の意思表示でもあります。「おじさん、バナナある？」「あいよ！」のやりとりでももちろんいいでしょう。いずれにしても、買い手からしても、売り手からしても、売買契約を結ぶというのは法律行為というわけです。「お金を払う」、「バナナを引き渡す」は、売買契約の成立を前提にしての効果ということになります。

話をもとに戻すと、委任とは、一方が法律行為をすることを相手方に委託して、相手方がこれを承諾することによって効力が生じる契約です。「不動産会社に自分の土地の売買を任せた」というのは委任になります。ところが、「うちの会社の清掃をある清掃会社に任せた」という場合、任せる内容が法律行為ではないので委任とはなりません。こうした法律行為以外の行為を任せる場合は**準委任**と呼び区別しています。ところが、「この節の規定は、法律行為でない事務の委託について準用する」（656条）という規定が置かれていますので、結局、「任せている系」はすべて民法の委任の規定が働くといってもいいでしょう。

(2) 受任者の義務と報酬

委任の基本的なイメージは、「信頼する人に仕事を任せる」という感じです。特約があれば報酬を請求することができますが、無報酬が原則です(648条1項)。また、委任された仕事は任された本人がするのが原則となります。これらも信頼関係がベースというところから導かれます。受任者は無報酬だろうが、報酬をもらっていようがプロの義務（善良な管理者の注意義務）をもって仕事にあたらなければなりません（644条)。また、信頼関係がベースですから、委任者の許諾があったとき、やむをえないときでなければ、復《ふく》受任者を選任できません（644条の２)。**復受任者**は「委任者に対して、その権限の範囲内において、受任者と同一の権利を有し、義務を負う」ことになります。委任者から選ばれたわけではないのですが、委任者との関係で受任者と同様の関係に立つのです。

受任者の義務としてはほかに「報告義務」、「受取物の引渡義務」、「消費した金銭についての責任」があります。

受任者の報告義務（645条）	・求められたら委任事務の処理状況を報告する ・委任が終了したら、遅滞なく、その経過と結果を報告する
受任者による受取物の引渡義務（646条）	・委任事務を処理するに当たって受け取った金銭や果実などを委任者に引き渡す ・委任者のために自己の名で取得した権利を委任者に移転する
受任者の金銭の消費についての責任（647条）	委任者に引き渡さなければならない金銭等を自分のために消費したときは、消費した日以後の利息も加えて支払う

(3) 委任者の義務と報酬

ロ 報酬の支払い

次は委任者の義務です。報酬支払いの特約がある場合、もちろん、報酬の支払い義務があります。その報酬に関して、平成29年改正では「成果に対して支払う」場合の規定（648条の２）が追加されました。この規定を見て「？」と思った人も多いのではないかと思います。

請負は「仕事の完成」が求められるのに対して、これまで、委任は「仕事を任せること」であり、報酬も「任された仕事を処理すること」に払われるものとされていました（少なくともそう授業で習いました）。

ところが、蝶と蛾の区別が難しいように、世の中には請負か委任か区別がつきにくい契約もあります。また、委任契約に分類できても、事務処理という行為ではなく、その成果に対して報酬が支払われるものもあります。たとえば、弁護士に訴訟を委任するときに「勝訴したら成功報酬を支払います」との契約を結ぶ場合があります。こうした成果に対して報酬を支払う委任契約を条文上、認めたのです。こうした委任を**成果完成型の委**

任といいます。一方、従来型の事務処理をするという仕事に報酬を支払う委任を**履行割合型の委任**といいます。

図表　報酬を支払う委任の「型」

成果完成型	委任事務の履行により得られる成果に対して報酬を支払うことを約した委任契約
履行割合型 （これまでの委任）	委任事務の履行に対して報酬を支払うことを約した委任契約

履行割合型では、委任事務を履行したあと（期間によって報酬を定めた場合にはその期間を経過後）、報酬を請求することになります。ただ、途中で委任が終了した場合（たとえば、委任者が途中で亡くなって終了したなどの場合）や、委任者のせいではない理由で委任事務の履行ができなくなった場合でも、すでにした履行の割合に応じて報酬を請求することができます（648条3項）。委任者のせいで委任事務の履行ができなくなったときは、請負のところでも述べたように全額の報酬を受任者は手にすることができます。

一方、成果完成型の場合には、報酬は成果の引渡しと同時に行われることになります（648条の2第1項）。ただ、成果が完成しないと報酬が何ももらえないかというと、それについても請負同様の救済規定（同条2項）が置かれています。請負のところ（本章12）で掲げた表の委任バージョンを示しておきますね。

図表　受任者の報酬請求

成果がでない理由	受任者はどれだけ請求できるか
委任者が悪い	⇒全額請求できる（536条２項）
①委任者が悪くない ・受任者が悪い ・委任者も受任者も悪くない ②委任契約が成果の出る前に解除された	⇒（可分なら） 委任者が受ける利益の割合に応じて報酬を請求できる （634条、648条の２第２項）

ロ その他の委任者の義務

特約があるときには委任者は報酬を支払わなければならないわけですが、そのほかにも委任者の義務として定められていることがあります。たとえば、事務処理に費用がかかるとき、受任者が求めたら費用の前払いをしなければなりません（649条）。受任者が事務処理に必要と認められる費用を支出したとき、その費用や利息を求めに応じて支払わなければなりません。受任者が事務処理するに当たって過失がないのに損害を被ったときにはその損害も委任者に請求できます（650条）。委任者側からすれば、こうした費用も負担しなければならないというわけです。

(4) 委任の解除

委任は信頼関係がベースにありますので、それぞれの当事者がいつでも解除することができます。信頼関係がなくなったのに委任を続けることこそ問題と考えてのことです。ただ、次の場合には、やむをえない場合は別ですが、相手方の損害を賠償しなくてはなりません（651条）。

①相手方に不利な時期に委任を解除したとき
②委任者が受任者の利益（専ら報酬を得ることによるものを除く。）をも目的とする委任を解除したとき

上の②のカッコ書きの意味が気になります。これは、「単に有償で委任したという程度では該当しないよ」という意味なのです。では、「受任者の利益をも目的とする委任」というのはどんな場合なのでしょうか。民法改正の原案を議論した法制審議会ではこんな例を挙げています。少し込み入っていますが紹介しましょう。

鈴木さんが田中さんにお金を貸していました。お金を借りている田中さんも、吉田さんにお金を貸しています。そこで、田中さんは、吉田さんからのお金の回収を鈴木さんに委任しました。回収した分は鈴木さんへの借金の返済に充てるつもりでした。「受任者の利益をも目的とする委任」というのはこうした場合をいうとしているのです。このような委任の解除は、生じた損害の賠償をしなくてはいけません。

図表　受任者の利益をも目的とする委任

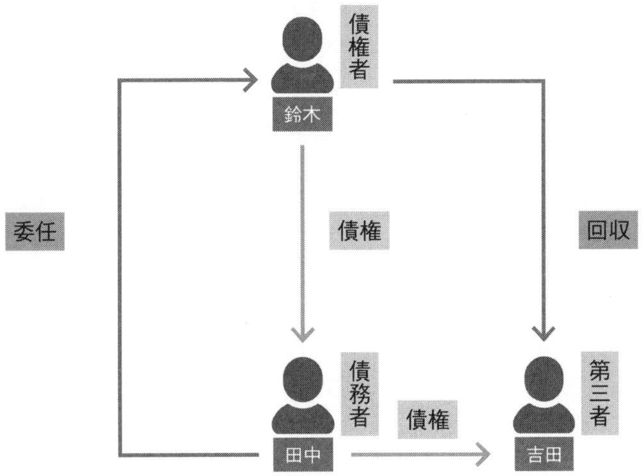

なお、委任の解除は将来に向かってのみ効力を生じます。これは賃貸借と同じです（652条）。

(5) 委任の終了

「委任は信頼関係をベースにしています」。何度もこのフレーズを使っていますが、終了事由（653条）でも使えます。

信頼関係をベースにしていますから、委任者又は受任者が死亡した場合には当然、終了です。また、委任者又は受任者が破産手続の開始が決定した場合にも終了します。仕事を任せたという信頼関係のベースが揺らぐからです。また、「受任者」が後見開始の審判を受けたときも、終了します。受任者へ任せたというのは、その人の技術なり見識なりを信頼して任せたのです。その意味で、受任者の後見開始という事態は委任終了事由になっても致し方がないと判断したわけです。逆に委任者に後見開始の審判があっても委任の終了事由になりません。このことに注意してくださいね。

練習問題

問題

みやびちゃんは、おやつをチラつかせながら、こうたろう君にいいました。「誰か一緒に遊ぶ子２人探してきてくれない？」。こうたろう君はいろいろと手をつくしましたが、一緒に遊ぶ友達を１人しか見つけることはできませんでした。夕方になってしまうので、とりあえず１人の友達を連れてもどりました。やろうとした卓球はあきらめ３人はゲーム機で遊びました。しかし、ほどなく、お母さんがみやびちゃんを呼びに来たため、十分遊ぶことはできませんでした。みやびちゃんとこうたろう君との間で成果完成型の委任（準委任）がなされたとすると、以下の発言のうち、民法条文の趣旨に近いものはどれでしょうか。

①みやびちゃん「1人しか見つけられなかったので、おやつはあげない！」
②こうたろう君「一生懸命捜したのだから、結果はともかく、おやつはもらえるよね」
③こうたろう君「1人しか見つけられなかったけど、遊ぶ相手を見つけて、みやびちゃんも遊んだのだから、おやつの一部はもらえるよね」

解答

③

解説

①成果は望んだとおりではありませんでしたが、それは、委任者（みやびちゃん）のせいではありません。結局遊べたのですから（みやびちゃんが利益を得たのですから）、おやつの一部はあげるべきです。
②成果完成型の委任（準委任）だとすると、一生懸命したというだけでは報酬はもらえません。
③結局遊べたのですから（みやびちゃんが利益を得たのですから）、おやつの一部はもらえるでしょう。

POINT

委任の基本的なイメージは「信頼する人に仕事を任せる」というものです。このことが原則として無償であることやいつでも委任契約を解除できることなどにつながってきます。

14 その他の契約
贈与・寄託・民法上の組合

(1)贈与は契約のひとつです

民法の債権各論の部分では、世の中でよく行われる契約を13挙げて、必要なルールなどを定めています。この13のよくある契約のことを**典型契約**とか**有名契約**（民法に名前の出ている契約という意味です）といいます。13の典型契約のうち、最初に規定されているのが贈与です。

贈与というと、「あげるという行為だから一方的な行為なのではないか？」と勘違いしてる人もいるかもしれません。しかし、贈与も契約のひとつなのですから、当事者の意思の合致が必要です。

「これもらってくれない？」

「悪いね、じゃあ、いただくよ」

こうしたやりとりがあって贈与（契約）が成立します（549条)。片務、無償、諾成契約です。

□ 書面によらない贈与の解除

比較的「軽い」贈与の場合にはいちいち書面など作ることはせず、先ほどのような口頭でのやりとりで行われることでしょう。そうした書面によらない贈与は、それぞれの当事者が解除をすることができます。ただ、すでに履行された部分は解除できません（550条)。

□ 贈与者の引渡義務

売買契約の買主は代金を支払うなどしなければなりません。これに比べると贈与を受ける者（受贈者）は特に負担があるわけではありません。「悪いね、じゃあ、いただくよ」というだけで、受贈者となるわけです。こうしたことから考えても、贈与者に大きな負担を強いることはかわいそうです。そこで、551条1項は「贈与者は、贈与の目的である物又は権利を、贈与の目的として特定した時の状態で引き渡し、又は移転することを約したものと推定する」としています。簡単にいえば、贈与することを決めた、そのままの状態で引渡しするのが原則になるということです。担保責任は発生しません。

ただ、**負担付贈与**の場合は別です。負担付贈与というのは、その名のとおり、負担を伴う贈与のことです。「車をあげるけれど、毎月第4水曜日は私を病院に送り迎えしてね」とか、「土地をあげるけれど、その4分の1の部分は家庭菜園に使わせてね」といったものです。この場合には負担の限度において、売主と同じく担保責任を負うことになります（551条2項）。贈与した物や権利が不十分だったときに、その責任を負うことになるというものです。たとえば、贈与された車に修理が必要な部分が見つかったら、負担の限度で修理を求めることができるのです（買主の追完請求権：562条1項）。

□ 特殊な贈与

負担付贈与の話が出てきたところで、少し特殊な贈与の話をしましょう。民法では**定期贈与**（552条）、**負担付贈与**（553条）、**死因贈与**（554条）について定めています。

図表 特殊な贈与

定期贈与	定期の給付を目的とする贈与
負担付贈与	負担を伴う贈与
死因贈与	贈与者の死亡によって効力が生ずる贈与

負担付贈与はもう説明しましたが、定期贈与というのは、「毎月５万円、20年間、贈与します」というような定期の給付を目的とする贈与です。贈与者か、受贈者の死亡により効力を失います。

死因贈与は、「私が死んだら、車をあげる」といったように、贈与者の死亡によって効力が生じる贈与のことです。相続とどう違うのかといえば、やはり、相手との意思の合致があることです。

「私が死んだらあの車、あなたにあげるわね」

「何を縁起でもない。でも、万が一、そんなことがあれば大事に使わせてもらうわね」

といった感じで成立するのが死因贈与です。死因贈与については、遺贈に関する規定が準用されます（554条）。遺贈というのは、遺言により財産を与えることです。死因贈与とは違い、遺贈を行おうとする者の意思だけで行う単独行為です。相手との合意がないのですから、「あんな人からもらうなんてイヤ」という場合だってあるでしょう。その場合には、放棄することができます。ともかく、死因贈与は、この遺贈に関する規定が準用されるのです。

(2)寄託

物を保管してもらうことをお願いし、相手が承諾するのが**寄託契約**です（657条）。寄託には、寄託者が受寄者（寄託を受け入れる者のこと）に報酬を払う場合も、無報酬の場合もあります。有償寄託か、無償寄託かで、寄託物の保管義務が異なりますので注意です。有償寄託の場合には、受寄者は善良な管理者の注意義務（略して「善管注意義務」といいます）をもって寄託物を保管しなければなりません。無償寄託では、プロとしての注意義務は求められず「自己の財産に対するのと同一の注意義務」で足ります(659条)。この点が、有償、無償にかかわらず、善管注意義務が求められる委任との違いになります。

(3)組合

組合契約は、何人かの当事者が出資して共同の事業を営むことを約束する契約です（667条１項)。出資はお金ばかりでなく、不動産でも、債権でも、労務でも、信用でも、財産的な価値があれば可能です。

組合の業務は組合員の過半数で決定し、それぞれの組合員が執行するのが原則となります（670条１項)。しかし、組合の業務の決定や執行を、組合契約で組合員（１人の場合もありますし、数人の場合もあります）や第三者に委任することもできます（同条２項)。この委任を受けた者を業務執行者といいます。

練習問題

問題　**贈与をめぐる大学生たちの発言です。贈与について正しく理解していないのは誰でしょう。理解していない大学生の名前をすべて挙げてください。**

さくら
贈与は「あげる」ものだから、「あげるから○○して」と負担を求めることなんてできないよね。
ひろと
贈与は「あげる」ものだから、単独行為だしね。
かえで
「私が死んだらあげるわね」「ありがとう」を贈与だっていう人があるけ

れど、それは遺贈だよね。

れん

通常の贈与だと「もらった車の調子が悪いから直してくれ」なんて言えないよね。

解答

さくら・ひろと・かえで

解説

贈与には負担付贈与があります。また、贈与は契約のひとつです。単独行為ではありません。「私が死んだらあげるわね」「ありがとう」で行われるのは死因贈与です。遺贈ではありません。ただ、遺贈の条文が準用されるだけです。負担付贈与はともかく、通常の贈与は「贈与の目的として特定した時の状態で引き渡し、又は移転することを約したものと推定する」ものなので、そのままの状態で引き渡せばそれでいいです。担保責任は負いません。

したがって、さくらさん、ひろと君、かえでさんが贈与について正しく理解できていません。

POINT

- **書面によらない贈与はそれぞれの当事者が解除可能です。ただ、履行が終わった部分については解除できません。**
- **贈与者は担保責任を負いませんが、負担付贈与の場合には、その負担の限度において、売主と同じような担保責任を負います。**

15 不法行為①
不法行為の要件

(1)一般の不法行為

ロ 不法行為のイメージ

不法行為は名前からイメージしやすいかもしれません。誰かに暴力をふるって怪我をさせたとか、いらいらして他人の車にキズをつけたとか……。「なんの罪になるんだろう？」と考えたかもしれません。もちろん、刑事的な責任も負わなければならないかもしれませんが、この本は民法の本ですから、「賠償をしなければならない」という面で問題を見ていくことにしましょう。不法行為が成立したら、加害者は被害者にそれにより生じた損害を賠償する責任（債務）を負うことになります（709条）。つまり、不法行為は債権発生の原因となるのです。

ロ 不法行為の要件

不法行為を定めた709条には次のように書かれています。

（不法行為による損害賠償）
第709条　故意又は過失によって他人の権利又は法律上保護される利益を侵害した者は、これによって生じた損害を賠償する責任を負う。

成立するための要件は「故意又は過失によって他人の権利又は法律上保護される利益を侵害した」ということになります。まず「故意又は過失によって」の部分です。私法の世界では、人は自分の意思に従い行動することが基本ですが、その結果についての責任も負わなければなりません。故意や過失がある行動の結果はその責任を負わなければならない（逆にいえば、故意や過失がない行動の結果の責任は負わない）とする考え方を**過失責任主義**といいます。「自分でしたのだからしょうがないでしょ！」、「こうなることわかっていたでしょ！」、「どうして、ちゃんと注意しないのよ！」。子どもに対してよくする注意は、過失責任主義の内容にもつながります。

また、賠償責任を追及するには、行為者に責任能力がなければなりません。**責任能力**は「行為の責任を弁識する能力」と表現されます。「こうなることわかっていたでしょ」というのは、まさに責任能力を前提にした批判です。未成年だからといって責任能力がないわけではありません。「行為の責任を弁識する能力」を備えているかどうかがポイントになります(712条)。だいたい12歳ぐらいの年齢が基準です。

精神的な障がいで「行為の責任を弁識する能力」を欠いている間に損害を加えた場合も賠償を負わないものとされています（713条)。ただ、故意や過失によって一時的にその状態を招いたときは別です。賠償しなければなりません。「さんざん深酔いして、飲み屋で口論になった相手を突き飛ばして怪我を負わせた」。こんなときは当然、賠償責任を負います。「酔ってハッキリ覚えていない」は賠償を逃れる言い訳にはならないのです。

> （責任能力）
> 第712条　未成年者は、他人に損害を加えた場合において、自己の行為の責任を弁識するに足りる知能を備えていなかったときは、その行為について賠償の責任を負わない。

「加害者とされる者の行為が違法であること」も要件として必要です。709条の条文は「他人の権利又は法律上保護される利益を侵害した」と表現されています。権利とまではいえなくとも、法律上保護される利益を侵害した場合も不法行為になります。後ほど触れますが、違法と思える行為であっても、正当防衛や緊急避難が成立するときには、違法とはなりません。

最後に、損害が加害者とされる者の行為から生じたといえなければなりません。その行為と損害という結果が、合理的に考えて原因と結果の関係になければならないのです。その因果関係が求められるのです。

いろいろと述べてきましたが、不法行為が成立するための要件をまとめると次のようになります。

不法行為成立のための要件
・故意又は過失によること
・行為者に責任能力があること
・行為が違法であること
・損害と行為の間に因果関係があること

(2)慰謝料請求権

「いしゃりょう」は慰謝料と書きます。長らく「医者料」だと誤解していた身を恥じるしかありません。

709条では「損害を賠償する責任を負う」とありますが、この「損害」には、財産的な損害ばかりでなく、精神的な損害も含みます（710条）。精神的な苦痛に対する損害賠償のことを**慰謝料**といいます。命を奪われた被害者の父母、配偶者、子はたとえ財産上の損害がなくとも、慰謝料を請求する権利があります（711条）。

(3) 正当防衛と緊急避難

ロ 正当防衛

不法行為が成立するようにみえても、不法行為が成立しない場合があります。**正当防衛**と**緊急避難**が成立するときです。正当防衛や緊急避難という言葉は刑事ドラマなどで耳にしたことがあるでしょう。「罪にならない行為」として覚えているかもしれません。実は、**「罪にならない」という刑事上の正当防衛や緊急避難とは別に「賠償責任を負わない」という民事上の正当防衛や緊急避難も存在するのです。民法に規定されているのはこちらです。**

720条では、不法行為に対して、自分や第三者の権利などを守るため、やむをえず加害行為をしても損害賠償の責任を負わないと規定しています。

ケース1 鈴木さんが歩いていると変なおじさんが「変なおじさん、変なおじさん♪」と歌いながらムチを振り上げ襲ってきた。カバンを振り上げ撃退しようとしたら、変なおじさんが倒れ、骨折した。

ケース2 鈴木さんが歩いていたら変なおじさんが「変なおじさん、変なおじさん♪」と歌いながらムチを振り上げ襲ってきた。カバンで避けつつ、逃げ回っていたら、吉田さんの家の庭に入り込んでしまい、盆栽をいくつかダメにしてしまった。

ケース１の場合には、不法行為をしてきた「変なおじさん」に対して加害行為をしてしまったわけです。また、ケース２の場合には関係のない吉田さんに加害行為をしてしまったわけです。いずれに場合も、鈴木さんはその損害を賠償する責任はありません。正当防衛が成立するからです。

（正当防衛及び緊急避難）
第720条　他人の不法行為に対し、自己又は第三者の権利又は法律上保護される利益を防衛するため、やむを得ず加害行為をした者は、損害賠償の責任を負わない。ただし、被害者から不法行為をした者に対する損害賠償の請求を妨げない。
２　前項の規定は、他人の物から生じた急迫の危難を避けるためその物を損傷した場合について準用する。

刑法の正当防衛は加害者に対する行為だけですが、民法の場合には第三者に対する行為も許されます。ケース２がその例です。ただ、ケース２の場合にはやむをえなかったとしても、関係のない吉田さんが被害を受けるのは公平ではありません。もちろん、吉田さんから、不法行為を行った者（変なおじさん）への損害賠償の請求が認められています（720条１項）。

ロ 緊急避難

次は緊急避難です。720条２項では、他人の物から生じた急迫の危難を避けるためなら、危難の原因となった物を壊したり、傷つけたりしても損害賠償責任を負わないと規定しています。たとえばこんなケースです。

ケース３　山田さんは鈴木さんに恨みを持っています。会社からの帰路を急ぐ鈴木さんを待ち伏せし、抱えていたイノシシを鈴木さんに向かって突進させました。慌てた鈴木さんは持っていた傘で、イノシシを突き、イノシシは負傷しました。

動物は、法律上は物であり、緊急避難が成立すれば「物を損傷」しても、その責任を負いません。

POINT

- 不法行為が成立すると、被害者は加害者に損害賠償を請求することができます。
- 不法行為が成立するようにみえても、民事上の正当防衛や緊急避難に当たる場合には、不法行為は成立しません。

練習問題

問題　次の説明文は、何主義について書かれたものでしょうか。ふさわしいものを①から⑤のなかからひとつ選んでください。

故意も過失もない行為は自らの行為として責任を負うことはありません。自分の意思で行った行為の結果しか責任を負うことはないのです。責任を負うべき行為が明らかになると、自由に活動しやすくなり、経済活動を活発化することにつながります。

①自由経済主義　②無過失責任主義　③責任第一主義
④過失責任主義　⑤安全第一主義

解答

④

解説

②については少し迷ったかもしれません。無過失責任というのは故意や過失がなくとも責任を負うことをいいます。本章16で学びますが、工作物の所有者についての損害賠償責任は無過失責任の例です。

16 不法行為②
特殊な不法行為など

(1)特殊な不法行為

不法行為が成立する要件については学びましたが、いくつか少し毛色の変わった不法行為も存在します。どこが変わっているのか、なぜ変わっているのか、それを踏まえて紹介していきましょう。

□ 責任無能力者の監督義務者等の責任

責任能力のない人は他人に損害を加えても賠償の責任は負いません。過失責任主義からは当然だとしても、損害を受けた者はたまりません。そこで、この場合には、その責任能力のない人の**監督義務者**（親などの親権者、後見人）や監督義務者に代わって監督する者（小学校長や精神病院の医師など）が賠償する責任を負うこととしています（714条）。

ただ、監督義務者などがその義務を怠らなかったときやその義務を怠らなくても損害が生ずるであろうときには、賠償する責任は負いません。

特殊なところ	行為者ではなく監督義務者などが責任を負う
なぜ？	責任能力のない人に責任を負わせることはできないから
責任を負わない場合	監督義務者などがその義務を怠らなかったときやその義務を怠らなくても損害を生ずるであろうとき

ロ 使用者の責任

会社の車で営業に回っているうちに事故を起こして損害を生じさせたときには、その損害は会社が賠償しなくてはなりません。「ある事業のために他人を使用する者は、被用者がその事業の執行について第三者に加えた損害を賠償する責任を負う」(715条1項)とあるからです。営業活動で儲けているのはまさしくその会社です。儲けているのですから、それに伴う損害も負わなければならないと考えたのです。こうした考え方を**報償《ほうしょう》責任**といいます。ただ、使用者が被用者の選任や事業の監督に相当の注意を払っていたときや相当の注意を払ったとしても損害が生ずるであろうときには、賠償の責任を負いません。

問題となるのは、会社の営業車に乗って自分の子どもへのプレゼントを買いに行っているような場合です。これは個人としての活動に違いありません。ただ、社名の入った車だとしたら、他人の目には営業活動に映ります。判例では、外形的にみれば、職務行為の範囲に属するものについて、「事業の執行」に当たるとしています。しかし、被害者が、適法な職務の範囲に属しないことを知っていたり、重過失により知らなかった場合には、使用者は責任を負わないとも述べています。

特殊なところ	行為者(被用者)ではなく使用者がまずは責任を負う
なぜ?	被用者の行為によって儲けているのは使用者だから(報償責任)
責任を負わない場合	使用者が被用者の選任や事業の監督に相当の注意を払っていたとき、相当の注意を払ったとしても損害が生ずるであろうとき

ロ 注文者の責任

請負の場合には、請負人の責任で仕事を完成させるのが基本です。ですから、請負人の仕事について第三者に損害を与えたからといって、直ちに注文者が責任を負うことはありません。ただ、注文者の注文や指図に過失があったときは別です。その場合には、注文者が賠償責任を負うことになります（716条）。そのことも一般的な不法行為（709条）のなかで読めなくはないのですが、念のために規定されています。

特殊なところ	請負人の仕事について第三者に与えた損害の責任を注文者が負う場合がある
なぜ？	注文者の注文や指図に過失があったから
責任を負わない場合	注文者の注文や指図に過失がない場合

ロ 土地の工作物等の占有者及び所有者の責任

たとえば、マンションの壁のタイルがはがれて落下し、通行人がこれに当たって怪我をしたとします。住民が壁のタイルをわざと落としたのならともかく、「誰か悪い人」がいるわけではありません。ただ、タイルに当たった人が損害を我慢しなければならないのは公平に反するような気がします。民法では、こうした場合、**工作物《こうさくぶつ》責任**という特別の賠償責任が働きます。工作物（土地にくっつけて人工的に作った施設。建物をイメージすればいいでしょう）の設置又は保存に瑕疵があり、他人に損害が生じたときには、まず、工作物の占有者が被害者に賠償する責任を負います（717条1項）。マンションの例でいえば、タイルがはがれた部屋の住民が責任を負うことになります。ただ、占有者が損害の発生を防止するのに必要な注意をしたときは、占有者の責任は問えません。その代わり、そのマンションの所有者が損害賠償責任を負わなければならないのです（同項）。所有者は「損害の発生を防止するのに必要な注意をした」ことを主張しても、この責任から逃れられないこととなっています。この責任は、故意も過失もなく負う責任なので**無過失責任**と呼ばれています。

ただ、壁のタイルが落ちた原因を作った者が別にいる場合には、占有者や所有者が賠償の責任を負うのはフェアーではないでしょう。たとえば、「そもそもマンションを建てた事業者の手抜き工事が原因だった」というような場合です。その場合には、占有者や所有者が支払った賠償額を、その事業者に求めることができます（717条3項）。工作物を例に挙げましたが、竹木の植え方などに瑕疵があり、損害が生じたときも同様です（同条2項）。

特殊なところ	・工作物等を原因として被害が発生している（加害者がいない） ・所有者については全く過失などがないのに賠償責任を認めている
なぜ？	危険性のある物を支配している者はその危険を負担しなければならないから
責任を負わない場合	工作物等の占有者の場合については、損害の発生を防止するのに必要な注意をしたとき

ロ 動物の占有者等の責任

動物が他人に加えた損害は動物の飼い主などの占有者が負います。占有者に代わりその動物を管理する者も同様です（718条）。ただ、動物の種類や性質に従い相当の注意をもって管理していたときは責任を負いません。

特殊なところ	自分ではなく、自分が飼っている動物（法律上は「物」）が加えた損害を賠償する
なぜ？	危険な物（動物）を占有したり、管理している者はその危険を負担しなければならないから
責任を負わない場合	動物の種類や性質に従い相当の注意をもって管理していたとき

ロ 共同不法行為

数人が共同して不法行為を行い、損害を生じさせたときには各人が連帯してその損害賠償の責任を負わなくてはなりません（719条1項）。これを**共同不法行為**といいます。たとえば、５人が鈴木さんに因縁をつけ、殴りかかったとします。鈴木さんは手や頭に怪我をしましたが、誰がその怪我の原因を直接的に作ったのかはわかりません。こんなときでも、鈴木さんの怪我についての賠償責任は５人が連帯して負うことになるのです。

特殊なところ	自分が原因を作っていないかもしれない損害についても賠償責任を負う
なぜ？	誰が実際に損害を生じさせたのかは不明だが、各人が不法行為の要件を満たしているから
共同不法行為責任を負わない場合	それぞれの行為の関連共同性がないとき（鈴木さんがＡに殴られ怪我をして病院に行く途中で、Ｂに出会い、また殴られたなど）

(2) 損害賠償額の算定

損害賠償は特段の意思表示がない場合、金銭によって行われます。この額の計算は鬼のようにきっちりと算定されます。たとえば、不法行為である人が亡くなったとします。損害賠償額は、その人が生きていたとしたら得られたであろう利益の額がベースになります。そして、この額から被害者が生きていたら必要となる生活費を引きます。これを**損益相殺**《そんえきそうさい》といいます。条文にはどこにも書かれていませんが、709条の「損害を賠償する責任を負う」の「損害」は、損益相殺後の額と考えられています。

さらに、驚くべき細かさなのが**中間利息の控除**というものです。考えてみると、この人が生きていたら得られたであろう利益は、少しずつ稼ぐわけです。しかし、損害賠償は普通、裁判所よりまとめて支払うよう命じられます。遺族がそのお金を運用したとしたら、本来の損害賠償額を超えて手にすることになります。そこで、損害賠償の額を決めるに当たって、そうした運用できた額もあらかじめ引いておきます。これが中間利息の控除というものです。人が亡くなった場合に限らず、将来予測される不利益に対する賠償額である場合にも、この中間利息の控除の考え方が取り入れられています。

中間利息は、損害賠償の求償権が生じた時点の法定利息によります(722条1項)。これまでの話をもとにすると、普通、賠償額は次の計算式により求められることになります。なお、中間利息の控除は、債務不履行の場合の損害賠償の場合にも問題となります。

損害賠償額 ＝ 損害額 − 必要であったであろう生活費 − 中間利息

なお、被害者に過失があるときには、その分を「考慮して、損害賠償の額を定めることができる」（722条２項）と規定されています。考慮するかどうかは裁判所に任されているわけですが、考慮すれば減額につながることも多いでしょう。たとえば、歩行者が自動車にひかれて怪我をしたといっても、歩行者が赤信号に気づかず横断歩道を渡ろうとしていたときの事故なら、被害者にも過失があります。裁判所が被害者の過失を考慮して損賠賠償の額を減額することを**過失相殺**といいます（同項)。ちなみに、債務不履行に基づく損害賠償責任では「考慮して、〜額を定める」(418条)とあるのですから、絶対に債権者の過失を考慮して額を定めることになります。考慮するかどうか裁判所に任されている不法行為による場合との違いになります。

損害賠償額＝損害額 － 必要であったであろう生活費 － 中間利息 － 過失相殺分

(3)胎児の扱い

721条は胎児についての損害賠償の扱いについて規定しています。友人は、「この条文、日本語としておかしいのではないか」と言います。「胎児は、損害賠償の請求権については、既に生まれたものとみなす」とあるからです。「生まれていないから、胎児なんだろ」と彼は主張しますが、「そうではないことは百も承知であっても、そのように扱う」ことが「みなす」の意味なのです。だから、これでいいのです。

(4)損害賠償請求権の消滅時効

不法行為に基づく損害賠償請求権には特別の時効制度が定められています（724条）。損害を与えたトラブルでもあり、普通の債権より早めに法関係を確定させようとする趣旨です。被害者やその法定代理人が損害と加害者を知った時から「３年間」行使しないときには時効により消滅します（主観的時効期間）。また、不法行為の時から「20年間」、請求権を行使しないときも消滅します（客観的時効期間）。

ただ、人の生命や身体を害する不法行為の損害賠償請求権については、上の「３年間」とあるのは「５年間」となります（724条の２）。まとめると次の表のようになります。

図表　不法行為による損害賠償請求権の消滅時効

	生命、身体を害するもの	それ以外
主観的時効期間	5年間	3年間
客観的時効期間	20年間	

念のために、一般的な債権の消滅時効（166条、167条）の表も示しておきます。たとえば、「医療事故により亡くなった」といった場合には、債務不履行に基づく損害賠償請求として、一般的な債権の消滅時効の対象になる可能性があります。ただ、生命、身体を害する場合ですので、主観的時効期間が5年間、客観的時効期間が20年となります。もし、このケースで不法行為に当たるとされても、「5年間」「20年間」は変わることがありません。生命、身体に関することは、統一的に扱われています。

図表　一般的な債権の消滅時効

	生命、身体を害するもの	それ以外
主観的時効期間	5年間	
客観的時効期間	20年間	10年間

POINT

- **民法では普通の不法行為とは異なる要件で成立する特殊な不法行為がいくつか定められています。**
- **不法行為の損害賠償額は、中間利息の控除や過失相殺などを踏まえて算定されます。**
- **不法行為に基づく損害賠償請求権には特別の消滅時効制度があります。**

練習問題

問題　次の①から③までのケースで、吉田さんが賠償責任を負わなければならないのはどれでしょうか。ひとつ選んでください。

①おとなしいと思っていた吉田さんの飼いイノシシが、通りかかった子どもの泣き声で興奮し、イノシシ小屋の柵を飛び越えて、鈴木さんに突進し、鈴木さんが怪我を負った。

②吉田さんがよろけた拍子に近くにいた子どもが泣き出し、たまたまそばにいた野生のイノシシが興奮して鈴木さんに突進し、鈴木さんが怪我を負った。

③野生のイノシシが吉田さんに当たり、よろけた拍子に鈴木さんにぶつかり鈴木さんが怪我を負った。

解答

①

解説

①動物の占有者として責任を負います。「おとなしいと思っていた」とか「柵を飛び越えて」といった事情から、「動物の種類及び性質に従い相当の注意をもって管理」していたとはいえそうにありません。

②負わない。因果関係に無理があります。吉田さんのせいにすることはできそうにありません。

③負わない。野生のイノシシなので、吉田さんも鈴木さんもアンラッキーだったというほかありません。少なくとも、吉田さんに故意や過失はありませんから、不法行為は成立しません。

17 事務管理など
その他債権を発生させる原因たち

(1) 事務管理

□ 事務管理とは

債権各論では、債権を発生させる原因を扱っています。契約や不法行為のほかにも事務管理、不当利得があります。**事務管理**とは、法律上の義務がない者が他人のために事務の管理をすることです（697条1項)。この場合、事務管理をした人はかかった費用を本人に請求することができます。

たとえば、こんな例を考えてみましょう。お隣さんが夏休み中、家族でドバイに出かけました。留守の間に台風が来て、屋根に穴が開きました。このままだと風雨が吹き込み、家がダメになってしまいそうです。そこで、大工さんを呼んで穴をふさいであげました。

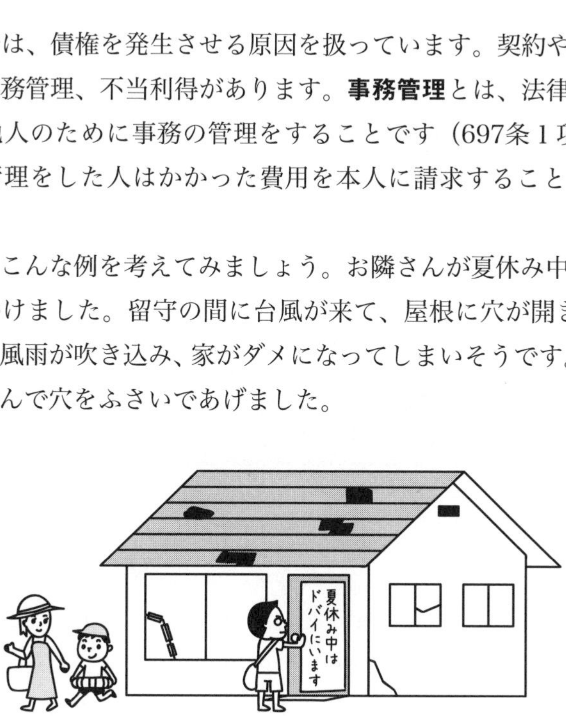

こんなとき、事務管理してくれた人が費用を立て替えてくれているわけです。その費用はドバイから帰った家族に請求することができます（702条1項)。

ロ 事務管理の方法

「おせっかい」のような気がしないでもないですが、民法は事務管理を認めています。ただ、事務管理にはいくつかのルールが定められています。まず、事務の性質に従い、最も本人の利益に適合する方法によって行わなければならないということがあります（697条1項)。屋根に穴が開いた例でいえば、ドバイから戻ってくるまで風雨が入らないようにしておけばいいのです。「この際、屋根をふき替えてあげよう」とか、「ドバイに行くぐらいのお金があるから金箔の継ぎ当てで屋根を修理しよう」などというのはいけません。もし、本人の意思を知っていたり、その意思を推測できるときには、その意思に従って事務管理しなくてはなりません。

また、「本人の身体、名誉又は財産に対する急迫の危害を免れさせるため」の事務管理（**緊急事務管理**）は、悪意や重大な過失がなければ管理者はその損害を賠償する責任がないという規定（698条）もあります。

ふとんを干していたら、隣の家の屋根から足を滑らせて落ちそうになっているおじいさんを見つけ、あわてて、ふとんを隣の家の庭に投げたとします。おじいさんはふとんがあったので大きな怪我を免れましたが、大切にしていた盆栽の枝も折ってしまいました。しかし、この緊急事務管理に当たれば、その賠償はしなくてすむでしょう。

ロ 管理人の義務

管理を始めたときには、遅滞なく本人に通知しなければなりません(699条)。本人の意思に反することがわかったり、本人に不利であることが明らかなときは別ですが、いったん事務管理をはじめた以上、本人などが管理できるようになるまで、事務管理を続けなければなりません（700

条)。事務管理を行う者は、求められたら事務処理の状況を報告する義務、事務処理に当たって受け取った金銭などを引き渡す義務、引き渡すべき金銭を使ってしまった場合の利息支払い義務を、委任を引き受けた者（受任者）と同じように負っています（701条)。

ロ 本人の義務

本人の義務としては、管理者が負担した費用を払うことです。管理者が有益な費用を支出をしたときには本人にその費用を返すよう求めることができます（702条1項)。もし、管理者が本人の意思に反して事務管理をしたときでも、本人が現に利益を受けている限度でその費用を求めることができます（同条3項)。

(2) 不当利得

ソファーを買いました。理想どおりの色、形です。しかし、大きすぎて、玄関からも窓からも入れることができません。泣く泣く、購入をキャンセルして返却し、別なものを捜し直すことにしました。

家具屋さんが、売買契約を解約したソファーの代金を手元に置き続けたとすると、それは**不当利得**になります。法律上の原因がないのに、他人の財産や労務によって利益を受け、そのために他人に損失を及ぼした場合、その利益は不当利得と呼ばれ、返還義務があります。利益を得た者が不当

利得であることを知らない場合（善意の場合）には、利益の存する限度で返還すればいいのですが（703条)、利益を得た者が不当利得であることを知っていた場合（悪意の場合）には、受けた利益に利息を付して返還しなければなりません。さらに、損害が生じているなら、その賠償も必要です（704条)。どちらにしても、不当利得だとされると利益を得た者には返還義務が生じます。不当利得も債権を発生させる原因のひとつなのです。

(3) 特殊な不当利得

ロ 債務がないことを知ってした弁済

民法には、特殊な不当利得の規定も置かれています。条文順にひとつひとつ見ていきます。まず、最初は、債務がないことを知っていたのにした債務の弁済です。あえてしなくてもいい弁済をしたのです。返還を求めることができないものとしました（705条)。

ロ 期限前の弁済

期限前の弁済については、弁済したものの返還を請求できないと規定しています（706条)。債務自体は存在するのですから、期限前に返したとしても「法律上の原因がない」とはいえません。つまり不当利得にならないわけですが、念のために規定しています。ただ、こんな問題もあります。期限前に弁済すると、弁済した日から本来の期限までの期間、そのお金を運用でき、債権者に利益が残ります。一方、債務者はその利益を失います。この利益をどう処理するかです。わざわざ期限前に弁済したというのは、債務者はその利益を放棄したものと考えられます。しかし、錯誤によって弁済したとき（弁済期だと勘違いして弁済したとき）には、その利益を放棄したものとは考えられませんので、債権者はその利益を返還しなければならないと定めています（同条）。

ロ 他人の債務の弁済

他人の債務と知った上で、その債務を弁済したら、いわゆる第三者による弁済（474条）となります。ここで問題となるのは、自分の債務だと勘違いして（錯誤によって）他人の債務を弁済した場合です。この場合、「法律上の原因がない」のですから債権者は不当利得したことになります。しかし、債権者も債務の弁済を受けたと勘違いしたらどうでしょう。「もう、こんな証書いらないよね……」と借用証書を破り捨ててしまったり、担保を放棄してしまったりするかもしれません。また、弁済を受けたと勘違いしているのですから、本来の債務者に催促することなく、債権を時効で消滅させてしまうことがあるかもしれません。707条では、債権者がこうした行為をしたときには、弁済をした者は返還の請求ができないと規定しています。ただ、この場合でも、弁済をした者は「弁済した額」について、債務者に払ってくれるよう請求することはできます。

ロ 不法原因給付

不法な原因のために給付をした者は、その給付をしたものの返還を求めることができません（708条）。たとえば、町のごろつきにお金を払ってイヤな相手を殴ってもらうという契約を交わしたとします。しかし、こんな契約は公序良俗違反で無効です（90条）。無効というのは、最初から効力を発生しないことですから、払ったお金は不当利得になりそうです。しかし、こうした不法な原因のために給付したお金（**不法原因給付**）は、返還を求めることはできないとしたのです。これは**クリーンハンズの原則**を示したものといわれています。「裁判所に法による救済を求める者はきれいな手でしなければならない」という古い考え方からの言葉です。つまり、自らも法を守っていればこそ、法による保護を求めることができるというわけです。ただ、不当な原因が利益を得た者についてのみあるときには、給付したものの返還を求めることができます。

「誘拐犯にやむなく払った身代金」などはこれに当たり返還を求めることができるでしょう。身代金を払うという行為も法に反するといえるかもしれませんが、身代金を要求する者の前では小さなもの（しょうがなかったもの）と判断されるからです。

POINT

- 債権を発生させる原因として、契約や不法行為のほか、事務管理、不当利得があります。
- 事務管理とは、法律上の義務がない者が他人のために事務の管理をすることです。事務管理をした人は、かかった費用を本人に請求することができます。
- 不当利得は、売買契約解除後に手元に置かれたままになっている品物や代金をイメージすればいいでしょう。不当利得は返還しなければなりません。

練習問題

問題1　次の文章は、事務管理に関する条文のダイジェストです。①から③の（　）の中に入る適切な用語を下の選択肢のなかから1つずつ選んでください。

>（①）なく他人のために事務の管理を始めた者は、その事務の（②）に従い、最も本人の（③）に適合する方法によって、事務管理をしなければならない。

① A 半端　B 義務　C 仁義
② A 性質　B 利益　C 難易度
③ A 身長・体重　B 利益　C 趣味

問題2　次の文章の（　）に適切な漢字を入れて文章を完成させてください。なお、（　）にはそれぞれ漢字1文字が入ります。

> 法律上の原因がないのに、他人の財産や労務によって利益を受け、そのために他人に損失を及ぼした場合、その利益は（　）（　）利得と呼ばれ、返還する義務を負います。

解答

問題1　①B　②A　③B
問題2　（不）（当）利得

第5章

親族・相続編

1 親族の範囲・婚姻

誰までが親族？　結婚の法的な意味は？

(1) 親族の範囲

親族とは、六親等内の血族、配偶者、三親等内の姻族をいいます。**血族**は血のつながっている関係を、**配偶者**は結婚した相手を、**姻族**は婚姻を通じてつながった関係を指します。たとえば、実父母は一親等の血族です。兄弟姉妹は二親等の血族です。いったん共通の祖先である親に行って一親等、そして、降りてきて二親等と数えます。妻の祖父母は、起点は妻と同じで二親等の姻族ということになります。自分より前の世代を**尊属**《そんぞく》といい、自分より後の世代を**卑属**《ひぞく》といいます。親子のような縦の関係を**直系**《ちょっけい》といい、兄弟姉妹のような横の関係を**傍系**《ぼうけい》といいます。

注意点を少し述べておきます。血族は血のつながりといいましたが、本当は正確な表現ではありません。出生によって発生する関係もありますが、養子によって生じる関係もあります。前者を**自然血族**と、後者を**法定血族**といいます。

図表　親等の計算

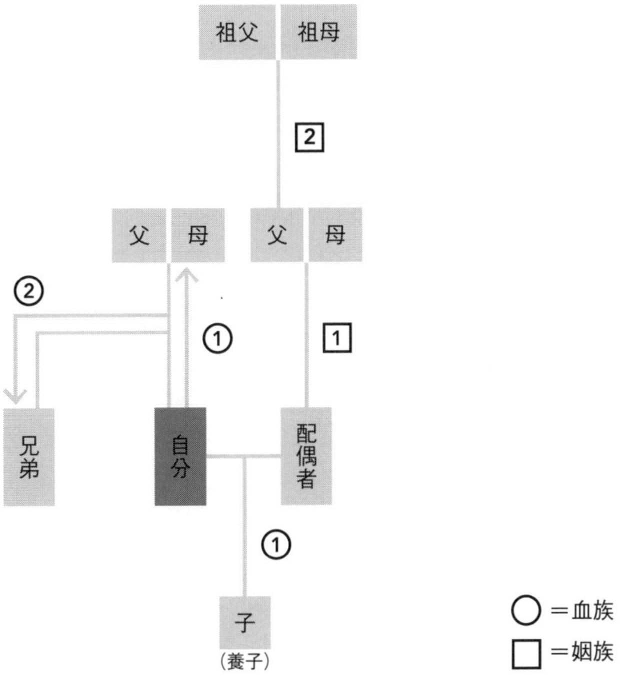

(2) 婚姻

ロ 婚姻の要件

婚姻に必要なものは「愛」と「届出」です。愛は、婚姻意思のことです。届出は戸籍法による届出です。お互いに結婚したいという意思だけでなく、一定の手続を経た場合についてのみ、婚姻を認める考え方を**法律婚主義**というのですが、日本はこの法律婚主義をとっています。ですから、愛(婚姻意思）がないのはもちろん、届出を欠いた婚姻も無効となります(742条)。

ロ 婚姻の取消し①

愛と届出があれば婚姻は成立しますが、次の場合には婚姻は取り消すことができる婚姻となります（743条）。

婚姻年齢（731条）違反
重婚禁止（732条）違反
再婚禁止期間（733条）違反
近親者間の婚姻の禁止（734条）違反
直系姻族間の婚姻の禁止（735条）違反
養親子等の間の婚姻の禁止（736条）違反

少し解説をしておきます。結婚できる年齢（婚姻適齢）は、現在、男性18歳、女性16歳です。2022年４月１日から女性も18歳となります。再婚禁止期間ですが、女性についてだけあります。前婚の解消又は取消しの日から起算して100日を経過した後でなければ、再婚をすることができません。ただ、この期間は妊娠した子の父親をはっきりさせるためなので、前婚を解消したり、取消しをした時に懐胎（妊娠）していなかった場合や、前婚を解消したり、取消しをした後に出産した場合には適用されません。近親者の婚姻の禁止として、直系血族又は三親等内の傍系血族の間では婚姻ができないことになっています。

婚姻の取消しは、一般的な取消しと異なっている部分があります。まず、家庭裁判所に請求するという点が特殊です。請求権者も当事者だけでなく、親族や検察官などにも認めています（744条）。婚姻の禁止規定のなかには、「社会秩序を守る」意味から定められたものもあるからです。また、婚姻の取消しは遡らず、将来に向かってのみ効力を生じます（748条１項）。一般の取消しが始めに遡って効力を失うのとは異なります。

ロ 婚姻の取消し②

だまされたり、おどされたりして（詐欺又は強迫により）婚姻をした者はその取消しを家庭裁判所に請求することができます。この場合、取消しを求めることができるのは当事者だけです（747条1項)。

ロ その他

未成年者が婚姻するには父母の同意が必要です。父母の一方が同意しないときには、もう一方の同意で足ります（737条)。ただ、同意がなく届出が受理された場合には取消事由にはなりません。成年被後見人が婚姻するには、成年後見人の同意はいりません（738条)。もちろん、結婚したいという気持ちは必要ですが、その気持ちがあれば婚姻は認められます。愛は代理になじまないからです。

2022年４月１日以降は男女とも18歳になれば結婚することができるようになります。同時に、成年年齢が18歳に引き下げられます。そうなれば「未成年で結婚する」ということはなくなります。シンプルに「大人になれば結婚できる」と表現できます。

ロ 婚姻の効力

「結婚したら彼（彼女）と同じ苗字になって……」などと、相手の苗字に自分の名前を加えてみたりしますが。それはまさしく婚姻の効果です。「夫婦は、婚姻の際に定めるところに従い、夫又は妻の氏を称する」(750条)とあります。「一緒に住んで、お互い助け合って生きていく……」。それもあります。同居義務と協力扶助義務が定められています(752条)。成年年齢が引き下げられるまでは、未成年も婚姻すると成年に達したものとみなされます。また、夫婦間でした契約を婚姻中はいつでも夫婦の一方から取り消すことができます(754条)。これも婚姻の効果といえば効果です。

□ 夫婦の財産

夫婦は婚姻の届出前にその財産について契約を定めることができます。しかし、そうした契約を交わしていない場合には(多くの夫婦がそうかもしれません)、民法の規定によるものとされています(755条)。

その民法の規定内容をダイジェストにすると、夫婦の一方が婚姻前から持っている財産や婚姻中に自分の名前で手にした財産はその夫婦の一方の財産となります。これを**特有財産**といいます。夫婦のいずれのものか明らかでない財産は、夫婦の共有の財産と推定します(762条)。結婚生活における費用はもちろん夫婦で分担するわけですが、単純な折半ではなく、「資産、収入その他一切の事情を考慮して」とあります(760条)。また、夫婦の一方が、日常の家事に関して第三者に負った債務については、夫婦が連帯して負うものとされています(761条)。

□ 婚姻の解消①(一方が死亡したとき)

婚姻が解消されるのは、夫婦の一方が死亡したとき、そして、離婚したときです。どちらかが死亡すると婚姻が解消されるのは当然なのですが、これにまつわるいろいろなことで勘違いされていることがあります。

たとえば、田中さんの夫が亡くなって、奥さんが残されたとします。婚姻は解消されますが、姻族関係は当然には解消されません。姻族関係を終了する意思表示があってはじめて終了します(728条2項)。田中さんの奥さんの旧姓が中田さんだとすると、当然に中田さんに戻る(これを「**復**《ふく》

氏《し》といいます）わけではありません。希望すれば婚姻前の氏に戻ることができるとされているだけなのです（751条１項）。さらにいえば、名前は田中さんのままでも、姻族関係を終了させることができますし、中田さんに戻っても、姻族関係を維持することもできます。

ロ 婚姻の解消②（離婚したとき）

離婚は、夫婦がお互いの話合いによって決める協議離婚（763条）と、裁判による離婚（770条）があります。離婚した場合には、姻族関係は終了します（728条１項）。また、復氏が原則ですが、離婚の日から３か月以内に届け出れば、これまで（婚姻中）の氏を称することもできます（767条）。未成年の子がいる場合、親権者も決めなくてはなりません。協議離婚の場合には、その協議のなかでどちらか一方を決めます（819条１項）。裁判離婚の場合には裁判所がやはり一方を親権者と決めます（同条２項）。

POINT

- 親族とは、六親等内の血族、配偶者、三親等内の姻族をいいます。
- 婚姻に必要なものは「愛（婚姻の意思）」と「届出」です。
- 婚姻が解消されるのは、夫婦の一方が死亡したときか、離婚したときです。
- 離婚には、協議離婚と裁判による離婚があります。
- 離婚の際、子どもの親権者は父母のどちらか一方です。

練習問題

問題　次の文章は、田中さんに関して、近所で流されている「うわさ」です。民法に照らして正しくないものはいくつあるでしょうか。

①「田中さんの離婚の原因は性格の不一致らしいわよ。お互いが別れましょうと決めて、裁判所に離婚の訴えを起こしたんだって」

②「田中さんの奥さん、旦那さんが亡くなって旧姓の中田さんに戻したでしょう。義理のお母さんと折り合いが悪かったので、姻族関係を終了するためそうしたらしいわよ」

③「離婚した田中さんのご夫婦には子どもがいたでしょ。どちらも自分が親権者になると譲らないので、両親が親権者になったみたいよ」

解答

3つ

解説

①お互いに離婚の意思があるなら裁判による離婚にする必要はありません。協議離婚になります（763条）。

②復氏と姻族関係の終了は別なことがらです。復氏しても、姻族関係をそのままにすることもできます（728条1項、767条）。

③協議離婚であっても、裁判による離婚であっても父母の一方を親権者とします（819条1項・2項）。

2 親子のことなど

親子にもいろいろあります

（1）推定される嫡出子と推定されない嫡出子

「推定される嫡出子」と「推定されない嫡出子」なんていかにも法律用語です。まず、**嫡出《ちゃくしゅつ》子《し》**という言葉ですが、婚姻関係にある男女の間に生まれた子のことをいいます。次は何が「推定される」かですが「夫の子として推定される」という意味です。「推定される嫡出子」というのは、「婚姻関係のある男女の間に生まれた夫の子と推定される子」ということになります。ますますわからなくなってしまったかもしれません。

民法は婚姻中に懐胎《かいたい》した子は夫の子と推定するとしています（772条1項）。「懐胎した」というのは「妊娠した」という意味です。また、結婚して200日を経過した後に生まれた子は結婚して妊娠したものとして、夫の子と推定されます。また、離婚したり、結婚を取り消したりして300日以内に生まれた子は、結婚していた時期に妊娠したものとして、前の夫の子と推定されます。

ただ、近頃は「授かり婚」も多いものです。子供が授かって「子供もできたし、結婚しました！」という場合、結婚して200日以内に生まれる場合も多いのではないでしょうか。その場合に生まれた子は嫡出子には違いありませんが「推定されない（推定が及ばない）嫡出子」となります。推定されようが、推定されまいが、夫婦間の子供であることは変わりません。では、どのような法的な効果の違いがあるのでしょう。

それは、夫が「私の子ではない！」という場合の否定の方法が違うのです。「推定する」というのは、一応、そういうものとして扱うということですので、反証を挙げればひっくり返せます。推定をひっくり返すには、**嫡出否認の訴え**（774条、775条）によります。嫡出否認の訴えについては、夫が子の出生を知った時から１年以内に提起しなければなりません（777条）。身分関係はできるだけ早く確定すべきだからです。

一方、推定されない嫡出子については、そもそも推定されないのですから、「自分の子じゃないよね」と確認すればいいことになります。これを**親子関係不存在確認の訴え**といいます。

子の属性	否認の方法
推定される嫡出子	⇒嫡出否認の訴え
推定されない嫡出子	⇒親子関係不存在確認の訴え

(2) 認知

嫡出でない子を父や母が自分の子として認めることを**認知**といいます。母になるには「産む」という行為がありますので、現実に問題となるのは父の認知です。認知には、自らの意思で認知する**任意認知**と、子やその直系卑属などが裁判所に訴えを起こして認知してもらう**強制認知**があります（787条）。任意認知は戸籍法の定めるところにより届出をすることにより行います（781条１項）。また、遺言でもできます（同条２項）。認知の効力は、出生の時に遡って生じます。ただ、第三者がすでに取得した権利を害することはできません（784条）。

(3)準正

嫡出子でない子が父母の結婚によって嫡出子となることを**準正《じゅんせい》**といいます。先に認知されていた子が父母の結婚によって嫡出子となる場合（**婚姻準正**）と、生まれた時には認知されていなかった子の父と母が結婚し、その後父が認知する場合（**認知準正**）があります。認知より婚姻があとの場合には婚姻準正、婚姻より認知があとの場合は認知準正と覚えましょう。「婚姻か認知のうち、あとに行われた方から名前が付けられたんだ……」と思うかもしれません。そう覚えてもいいのですが、嫡出子になるという準正の効果が生じる時期から付けられているともいえるのです。婚姻準正は婚姻の時から準正の効果が生じ（789条１項）、認知準正は認知の時から準正の効果が生じます（同条２項）。

(4)養子縁組

ロ 2つの養子制度

知ってるようで知らないのが養子縁組の制度です。養子には実父母との関係を残したまま養子となる**普通養子**と、実父母との関係を絶って養子となる**特別養子**があります。

ロ 特別養子

特別養子の方から先に説明しましょう。特別養子の養子縁組は、養親となる者の請求により、家庭裁判所が成立させます（817条の２第１項）。

特別養子は、実父母が子供を監護することができないなどの事情があるときに、子供のために新しいお父さん、お母さんを迎える制度です。

こうした制度ですから、養親は原則的に夫婦そろって養親となります(817条の3)。また、養親は原則的に25歳以上であることが求められます(817条の4)。新しい父母との関係を築きやすいということから、特別養子の請求をする際に、子は原則、15歳未満であることが求められています（817条の5)。また、実父母との関係が切れてしまうのですから、実父母が虐待をしているなどの事情がない限り、実父母の同意がなければなりません（817条の6)。

ロ 普通養子

縁組というと、男女を結び付けるイメージで使われますが、民法的には養子縁組のことに使われています。普通養子は、当事者に縁組をする意思があり、届出をすることにより行われます。成年にならないと養子を迎えられませんし（792条)、尊属や年長者を養子にすることはできません(793条)。相続関係が複雑になりますし、そもそも子の方が年上というのも変なものです。15歳未満の者を養子にしようとする場合には、その法定代理人が縁組の承諾をすることができます（797条1項)。配偶者のある者が未成年者を養子とするには原則的に配偶者とともにしなければなりません（795条)。

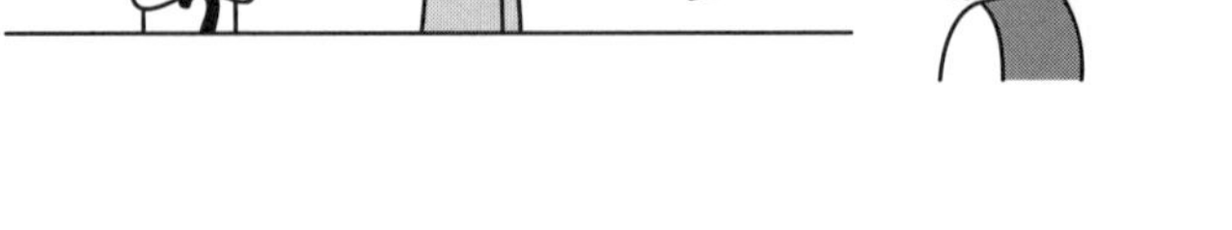

ロ 離縁

離縁というのは養子養親関係を解消することです。普通養子の場合には婚姻の場合と同じように、協議上の離縁（811条）と裁判上の離縁（814条）があります。特別養子の場合もやはり、離縁があります。「養親による虐待、悪意の遺棄その他養子の利益を著しく害する事由があること」、「実父母が相当の監護をすることができること」のいずれの要件にも該当するときには、家庭裁判所は、養子、実父母、検察官の請求により離縁させることができるのです（817条の10）。特別養子先でも不幸な思いをするなんて……、要件を読んだだけでも涙が出てきます。子の将来の幸せを祈らずにいられません。

図表 普通養子と特別養子

普通養子		特別養子
残る（2重の親子関係）	実父母との関係	切れる
縁組の意思＋届出	縁組の手続	養親となる者の 請求により家裁で成立
成年であること	養父母の 年齢的な要件	原則として 25歳以上であること
養親となる者より 年下であること	養子の 年齢的な要件	原則として 15歳未満であること

(5) 後見

後見には、未成年者の後見である未成年後見と、精神的な障がいがある者への保護のための成年後見があります。成年後見を受ける者が成年被後見人です。

(6) 扶養

扶養は「養う」ということですが、民法では、直系血族と兄弟姉妹に、お互いに扶養する義務を課しています（877条１項）。また、特別の事情があるときには、直系血族と兄弟姉妹のほかに三親等内の親族間に、家庭裁判所は扶養の義務を負わせることもできます（同条２項）。

生活保護法４条２項にも「民法に定める扶養義務者の扶養及び他の法律に定める扶助は、すべてこの法律による保護に優先して行われるものとする」とあります。生活保護の決定に先立ち、扶養義務者が調査され扶養が可能なのか問い合わせがされる根拠となっています。

練習問題

問題　次の証言に関するコメントのうち、正しいコメントはどれでしょうか。AからCのうちからひとつ選んでください。

証言

いや、驚いたのなんの。私はロシアに単身赴任していて、女房とは5年近く会っていません。ところが、成田空港に出迎えに来た女房は産まれたばかりの赤ちゃんを抱いています。私が「誰の子なんだ」と言うと、女房はニッコリ笑って「あなたの子よ、だって、民法で推定してくれているんだもの」と言うのです。

コメントA　おかしいな、民法は結婚から200日を経過して生まれた子は結婚して妊娠した子とみなすとしているはず。「みなす」であれば、反証を挙げてもひっくりかえりません。法律的には夫の子となるでしょう。

コメントB　確かに、民法は結婚して200日を経過して生まれた子は結婚して妊娠した子と推定するとしています。ただ、5年も会ってないとすると夫が妊娠させることはありえないですから、推定は働かないでしょう。夫は親子関係不存在確認の訴えで自分の子ではないとはっきりさせることになるでしょう。

コメントC　確かに、民法は結婚して200日を経過して生まれた子は結婚して妊娠した子と推定するとしています。推定される子について、親子関係を否定するには嫡出否認の訴えしかありません。

正解

B

解説

判例（最判昭44・5・29）は妊娠させることができないような例外的な場合には「推定が及ばない」としました。「推定されない子」なのですから、この場合に夫が「私の子ではない」という方法は親子関係不存在確認の訴えによることになります。

POINT

- 婚姻関係にある男女の間に生まれた子を嫡出子といいます。
- 嫡出子でない子が父母の結婚によって嫡出子となることを準正といいます。
- 養子には実父母との関係を残したまま養子となる普通養子と、実父母との関係を絶って養子となる特別養子があります。

3 相続①
相続分など

(1) 相続の対象

ある人が亡くなると、その人の財産である一切の権利義務をまとめて承継します（896条）。これが相続です。亡くなった人を、相続される人ということで**被相続人**と、相続する人を**相続人**といいます。相続の対象となる財産には、プラスの財産ばかりでなく、負債などマイナスの財産も含まれます。ただ、被相続人だけの権利ともいえるものは含まれません。これを**一身専属権**《いっしんせんぞくけん》といいます。たとえば、親が年金をもらっていたからといって、子がその権利を相続することはありません。年金が親の生活を支えるためのお金だからです。年金は偶数月に前２か月の分をまとめて支給するしくみになっています。ですから、亡くなった時に本当はもらうはずだった年金が残っています。このように具体的に債権として発生したものはもらえますが、「生きていたらもらっていただろう年金」はもらうことはできないのです。

(2) 相続人

次は、相続人は誰なの？　ということです。法律で相続人となる者が定められています。まず、配偶者があれば配偶者が相続人になります。配偶者のほかに、次の順位に従って、相続人となります。

第１順位	子
第２順位	直系尊属
第３順位	兄弟姉妹

配偶者のほかに、被相続人に子がいれば子が相続人になります。子がいなければ、父母や祖父母が相続人になります（祖父母は父母がいないときに相続人になります）。子も直系尊属もいないときに、兄弟姉妹は相続人になります（886条～890条）。

子は嫡出子であっても非嫡出子であっても、実子でも養子でも構いません。胎児も生きて生まれることを条件に相続人になります（886条）。配偶者がいれば配偶者は必ず相続人になります。

第１順位	配偶者＋子
第２順位	配偶者＋直系尊属
第３順位	配偶者＋兄弟姉妹

ロ 欠格と廃除

相続人となることができる者であっても、相続させることがふさわしくない行為をした者は相続人となることができません。たとえば、故意に被相続人や先順位にある者などを死亡させたり、死亡させようとして刑に処せられた者は相続人となることができません。これ**相続欠格者**といいます。欠格事由は891条の各号に定められています。

また、相続人となることができる人が被相続人に虐待をしたり、重大な侮《ぶ》蔑《べつ》を加えたりなどの著しい非行があったときに、相続人からはずすことを家庭裁判所に請求することができます。これを**推定相続人の廃除**（892条）といいます。遺言で「この人には相続させない」としたいところですが、一定の相続人にはある割合の相続が保証されています（これを遺留分といいます）。そこで遺留分のある相続人となることができる者が対象となります。遺留分のない兄弟姉妹については、この制度は及びません。

□代襲相続

では、相続できる者が先に死んでしまっていたらどうでしょう。ある人が亡くなって、子が１人いたのですが、この子が先に亡くなって、その子（孫）が１人いたとします。配偶者がいたとすれば、配偶者と併せて子の地位を継いだ孫が第１順位の相続人として相続します。これを**代襲相続**《だいしゅうそうぞく》といいます（887条２項）。孫も先に亡くなっていたとすれば、ひ孫が代襲相続します（同条３項）。この場合には再代襲相続といいます。代襲相続は兄弟姉妹についてもあります。しかし、兄弟姉妹について、再代襲相続はありません（889条２項）。なお、相続人の死亡だけでなく、欠格事由に当たっていたときや、廃除のときも代襲相続の原因となりますが、相続の放棄は代襲相続の原因になりません。

(3)相続分

□法定相続分

被相続人が相続分を決めていない場合には民法が定めた以下の相続分（**法定相続分**）となります（900条）。配偶者が複数存在することはないでしょうが、子、直系尊属（父母がいる場合には祖父母は相続人になりません）、兄弟姉妹が複数いる場合には頭割りになります。具体的な例でも考えてみましょう。

配偶者２分の１	＋子２分の１
配偶者３分の２	＋直系尊属３分の１
配偶者４分の３	＋兄弟姉妹４分の１

例1　相続財産が2000万円ありました。相続人は妻と子２人です。
この場合には、妻の相続分 =2000万円×２分の１=1000万円
子１人の相続分 =2000万円×２分の１×２分の１=500万円

例2　相続財産が2000万円ありました。相続人は子２人です。
この場合には、子１人の相続分 =2000万円×２分の１=1000万円

注意点を挙げるとすると、嫡出子と非嫡出子で扱いに変わることはありません。しかし、父母の一方のみを同じくする兄弟姉妹については、父母の双方を同じくする兄弟姉妹の相続分の２分の１となります。

ロ 相続分の計算の特例

相続人のなかに、遺言で特に財産をもらっていたり、被相続人から結婚に当たって特にお金をもらっていた子などがあるかもしれません。そうした財産は相続財産から引かれていますから、残りを法定相続分で分けるのは不公平な感じがします。こうした特別な利益を受けている者を**特別受益者**といいます。特別受益者についての相続分は少し違った計算によって算定します。特別受益を相続財産にプラスして法定相続分を計算し、特別受益では足らない分をその者の相続分とするのです（903条)。具体的な例で示した方が早そうです。

例3　父が亡くなりました。相続財産が2000万円ありました。
相続人はＡとＢという子２人です。しかし、Ａは結婚に際して
800万円のお祝い金を父よりもらっていました。
この場合には、Ａの相続分は＝（2000万円＋800万円〔お祝い金〕)
×２分の１－800万円〔お祝い金〕＝600万円となります。

なお、結婚生活が20年以上ある夫婦の場合、生前、配偶者から自宅（建物やその敷地）の贈与を受けても特別受益になりません。特別受益として扱わないとする被相続人の意思が示されたものと推定されます。その分は相続財産からはずされて計算されますので安心です（903条４項）。

特別受益の反対に**寄与分**《きよぶん》というものもあります（904条の２）。相続人のなかに被相続人の事業に協力したり、療養看護に当たって、被相続人の財産を増やしたり、財産が失われるのを防いだような場合には、その額を別枠で相続財産として加えてあげます。この別枠の分を寄与分といいます。やはり、具体的な例で示します。

例４ 父が亡くなりました。相続財産が2000万円ありました。
相続人はＡとＢという子２人です。Ａは長らく父の事業を手伝い500万円の寄与分が認められます。
相続財産からこの500万円の寄与分を先に引きます。
2000万円－500万円＝1500万円
そして、1500万円を２人で分けます。1500万円÷２＝750万円
これに寄与分を加えて、Ａの相続分は750万円＋500万円（寄与分）＝1250万円となります。

ロ 遺産分割

先ほど相続分として「配偶者は２分の１、子は２分の１」などといいましたが、実際には相続財産には、不動産、動産、債権があり、誰がどんな財産をどのように相続するかという問題があります。つまり、遺産をどう分けるかという**遺産分割**の問題があるのです。

相続人が複数いる場合には、相続財産はまずはそれぞれの相続人の相続分に応じた共有となります（898条）。被相続人は、相続開始の時から５年を超えない期間を定めて、遺産の分割を禁止することができます（908条）。そうでなければ、遺産分割が行われるわけですが、その方法は３つあります。ひとつは、被相続人が遺言で、分割の方法を指定するか、分割の方法を第三者に委任するという方法です（同条）。こうしたものがないときには、相続人の間の話し合い（協議）で決めます（907条１項）。話し合いがうまくいかないときには、家庭裁判所に決めてもらうよう請求します（同条２項）。遺産分割の効果は、第三者の権利を害することがない限り相続開始の時まで遡ります（909条）。

図表　遺産分割の方法

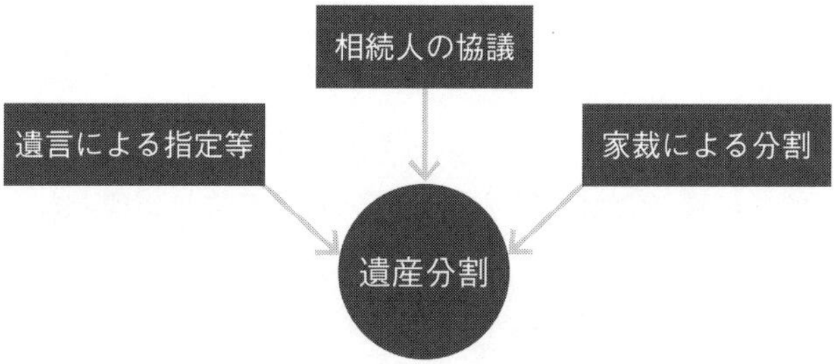

ロ 預貯金の分割前の払戻し

判例（最大決平28・12・19）では預貯金が残されていても、遺産分割の対象となる財産に含まれるとされています。つまり、遺産の分割が整わないと預貯金も相続人全員の同意がないと払戻しができなかったのです。何かとお金が必要な場面もあるわけですが、これでは預貯金を使おうにもすぐには使えません。そこで、平成30年改正では、一定の額の預貯金について、相続人が先に払戻しを受けることができるようになりました(909条の2)。払戻しを受ける一定の額というのは次の計算式で求められます。ただ、上限は150万円までです。また、払戻しを受けた額については、分割を受けたものとみなされます。

遺産分割前にできる払戻しの額 ＝預貯金の額×３分の１×その人の法定相続分

ロ 相続回復請求権

相続人でない者が相続人としてふるまって相続財産を占有している場合には、相続人やその法定代理人は「返せ！」と言うことができます（884条)。この請求権を相続回復請求権といいます。相続回復請求権は裁判上、行使することができるのはもちろん、裁判外でも行使することができます。

POINT

- **配偶者があれば常に相続人となります。この配偶者とともに、①子、②直系尊属、③兄弟姉妹のうち、先順位者が相続人となります。**
- **法定相続分は以下のようになります。**

配偶者２分の１	＋子２分の１
配偶者３分の２	＋直系尊属３分の１
配偶者４分の３	＋兄弟姉妹４分の１

練習問題

問題　**山田さんが亡くなりました。山田さんには、奥さんと、養子に迎えた奥さんの連れ子、２つ年上の兄、２つ年下の妹、それから家族同然にかわいがっている飼い犬のポチがいます。また、奥さんのおなかのなかには山田さんの子がいます。相続を受けられない者の組合せとして正しいものはどれでしょうか。次のＡ～Ｃのうちから１つ選んでください。**

Ａ　奥さんの連れ子、奥さんのおなかのなかの子、ポチ

Ｂ　２つ年上の兄、２つ年下の妹、ポチ

Ｃ　２つ年上の兄、奥さんのおなかのなかの子

解答

Ｂ

解説

奥さん（配偶者）はどんなときも相続人です。養子も実子と同様に、配偶者とともに相続人となります。兄弟は第三順位ですから、この場合、相続人となりません。ポチはどんなにかわいがっていても犬なので、相続人とはなりません。「胎児は、相続については、既に生まれたものとみなす」（886条１項）とありますので、無事生まれれば、相続人となります。

4 相続②
遺留分その他相続で知っておきたいこと

(1)相続の承認・放棄

相続の対象となる財産といってもマイナスの財産ばかりということもあるかもしれません。相続人になることができる人だからといって、こうした財産を「引き受けなければならない」わけではありません。相続を拒否する自由もあります。もっといえば、注意深く、思わぬ損害が生じない方法で相続することもできます。

相続には、特に限定を付けずに相続する**単純承認**という方法があります(920条)。これがスタンダードな相続といえます。また、最初からプラスの財産が期待できないときなどには、**相続の放棄**をすることもできます。相続の放棄をすると、相続開始の時点から相続人でなかったものとみなされます（939条)。また、**限定承認**といって、「プラスになる範囲でなら……」と条件を付けて相続を承認することも可能です（922条)。この限定承認は、相続人全員で共同して行わなければなりません（923条)。

相続の放棄や限定承認は、自分のために相続の開始があったことを知った時から３か月以内にしなければなりません（915条)。方法としては家庭裁判所に申し出て（申述して）行います。この３か月間が**熟慮期間**といわれるものです。「そういえば、おやじのところによく借金の取立てが来ていたな……」とか「おふくろ、高価そうな宝石を持っていたけど、どうしたのかな……」とか、いろいろと財産の状況も確認しつつ、相続の放棄や限定承認するかどうかを決めることになります。３か月間にこの２つの選択をしない場合には単純承認となります。また、相続人が相続の放棄や限定承認をする前に、相続財産を処分するようなことなどがあれば、単純承認したものとみなされます（921条）。承認したからこそ、財産に手を付けたと考えられるからです。

図表　相続の承認と相続の放棄

単純承認	通常の相続
限定承認	プラスの範囲で相続
相続の放棄	相続開始の時点から相続人でなかったものとする

(2) 相続人の不存在

「相続人がいるかいないかわからない」。これは困った事態です。財産が放置されればその価値が失われたりするかもしれません。そこで民法は、こうした事態に備えて条文を整備しています（951条〜959条）。

まず、こうした際には相続財産を法人とします。そして家庭裁判所がその管理人（相続財産管理人）を選任します。ただ、家庭裁判所が相続人の捜索を行っても、誰も現れない場合には、清算して、残った財産は国のものとします。ただ、国のものとなる前に、特別縁故者から請求があれば、その財産の全部又は一部をその者に与えることができます。特別縁故者とは、内縁関係にあった者など被相続人と生計を同じくしていた者、被相続人の療養看護に努めた者などです。相続人が現れず、国庫に入れなければならない財産ならば、せめて、縁がある者に分けてもいいのではないかと考えてのことです。

(3)遺言

ロ 遺言とは

遺言は、亡くなった人の意思表示です。「私が死んだら○○してください」といったものです。「ゆいごん」と日常会話のなかでは読まれることが多いですが、法律家は「いごん」と読みます。相続財産をどう分けるかという遺産分割の方法を示すものというイメージが強いですが、それればかりではありません。たとえば、子を認知するとか（781条２項）、本章３で扱った推定相続人についての廃除とか（893条）、遺産分割の禁止をするとか（908条）も行うことができます。

15歳に達した者は遺言することができますし（961条）、成年被後見人も成年後見人の同意なく遺言することができます。しかし、遺言での意思が本人の意思でなければならないわけですから、判断力（事理を弁識する能力）が回復したときに、医師２人以上の立会いの下、行うことが必要とされています（973条）。

ロ 遺言の方式

遺言は民法に定められた方式で行わなければなりません（960条）。遺言の方式には、船舶のなかでの死に当たっての遺言など特別な場面での遺言である**特別の方式**（976条〜984条）と、日常で行われる遺言である**普通の方式**があります。特別の方式の知識は使う場面も少ないでしょうから割愛し、普通の方式についてだけ説明しておきます。普通の方式には、**自筆証書遺言**、**公正証書遺言**、**秘密証書遺言**の３つがあります。

図表　普通の方式による遺言

自筆証書遺言 （968条）	遺言者が遺言の全文、日付、氏名を自書し、押印する遺言。財産目録の部分は自書でなくともよいが、目録の各ページに署名押印が必要
公正証書遺言 （969条、969条の２）	証人２人以上の立会いの下に、遺言者が遺言の趣旨を口頭で伝え、公証人が筆記し、遺言者や証人に読み聞かせなどして、間違いがなければ、遺言者、証人が署名押印する遺言。口がきけない人の特例もある
秘密証書遺言 （970条）	遺言者が証書に署名押印の上、その証書を封書に入れて封をし、証書に用いた印を使って封印する遺言。これを公証人１人、証人２人以上の前に提出して、自分の遺言書であること、氏名、住所を述べ、公証人が提出日付、遺言者の申述を封紙に記載し、遺言者、証人、公証人がこれに署名し押印する遺言

ロ 遺言の効力と遺贈

遺言は、遺言者の死亡の時から効力が生じますが、停止条件を付した場合には、その条件が成就した時からその効力を生じます（985条)。「免許がとれたら、車はAにあげます」の場合には、免許がとれた以後に効力が生じることになります。

「○○したら、車をあげます」という話が出てきましたが、「私が死んだら、車をあげます」というように遺言によって財物を特定の者に無償であげることを**遺贈**《いぞう》といいます。この遺贈には、**包括遺贈**と**特定遺贈**があります。包括遺贈というのは、財産の全部とか何分の1とかいうように、財産を特定せずに遺贈することです。特定遺贈は、あの車をあげるとか、あの家をあげるなど、特定の財産を示して遺贈することです。

遺贈は単独行為です。似ているものに死因贈与があります。こちらは贈与契約の一種であり、お互いの意思の合致があって効力が生じます。ところが、遺贈は遺言者が死亡したことで効力が生じます。相手方の意思が必要なく、自らの意思（死亡した人の意思）だけで法律的効果が生じるので単独行為なのです。

遺贈を受けた者を受遺者《じゅいしゃ》といいます。包括遺贈の受遺者はまるで相続を受けた者のような立場になりますが、民法でも「包括受遺者は、相続人と同一の権利義務を有する」(990条）と規定されています。つまり、マイナスの財産（債務）も引き受けてしまう可能性があるのです。そのため包括受遺者は、相続人と同様に相続の放棄や限定承認をすることができます。

特定遺贈の場合には、財産を特定しているので「安心」ですが、受遺者の意思もあります。「受遺者は、遺言者の死亡後、いつでも、遺贈の放棄をすることができる」(986条１項）としています。

(4) 遺留分

民法は配偶者や子などのコアな相続人の分として残しておかなければならない相続財産の割合を決めています。これを**遺留分**《いりゅうぶん》といいます。コアな親族は相続を期待する部分があるからです（不公平な遺言などのために本来の相続人になにも分与されない等の事態が起きないようにという面もあります)。その遺留分が具体的にどのくらいなのかですが、直系尊属のみが相続人である場合には被相続人の財産の３分の１が、その他の場合には被相続人の財産の２分の１が遺留分となります。ただし、兄弟姉妹には遺留分はありません（1042条)。

図表 遺留分の割合

直系尊属のみが相続人である場合	被相続人の財産の３分の１
その他の場合	被相続人の財産の２分の１
※兄弟姉妹には遺留分はない	

「また、計算練習なの？」と言われそうですが、やってみましょう。

たとえば、被相続人の財産は1000万円だったとします。このときに、配偶者と子２人が相続人だったとします。この場合、1000万円×２分の１=500万円が遺留分として残される額です。それぞれの相続人の遺留分については、法定相続分によります。配偶者と子の場合には、配偶者の相続分は２分の１ですから、250万円が配偶者の遺留分になります。子は残りの250万円を２人で分けますから、125万円がそれぞれの子の遺留分になります。

では、第三者への遺贈などが遺留分を侵害するものだったらどうすればいいでしょうか。民法は遺留分権利者（遺留分を有している権利者）やその承継人は、遺贈を受けた者などに対して、遺留分侵害額に相当する額の支払いを請求することができるとしました（1046条）。

この**遺留分侵害額請求権**は行使できる期間が限られているので注意が必要です。遺留分権利者が、相続の開始及び遺留分を侵害する贈与又は遺贈があったことを知った時から１年間行使しないときは、時効によって消滅します。相続開始の時から10年を経過したときも、同様です（1048条）。

(5) 配偶者の居住権

ロ 配偶者居住権

平成30年改正の目玉のひとつが配偶者住居権です。

夫婦の一方が亡くなると、残された配偶者がその家に住み続けることも多いものです。その家が持ち家の場合には、相続財産として自宅を選べば住み続けることができます。ただ、自宅を相続すると、他の財産を十分相続できなくなるといった事態も生じるおそれがありました。たとえば、夫が亡くなって、相続財産は5000万円だったとします。妻と子どもが相続人だとしたら、妻の相続分は2500万円です。自宅の価値が2500万円だったとしたらどうでしょう。他の財産はすべて子に渡さざるをえません。

そこで所有権とは別に配偶者に自宅を使い続けられる権利を新たに作り出しました。これを**配偶者居住権**といいます。住み続けられる権利ですから、その評価は所有権ほど高くはないはずです。先ほどの例で、配偶者居住権の評価が1000万円だったとすると、あと1500万円分、妻は財産を得ることができます。

配偶者居住権は遺産の分割の結果として得られる場合もありますし、遺贈によって得られることもあります。配偶者居住権を手にした配偶者は一生、無償で暮らし続けることができます（1028条、1030条）。配偶者居住権はその配偶者だけの権利（一身専属権）ですから、誰かに譲渡などはできません（1032条２項）。

ロ 配偶者短期居住権

配偶者居住権と少し似ています。夫婦の一方が亡くなり、残された配偶者が被相続人が所有する建物に無償で住んでいた場合には、少なくとも相続開始の時から６か月を経過する日までは、そのまま無償で住むことができる権利を認めました（1037条１項１号）。これを**配偶者短期居住権**といいます。家が第三者に遺贈されてしまい、その家の取得者から出てゆくよういわれても、その日から６か月を経過する日まで、やはり、無償で住むことができます（同項２号）。配偶者居住権を手にしたときには、そちらの権利の方が強力ですから、配偶者短期居住権は成立しません。

(6) 特別寄与料

平成30年の相続部分で加わったのが**特別寄与料**という制度です。

次の証言は田中家をめぐる近所の住民の証言です。田中さんの奥さんは隣町に住むお義母さんの介護や看病をしてみとりました。

A「田中さんの奥さん、たいへんだったわね」

B「お義母さんひとり暮らしだったから、助かったと思うわ。ご主人の兄弟もいらっしゃるようだけど、遠方に住んでいてほとんど来なかったらしいわ」

A「そこまでしたら、お義母さん、田中さんに何か残してくれたんでしょ」

B「それがそうじゃないのよ。お義母さん、認知症も進んでいて何も残してなかったそうよ。財産分けもないのよ相続人じゃないから」

A「じゃあ、財産はみんなご主人とご主人の兄弟のものになるのね」

A・B「ひどい話だわね～」

田中さんの奥さんのような人のために創設されたのが特別寄与料の制度（1050条）です。「被相続人に対して無償で療養看護その他の労務の提供をしたことにより被相続人の財産の維持又は増加について特別の寄与をした被相続人の親族」が対象となります。**特別寄与者**は「寄与に応じた額の金銭」を相続人に請求することができます。特別寄与者は相続人に加わり遺産の分割を受けるのではなく、相続の開始後に相続人に特別寄与料を請求するしくみとなっています。相続人についての寄与分制度はこれまでもありましたが、田中さんの奥さんのような相続人でない者は対象とならなかったのです。

練習問題

問題　**次のAからCまでの言葉に関係する事例を①～③から選んでください。**

A（　　）B（　　）C（　　）

A特別の寄与があった相続人	①しゅうとめの看病を長らくしてあげた息子の妻
B特別寄与者	②父から結婚に当たって財産分けをしてもらった娘
C特別受益者	③母の看病を長らくしてあげていた次女

解答

A（③）B（①）C（②）

解説

どれも混乱しそうな用語ですが、一番区別が難しいのはAとBでしょう。Aはいわゆる「寄与分」のことですが、寄与分は特別な寄与をした「相続人」について問題となります。平成30年改正で加わったBの特別寄与者は、特別な寄与をした「相続人でない者（親族）」です。

POINT

- **相続の方法としては、単純承認、限定承認、相続の放棄があります。**
- **民法は配偶者や子などのコアな相続人の分として残しておかなければならない相続財産の割合を決めています。これを遺留分といいます。**
- **平成30年改正で配偶者居住権と配偶者短期居住権が認められました。**

索引

あ行

か行

さ行

た行

な行

は行

主な参考文献など

逐条解説などの基本書のほか、以下の書籍などを参考にしました。

民法一般

『元法制局キャリアが教える　法律を読む技術・学ぶ技術　改訂第３版』／吉田利宏／ダイヤモンド社

『元法制局キャリアが教える　法律を読むセンスの磨き方・伸ばし方』／吉田利宏／ダイヤモンド社

『民法でみる法律学習法』／金井高志／日本評論社

『国家試験受験のためのよくわかる民法（第８版）』／神余博史／自由国民社

『民法がわかった（改訂第５版）』／田中嗣久・田中義雄・大島一悟／法学書院

民法改正関係

『民法改正がわかった』／田中嗣久・大島一悟／法学書院

『新しい債権法を読みとく』／山野目章夫／商事法務

『民法の基礎から学ぶ民法改正』／山本敬三／岩波書店

『一問一答　民法（債権関係）改正』／筒井健夫・村松秀樹／商事法務

『一問一答　新しい相続法　平成 30 年民法等（相続法）改正、遺言書保管法の解説』／堂薗幹一郎・野口宣大／商事法務

その他

法務省ウエブサイト「法制審議会 - 民法（債権関係）部会」
http://www.moj.go.jp/shingi1/shingikai_saiken.html

民法（債権法）改正勉強ノート　弁護士雨のち晴れブログ（巨瀬慧人氏ブログ）
http://blog.livedoor.jp/kosekeito/archives/minpoukaisei03.html

［**著者**］

吉田利宏（よしだ・としひろ）

1963年生まれ。早稲田大学法学部卒業後、衆議院法制局に入局。15年にわたり法律案や修正案の作成に携わる。退職後は、大学、大学院講師などを務める傍ら、法律に関する書籍を多数執筆する。議会や審議会など多くの公的機関の仕事にも参画し、研修講師や講演などでも活躍中。「司法試験出身でもなく、学者でもない、法律を作っていた人だから書ける初学者目線の解説」が得意。著書に『元法制局キャリアが教える法律を読む技術・学ぶ技術［改訂第4版］』『元法制局キャリアが教える法律を読むセンスの磨き方・伸ばし方』（いずれもダイヤモンド社刊）などがある。

元法制局キャリアが教える
民法を読む技術・学ぶ技術

2021年6月29日　第1刷発行
2024年8月7日　第5刷発行

著　者――吉田利宏
発行所――ダイヤモンド社
〒150-8409　東京都渋谷区神宮前6-12-17
https://www.diamond.co.jp/
電話／03·5778·7233（編集）　03·5778·7240（販売）

装丁――――ヤマシタツトム
本文レイアウト―タイプフェイス
イラスト――草田みかん
製作進行――ダイヤモンド・グラフィック社
印刷――――新藤慶昌堂
製本――――ブックアート
編集担当――木山政行、鈴木豪

ISBN 978-4-478-10442-2